JN118075

交通学の足跡

―角本良平の交通探索の旅路を辿る―

杉山雅洋

流通経済大学出版会

Und dein Leben sei die Tat.

汝が生涯を事業となせ

角本良平

角本良平先生・澄子夫人

1982.8　スイス・バーゼル 仏独と三国国境の集中点

まえがき

　角本良平先生は生まれながらの交通人であった。交通と文化を地元金沢から好奇心旺盛に眺めていた少年期からは必然的に、大学卒業後の就職先は鉄道省（国鉄）以外にはなかった。国鉄時代は広範な視点から、交通、鉄道、その中での国鉄を冷静に眺め・分析し、国鉄人にして早くから分割・民営化を唱えていた。出世欲は全くなく、自分の信念を貫いて行動することに徹した。運輸省初代都市交通課長に出向したのを機に、都市交通の研究を手掛けその成果を世間に問うという、企業人にしては異例とも思われる活動をした。データに基づき、客観的に事実を把握し、自らその対策を考えるという姿勢は終始一貫していた。研究職に専念したのは運輸経済研究センターの時代からであったが、早稲田大学をはじめとするいくつかの大学で講義・ゼミを担当した。まさに多分野での大活躍であった。

　角本先生は独自の注目すべき提案を数多く行い、著作数も極めて多くに及んでいる。95歳に至る人生の最後まで続けられた研究の成果は常人の域をはるかに超えている。われわれの世代は幸いにして角本先生から貴重な教えを直接いただくことができたのであるが、それが現世代、次世代の人達にどれだけ伝わっているのかと問えば、残念ながらはなはだ心許ないのが実情ではなかろうか。交通学徒は先生のあまりに多くの著作数の前に圧倒されてしまうのかもしれない。

　出版事情さえよければ、先生の業績を網羅した『角本良平全集』が企画されて然るべきであるが、現状ではそれが許されない。このような事

情から、私は角本先生が2016年2月に逝去されてから、先生の研究足跡を何とか1冊の本で紹介できないものかと念じてきた。角本先生の存在が余りにも大きいからである。そのための「角本交通論研究会」といった研究仲間の集まりの立ち上げも一案かと思ったのであるが、諸般の事情でその組織化には至らなかった。ならば角本門下生の何人かでまとめたらとの思考に切り変えたが、私が相談すべき最適任者である斎藤峻彦さんまでもが2018年9月に逝ってしまった。斎藤さんは私より早い段階で角本先生のゼミに学び、角本交通論に精通していた。斎藤さんに相談しようとする以上は、私なりの構想案、構成案を用意せねばと模索している矢先に悲報を知らされてしまった。痛恨の極みである。このような現実から、凡人にすぎない私が何と不遜にも一人で角本先生という超人に挑まざるを得ないとの使命感にも似た思いに迫られた。迫られたというよりは追い込まれたというべきなのかもしれない。まさに己の能力を省みない無謀な挑戦である。

　角本先生の一連の著作は私の本棚にはゆうに二段分に達する。これらの背表紙を眺めてため息の日々がどれだけ続いたのであろうか。それらすべてを改めて読み直すだけでも大変な時間を要するのであるが、角本先生はこれらを実際に書かれたのだと自分を叱咤し、何とか具体化に着手せねばと思い続けた。朝な夕なに1冊ずつを取り出しては構想の練り直しを繰り返し、一向に進まない状況に苛立ちを覚えるばかりであった。どんなに遅くとも角本先生の生誕百年には間に合わせねばと思いつつ、それさえ果たせなかったことが何としても心苦しい次第である。

　角本先生は演繹体系に基づく交通論は説明力に乏しく、それよりも事実を正確に把握し、それらを類型化すべきことを主張、実践してきた。論理展開を何より重要視していたが、難解な抽象理論に捉われず、類型学の手法により自身の明解な主張をわかりやすく説明してきたのである。その意味では角本交通論を理解すること自体は必ずしも難事業では

ない。ただし、私のように交通の世界にしか取り組んでこなかった者と違い、哲学、文化、宗教にまで関心を寄せ、人間の根本から交通を論ずるという点に至っては、少なくとも私の狭いバックグラウンドでは理解の及ばなかったことの方がはるかに多かったことを率直に白状しなければならない。ここに私にとっての角本交通論に難しさがあった。

角本先生は多くの人々と議論することを尊重されていた。このことから角本交通論をそのまま紹介するよりは、私の愚見なども交えた方が先生の意に副うのではないのかと推察し、本書では幾分なりとも私なりの解釈、推論も組み込んである。政策展開に伴う周辺の事情、たまたまとはいえ私でしか知りえない事柄も加えた。論述には私なりに慎重を期したつもりではあるが、それでも事実の見落としや、私の一方的な誤解もありうることへの不安があった。私のパソコン入力の技術も初歩的な段階にとどまっている。粗原稿がほぼ出来上がった段階で、角本先生の晩年に最も多くの接触機会を持ち、小冊子の出版にも多大な寄与をされた白鴎大学教授の山田徳彦さんに相談方々打診した。原稿を通読しての事実関係の確認、全体に関する意見、できれば校正もお願いしたいとしたが、山田さんは学年末の非常に多忙な時にもかかわらず、即座に全面協力を快諾してくれた。山田さんは角本イズムの代表的な継承者でもあり、何より心強い援軍となったことに厚く感謝することと共に、このことは泉下の角本先生も同じ思いであろうと確信している。

また、長引くコロナ禍のなかで大学運営、出版事情が非常に厳しい中で本書の出版に踏み切ってくださった流通経済大学野尻俊明学長、同大出版会小野崎英事業部長に深く御礼申し上げたい。

角本先生は「我が人生に悔いはない。やりたいこと、やるべきことは全てやり遂げた。皆さんありがとう」の言葉で旅立たれたとのことである（ご長男繁氏からの書状）が、このような見事な人生を送った人はこの世に果たして何人いることであろうか。本書を書き上げた現在、改め

iii

て尊敬の念を強くしている。拙いながらも精一杯執筆した本書を角本良平先生、市川のお宅に伺った際にはいつも優しい微笑みで温かく迎えてくださった澄子夫人のお二人のご霊前に心を込めて捧げたい。

2021年2月　杉山 雅洋

交通学の足跡
―角本良平の交通探索の旅路を辿る―

目　次

まえがき　　i

第1章　角本良平の人と著作―――――――――――――――――1

　　1-1　略歴―鉄道人から研究者へ―――――――――――――2

　　1-2　著作―膨大な著作とその源泉―――――――――――――6

　　　　⑴　古希に至るまで　　7
　　　　⑵　古希から米寿まで　　10
　　　　⑶　人間の本質追究の時代　　11

　　1-3　角本研究としての本書の目的と構成――――――――――14

第2章　実態把握に基づく都市交通研究―――――――19

　　2-1　都市交通研究の端緒――――――――――――――――19

　　2-2　諸都市の今日に至るまで―交通の視点から―――――――28

　　2-3　都市交通研究の帰結と将来見通し――――――――――35

第3章　東海道新幹線事業への参画と通勤新幹線構想――43

　　3-1　東海道新幹線―超高速鉄道事業への参画―――――――43

　　3-2　通勤新幹線（角本電車）構想の提案―――――――――48

　　補論：ヘンリー・ジョージ定理について――――――――――55

　　3-3　新通勤革命の提唱――――――――――――――――57

第4章　自動車交通時代の交通体系――――――――――61

　　4-1　「まぼろしの便益」計算論とワトキンス・レポートへの批判―62

　　4-2　鉄道と自動車との関係――――――――――――――66

　　4-3　交通体系の模索―――――――――――――――――71

第5章　国鉄改革への提案―――――――――――――――79

　　5-1　地域分割・特殊会社化の提案――――――――――――80

　　5-2　第2次臨時行政調査会（土光臨調）での口述――――――86

　　5-3　鉄道貨物輸送安楽死論――――――――――――――90

第6章　JRへの移行と1987年体制への懸念―――――― 95

6-1　改革論議をめぐって―6年間の攻防―――――――― 95

⑴　マスメディアの動向　98
⑵　識者の見解　101
⑶　世論とは何であったか　103

6-2　JR体制への移行とJR10年目での検証――――――― 105

⑴　鉄道120年の検証　106
⑵　国鉄改革10年目からの検証　115

6-3　21世紀の鉄道論と今後の選択――――――――――― 121

⑴　21世紀戦略論　122
⑵　2020年論　124
⑶　鉄道政策の危機論　126
⑷　今後の選択論　129

第7章　道路公団改革への提案―――――――――――― 133

7-1　道路公団の先行き論と改革プロセス―――――――― 133

⑴　「第2の国鉄論」への懸念　133
⑵　道路公団改革のプロセス　134
⑶　角本による道路公団改革論議の整理と提案　136

7-2　2002年の攻防、2003年の死闘――――――――――― 141

⑴　2002年での攻防　141
⑵　2003年の死闘と角本見解　144

7-3　3つの改革への評価―――――――――――――――― 146

⑴　道路公団改革批判　147
⑵　郵政改革の評価　149
⑶　3つの改革の対比　150

付論―道路公団改革に寄せて――――――――――――――― 153

第8章　角本交通論Ⅰ―実学の追求――――――――――― 161

8-1　角本交通論の輪郭――――――――――――――――― 161

8-2　モビリティからの接近―――――――――――――― 165

⑴　人間と移動　165
⑵　乗物はなぜ高い　166
⑶　モビリティと日本　168
⑷　交通と文化　172

8-3 「比較文化」、「マトリックス」、「類型」での三部作 ⋯⋯⋯⋯176
　　⑴ マトリックス発想論　　176
　　⑵ 類型化　　180
　　⑶ 新・交通論　　186
　　⑷ 全国総合開発計画批判　　190

第9章　角本交通論Ⅱ—交通体系論──────── 195
9-1 交通政策への批判⋯⋯⋯⋯⋯⋯⋯⋯⋯⋯⋯⋯⋯⋯⋯⋯⋯195
　　⑴ 交通政策批判　　195
　　⑵ 合理性の展開　　200

9-2 交通、政治の一体的研究—政治の責任と交通政策—⋯⋯⋯⋯206
　　⑴ 交通と政治　　206
　　⑵ 臨床の知　　207
　　⑶ 交通と政治　　212
　　⑷ 交通の改革、政治の改革　　218

9-3 次世代の交通研究への指針⋯⋯⋯⋯⋯⋯⋯⋯⋯⋯⋯⋯⋯⋯224
　　⑴ 交通の20世紀論　　225
　　⑵ 交通学の130年　　229
　　⑶ 次世代への訴え　　243

第10章　単著以外での学会貢献と自身の回顧──────── 251
10-1 交通学説史研究の企画・運営と成果 ⋯⋯⋯⋯⋯⋯⋯⋯⋯252

10-2 経済学との対話と交通学への提言 ⋯⋯⋯⋯⋯⋯⋯⋯⋯262
　　⑴ 角本・稲田対談　　262
　　⑵ 交通学徒への呼びかけ　　266

10-3 角本自身による回顧 ⋯⋯⋯⋯⋯⋯⋯⋯⋯⋯⋯⋯⋯⋯⋯272
　　⑴ 古希に至るまで　　272
　　⑵ 古希以降　　276

あとがき　　281

第1章

角本良平の人と著作

　角本良平の歩んだ交通探索の旅路を辿るには、まず角本の人となりを理解しておくことが出発点となろう。角本は大学卒業直後から研究者としての歩みを始めたわけではなく、鉄道人として実務の世界に身を置いた。そこでは日常の業務に従事するだけではなく、鉄道（国鉄）、交通の本質を解明するという極めて探求心旺盛な活動を行った。出世欲は全くなく、自分の信念に基づき、国鉄在職中から歯に衣を着せぬ主張を発信しており、世間への影響力も大きかった。退職後には研究活動に専念することになり、数々の独自の提言を盛り込んだ膨大な著作が生み出された。筆者（杉山）は、仮に角本が国鉄での栄達を望んだとすれば、能力的には十分国鉄総裁となりうる人材であったと確信しているが、それは断じて角本の望むところではなかった。

　本章では角本の人となりを紹介した上で（1-1）、著わした50冊を超える単著を執筆時点順に列記する（1-2）。まずは角本自身が分類したジャンル別に書名を示すこととするが、多くの著作数の前にそれだけでは後学の人たちが何から紐解いてよいのかに戸惑うことになるのではなかろうかということから、筆者（杉山）の独断で角本文献を本書の第2章から第10章までの中で位置付ける準備とする。この整理は本書の大きな狙いでもある。その上で、角本の論述を可能な限り忠実に紹介していきたい。ただし、この試みが筆者（杉山）の一方的なものとなりかねない

ことを懸念して、角本自身の回顧を示しておく（1-3）ので、その対比、適否は読者の判断に委ねることとしたい。なお、角本回顧は本書最終章10-3でも改めて振り返ることとする。

1-1　略歴―鉄道人から研究者へ―

　角本良平は1920年3月2日に北陸金沢で生まれた。「北国日和（ほっくこびより）定めなく」といわれる北陸の自然環境の中での少年期はその後の自らの言う65点主義（後述）に影響を与えることとなった。ちなみに「北国日和定めなく」とは、「北国の海はいつ逆風が吹いて三角波が立つかわからない」の意とのことである（岡潔著・森田真生編『数学する人生[1]』(2019.4、新潮社))。良平の名前は二宮尊徳の信奉者であった文部官僚岡田良平（1864〜1933）を、後に角本に「聞くは一時の恥、知らぬは一生の恥」と教えることになった父上が参考にしたものであったとのことである。後年、二宮尊徳に関しての小冊子『二宮の農村改革・国鉄の改革』(2012.6) を著わすこととなったが、父上の影響が角本の生涯にわたるものであった1つの証でもあろう。

　金沢1中、第4高等学校を経て、1941年12月27日に東京帝国大学法学部政治学科を卒業、その2日後の12月29日に鉄道省（1949年6月に日本国有鉄道、国鉄）の採用となった。戦時体制下での異例の時期的扱いであった。交通と文化を地元の事例から眺める少年に育っていた経緯から、就職は鉄道省以外にはなかったと回顧している。大学時代は南原繁の演習に学び、1943年2月から3年間兵役、シンガポール、マニラ、

――――――――――――――――――――――

（1）　同書で、天才数学者岡潔と親交の深かった考古学者中谷治宇次郎（人工雪で高名な中谷宇吉郎の弟）が石川県片山津の出身で、その言として紹介されている。

2

サイゴン（現、ホーチミン）、バンコクと移動した。復員後、1946年 5 月に名古屋鉄道管理局、金沢管理部、敦賀管理部に勤務、1948年には内閣行政調査部（後の行政管理庁）に出向した。金沢管理部時代での上司であり、金沢 1 中の18年先輩でもあった宮野武雄課長との縁で、その後1960年11月の米国貨物鉄道輸送調査に参加することとなり、この調査を契機として外国調査をたびたび行うこととなった。その後、1949年 6 月に公社日本国有鉄道（国鉄）と形態を変えた本社の文書課課長補佐となったが、研究に強い関心を寄せていたことから、出世に意欲のない人間として内部でも異様な存在であったようである。

　次の東京鉄道管理局で1950年から51年にかけて、東京地域の（貨車）配送業務を担当、1951年に四国鉄道管理局輸送長、1952年に門司鉄道管理局総務部長に転じた。34歳で地方勤務を終えた後、1954年 9 月に本社審議室に転勤（補佐）となり、交通研究者としての素地が固められた。角本の言によれば、審議室は退職させる人のたまり場であり、また次の転勤を待つ人の場でもあった。審議室時代に角本の観察した国鉄には労使関係の悪化、輸送力の不足、収支の欠損（かろうじて償却前黒字）等の課題があった。審議室での上司には後に国鉄経営の責任者となる磯崎叡、滝山養、関四郎、矢山康夫がおり、後年の角本の分割民営化論に、磯崎、滝山は絶対反対、関は賛成であった。審議室在籍は 1 年足らずであったが、国鉄経営全体を見渡し、各部局の性格を知る機会であり、同室は以後の人間関係を強く開く場となった。角本にとって実質最初の論文となった「公共性と企業性」を『国有鉄道』（交通協会）に発表したのは1955年 1 月で、国鉄の経営は今後ますます困難になるとの視点から執筆されたものであった。（同論文は『鉄道政策の検証』、『JR150年史を作ろう』に再録されている）国鉄83年目に綴ったものであり、1957〜1963年の 7 年間が黒字であったことを勘案すると、後の分割民営論の萌芽がここにみられるといってもよく、角本の観察力の深さが確認さ

れる。

　1955年からの3年間は運輸省細田吉蔵官房長からの要請で、同省に
新設の民営鉄道部都市交通課長をつとめることとなった。世界一の巨大
都市に世界一の鉄道網を整備しようとの意気込みであったが、何分にも
外国の事例を見ていない状況からの出発であった。東京都、大阪市に残
存していた都市交通研究資料から情報を整理し、東京では規格の似た鉄
道の郊外線と都心部を直通させることへの道を拓いた。1958年の都営
地下鉄1号線と京成電鉄の相互直通運転がその第1号である。初代都
市交通課長時代には『都市交通年報』の作成、初めての著書である『都
市交通』（1956年）を出版、日本交通学会にも参加した。都市交通審議会
島田孝一会長[2]との縁から、1958年より早稲田大学商学部講師、1977
〜1990年は同客員教授をつとめることとなった。都市交通研究の成果
により、1962年に（旧制）大阪商科大学より経済学博士を授与されてい
る。先に触れたとおり、1960年には東海道新幹線のために米国鉄道貨
物輸送調査に加わる機会に恵まれ、その帰途個人としてボストン、
ニューヨーク、フィラデルフィア、ワシントン、シカゴ、ロサンゼルス
の6都市の実態を探り、日米の都市交通を比較して1冊の本にまとめ
たものが学位論文のベースにもなった。

　審議室補佐、都市交通課長の次の6年間は国鉄新幹線総局で東海道
新幹線輸送計画に従事し、輸送力予測と収支計算を担当した。客貨の激
増に対し供給力を増強する仕事であったが、角本本人は新幹線担当の役
目は「思いもよらぬこと」であったが、「私には苦労はなく、活力充実
の時期を楽しく過ごした」と回顧している。新幹線は東海道だけに採算
性があり、他は困難であるというのがこの6年間の体験からの確認で
あった。1964年の著書『東海道新幹線』にその主張が端的に示されて

（2）　島田孝一は1946〜1954年まで早稲田大学第六代総長、1965〜1974年まで流通
　　　経済大学初代学長をつとめた。

4

いる。「わが国は関東、東海、関西は新幹線を必要とする。それより広域では疑問」というのが新幹線に対する角本の結論なのである。

　審議室勤務以来10年を経ての1964年から 2 年間は事務管理部長として、国鉄の統計整備と電子計算機利用の拡充を担当した。後の運輸経済研究センター時代の「角本研究会（略称、角研）」の参加者はその厳しさに多くのものを学んだ中で、彼らは師のことを敬意を込めて「fact and figure の鬼」と呼んだが、統計数値の重要性を事務管理部長としても重視していたことによる教えからの実感であろう。

　国鉄時代の最後は1966年からの監査委員であった。すでに1964年から赤字続きの国鉄では、自動車時代において投資を縮小すべきであるとの主張を行ってきたが、鉄道拡大ムードの前にその主張は実現には至らなかった。国鉄首脳陣との意見の違いは1970年 3 月22日の日経新聞の社会面に国鉄再建の不可能性を指摘した記事（その内容は『この国鉄をどうするか』に再録）で明確に示された。この記事が国鉄との決別の引き金になったのかは知る由もないが、当時角本は国鉄を退職すべき時期に来ており、同年 4 月に（財）運輸経済研究センター（運輸政策研究機構の名称を経て、現在は運輸総合研究所）に理事長として移った。同センターでは研究活動に専念するため理事長職を 2 年で退任し、1972〜1990年の間常勤理事として研究プロジェクトの陣頭指揮、後進の育成に当たった。

　以上の経歴から明らかなように、角本は大学卒業後国鉄という現業で諸問題に取り組んできたことから、ただちに研究者としての歩みを始めてきたのではなかった。しかし、好奇心旺盛、知的関心は極めて高く、常に自らの問題意識を持って積極的に考え、発言を続けてきた。その発信量は膨大な数の著書、論文、提言等に示されるとおりであるが、その源泉は中学時代の終わり、高校時代の初めころからの「65点主義」の精神を身に付けたことによるとしている。内容はともかく期限に間に合

わせることを実践してきたのだという。本節の冒頭で触れた、生まれ育った北陸の自然条件（「北国日和定めなく」）からのものである。「65点主義」には角本自身、問題提起が早すぎるのではないか、残りの35点の不備のために主張が攻撃にさらされる、説得力が弱いとの認識を持っていた。論争に点火できれば成功との割り切りからのものである。

　早稲田大学で長らく教鞭をとったのであるが、通常は教えを受けた者が恩師の経歴、業績を整理するのとは異なり—このことは筆者（杉山）等教えを受けた者の怠慢でもある—、自らそれらを書き残した。自身でまとめた古希までは1990年の論文「20世紀から21世紀へ—私と時代の流れ—」に、それ以降を含めたものについては2012年の小冊子『JR150年史を作ろう—私の見た激動と安定—』に示されており、角本研究に当たる後進の者はそれらに大いに助けられることとなった。本節では（第10章10-3でも同様）これらに負うところが多い。自伝を含むこの２つの文献は、本書でも随所で適宜参考とさせていただくが、終章の10-3では改めてその内容を紹介したい。

1-2　著作—膨大な著作とその源泉—

　「１年に１度海外調査をし、また１冊の本を書くのが多年の願いであった」ことを着実に実践した超人的な行動から、単行本だけでも通常では考えられないほどの量を残している。このことから第三者が改めてこれらの文献を事後的に辿るだけでも膨大な時間が必要とされるのである。ここでは角本自身の整理を中心に便宜的に(1)古希に至るまで、(2)古希以降米寿まで、(3)人間の本質追究の時代の３つに分けて著作を位置付け、角本研究への第１次接近としたい。

⑴　**古希に至るまで**

　1990年に古希を迎えることを記念して、角本研究会（角研）で薫陶を受けた者等が事務局となり企画・出版した角本良平編『21世紀の交通』（1990.7、白桃書房）では、自らの経歴と主張を「20世紀から21世紀へ—私と時代の流れ—」として綴り、著作目録もまとめている。自身の手による整理であることからこれ以上に正確なものは期待できない。膨大な著作目録は[A]交通一般、その他（都市交通及び鉄道以外）、[B]都市交通、[C]鉄道、[外国語論文]のジャンル別に発表年代順にまとめられている。そのうち、著書については一覧表にまとめられており、論文等はその後の著書を見るだけで足りるとされている。主要な論文等はその後の著書で要旨を紹介、ないしは再録されているとのことからであろう。

　角本が単著としてリストアップした一覧表（同論文では「別表」とされている）から、本書での表記方法で転記してみれば

[交通論]

　『人間と移動—明日の交通を考える—』（1975、A）

　『現代の交通政策—移動の論理と経済—』（1976、A）

　『交通における合理性の展開—現代の評価—』（1979、A）

　『マトリックス発想法からの新風土論』（1980、A）

　『乗り物はなぜ高い』（1981、A）

　『モビリティと日本』（1982、A）

　『交通研究の知識学—類型化への発展過程—』（1984、A）

　『新・交通論—実学の体系—』（1985、A）

　『交通の風土性と歴史性—四全総から規制緩和まで—』（1988、A）

　『交通の未来展望—21世紀は始まっている—』（1989、A）

［鉄道・自動車］

『東海道新幹線』（1964、C）

『鉄道と自動車—1億2000万人の交通計画—』（1968、A）

『かごからマイカーそれから』（1971、A）

『高速化時代の終わり—新しい交通体系を探る—』（1975、A）

『この国鉄をどうするか』（1977、C）

『鉄道政策の検証—JRの未来を探る—』（1989、C）

［都市交通］

『都市交通—その現状と対策—』（1956、B）

『続都市交通—激増する自動車への対策—』（1960、B）

『都市交通の基本政策—その将来の方向と米国の経験—』（1961、B）

『都市交通』（1963、B）

『通勤革命』（1966、B）

『都市交通論』（1970、B）

『人間・交通・都市』（1974、B）

『都市交通政策論』（1975、B）

『都市を見る目』（1976 、B）

『今日の都市　明日の都市』（1978、B）

『世界の都市と交通—モビリティの理想と現実—』（1980、B）

『東京も膨張を止める—都市と自動車時代—』（1986、B）

『都市交通』（1987、B）

に及ぶ[3]。発行年の次のアルファベットA、B、Cは著作目録で示され

（3）　なお、角本の作成した一覧表には、専門書ではないという判断のためと思わ
　　　れるが、記載されていないものの『偶然と必然の谷間で』（1973.1、編集企画セ
　　　ンター）がある。同書は国鉄退職の1年後にヨーロッパを2か月にわたり旅し

8

ているもので、その内容は先に示した通りである。［鉄道・自動車］の
ジャンルではAとCが混在しているが、Aは鉄道だけを扱ったのではな
く、Cは鉄道論であると解釈される。筆者（杉山）の私見では、『通勤
革命』が都市交通に分類されていることに対し、その提案内容が都市鉄
道との関係が大きいことから、Cとの位置付けもありうるのではとも思
われる。

　ともあれ、都市交通関係の成果が早い段階から出され、交通論は後
半（古希以前での話）に多く出版されていることが確認される。

　上記から、著書は［A］交通論では1975年の『人間と移動』から1989
年の『交通の未来展望』まで10冊、［B］都市交通では1956年の『都市
交通』から1987年の『都市交通』までの13冊、［C］鉄道（自動車を含む）
では1964年の『東海道新幹線』から1989年の『鉄道政策の検証』まで
6冊、計29冊の多きに及んでいる。古希の段階で、交通論に関しては
『交通の未来展望』で「1989年以降の変化はこれまで以上にはない」と
の結論が、都市交通では1987年の『都市交通』での整理、1988年の『交
通の風土性と歴史性』[4]が結論であり、それ以前の著書は「事実の記述
に未だ意味があるにせよ、もう捨ててよい」とされている。鉄道では
『鉄道政策の検証』で全体の整理を終えたとしている。国鉄の10年先輩
の石井昭正の助言で鉄道院『本邦鉄道の社会及経済に及ぼせる影響』
(1916)、中山隆吉『鉄道運送施設綱要』(1928)が国鉄の来歴を知る上で
これ以上のものはないことを確認したのもこのころであった。（本書第
9章9-1参照）

　たことを機に来し方を振り返ったものである。鉄道人と私、生きのびた確率、
　三つ子の魂、幼い疑問、10年ごとの刻み等を綴ったものであり、内容的には後
　の『21世紀の交通』での回顧と大きく変わるものではないため、本書での扱い
　もその内容を紹介することには踏み込まず、書名を挙げるだけにとどめておく。
（4）　同書は角本の一覧表では［交通論］の中に位置付けられている。

⑵　**古希から米寿まで**

　角本の交通研究の旅は古希以降も止まることはなかった。むしろ加速
されたともいうべきであろう。幾分脱線気味のエピソードにはなるが、
1990年直後のことであったと記憶しているもので、日本交通学会関東
部会の席での雑談で「早稲田をやめてから勉強しすぎて困る」由の言が
冗談交じりに発せられたことがあった。居合わせた一同は冗談とは受け
取れず下を向くしかなかったことにその旺盛な研究ぶりが象徴されてい
るといえよう。ちなみに、下を向かざるを得なかった筆頭の者は筆
者（杉山）であった。

　古希以降米寿までは交通を社会との関係において一層理解する方向へ
との視点から多くの著書を出している。都市交通に関しては、自身の結
論が古希までにまとめられたということから著書はないものの、それ以
外のジャンルで角本分類に準拠して挙げてみれば、［交通論］では

『現代交通論』（1991）

『モビリティと異文化接近―20世紀日本の経験―』（1993）

『交通の政治システム―需給コントロールの責任と能力―』（1993）

『交通の改革　政治の改革―閉塞を打破しよう―』（1997）

『交通学・130年の系譜と展望―21世紀を学ぶ人のために―』（1998）

『常識の交通学―政策と学問の日本型思考を打破―』（1999）

の6冊が、［鉄道・自動車］では

『国鉄改革をめぐるマスメディアの動向』（1992）

『鉄道と自動車―21世紀への提言―』（1994）

『新幹線　軌跡と展望―政策・経済性から検証―』（1995）

『国鉄改革―JR10年目からの検証―』（1996）

『鉄道経営の21世紀戦略』（2000）

『JRは2020年に存在するか』（2001）

『鉄道政策の危機―日本型政治の打破―』（2001）

『道路公団民営化―2006年実現のために―』（2003）

『自滅への道―道路公団民営化II』（2004）

『三つの民営化―道路公団改革、郵政改革とJR―』（2005）

『世界の鉄道経営「今後の選択」―わが体験的21世紀鉄道論―』（2007）

の11冊、計17冊を数える[5]。古希までの28冊と併せれば出版社からの単著だけで何と45冊に及ぶのである。日本の交通学者でこれだけの著書を残したのは角本の他にはいないと断言してよいであろう。

(3)　人間の本質追究の時代

　筆者（杉山）の知る限り、単行本の発行は2007年が最後であるが、2008年以降も角本の著作活動は毎年エネルギッシュに続けられた。惜しむらくはその成果が市販されることはなかった、すなわち限られた人しか接することができなかったが、それらの多くは白鷗大学教授山田徳彦の尽力で小冊子としてまとめられたのは幸いであった。その中には回顧録も含まれており、これらを先に読むことで角本の研究の来し方の大要を伺い知ることができる。角本の残した膨大な研究成果を時系列的かつ悉皆的に追うことは、改めて再読するだけでも莫大な時間を要することもあり、極めて困難であることを勘案すれば、解読上のオーソドックスな論理とは別に、大筋を知る上では晩年の小冊子から紐解く方が効率的であるともいえる。本書でもこの視点でこれら小冊子を手掛かりに、

（5）　これらは杉山雅洋「早稲田大学における交通論」（『交通学の模索』2011.3、成文堂）での整理によるため、見落としがあったとすればもっぱら杉山個人の責任である。

いわば角本の交通探索の旅路を辿ることとしたい。この点で山田の果たした貢献は大きいものと感謝したい。

　角本は「私の人生の出発点において、文化と宗教と交通に興味を持っていた」ことから、その思いを晩年の小冊子で発露している。2008年以降論述された文化について自分の納得できる見方をまとめたものとして

　『「思想」というゲームの一観客　21世紀をどうみるか─思想史の先人に学ぶ─』(2008.3)
　『21世紀の「地球像」─交通・地理・歴史─』(2008.11)
　『「世界の文化」と取り組む』(2008.11)
　『「哲学」への期待』(2009.5)
　『一演習生による南原繁』(2009.10)
　『歴史に学び21世紀への提言』(2011.3)

の6冊を著している。『21世紀の「地球像」』と『歴史に学び21世紀への提言』では交通のことが取り上げられており、後者がこれら文化論の結論とされている。

　また、これらとは別に歴史、宗教を論じた

　『日本人は1500年をどう生きてきたか─日本文化を眺めて90年　若い世代に伝える』(2011.1)
　『日本の仏教の過去・現在・未来』(2011.10)
　『科学の時代を生きる─合理性とヒューマニズム─』(2011.7)
　『キリスト教と仏教─21世紀の貢献はありうるか─』(2011.7)

がある。世界の文化を扱った先の6冊に、角本自身が『日本人は1500

年をどう生きてきたか』を含まなかったのは、サブタイトルに記されているように、世界の文化ではなく日本の文化論であったためと推察される。『日本の仏教の過去・現在・未来』では新幹線計画を担当した経緯と体験、国鉄改革にも触れられている。新幹線での業務はその後の著書『東海道新線』(1964)、国鉄改革は同じく『この国鉄をどうするか』(1977)でまとめられたことへの要点が綴られている。

　さらに、JRへの総括、国鉄改革という観点から

『JR150年史を作ろう―私の見た激動と安定―』(2012.5)
『二宮の農村改革・国鉄の改革』(2012.6)

をまとめている。角本90歳を過ぎてからのものである。『JR150年史を作ろう』はご長男繁氏の協力の下で作られたものであり、2020年＝国鉄150周年に向けて、角本の最終総括ともいえる「国鉄論　私見」(2015.5.19付けの筆者(杉山)への私信での表現)である。二宮尊徳の農村改革と対比しての国鉄改革論とともに、角本文献への導入書としては好適なものである。筆者(杉山)が確認しうる限り、『二宮の農村改革・国鉄の改革』が最後のものとなった[6]。なおこれらの著作は、大部分の冊子の製本にほぼ全面的に携わった山田徳彦によれば、「これからは若い人たちを導くための書をまとめる(角本の言)」とのことから、本節での先の注(3)で触れた『偶然と必然の谷間で』の延長線上で自身の体験を盛り込む形でのものとされているのである。

　その後も交通、学問への関心を強く持ち続け、筆者(杉山)への私信で「毎日のニュースはいちいち困難が多く、たとえば北海道のJR、どうしたらいいのか、お金を払わず何かを言い続ける人たちにはレールをや

（６）　これらのジャンルには含められないが、先立たれた澄子夫人への追憶として
　　　『角本澄子への回想』(2009.11)がある。

めるより仕方ないと答えたくなります」(2012.11.23付け)、「今机の上に
はソクラテス（田中美知太郎 岩波新書）、一日一言（桑原武夫編 岩波新
書）、本居宣長（日本の名著21 中央公論社）を並べ何となく読み、日本と世
界の文化のつながりを感じながら自分の受けた教育を回顧している次第
です」(2013.12.5付け)、「そろそろ日本語が怪しくなってきました。でも一
葉など江戸時代にも頑張っていた人がおり、先人にさらに学びたいと思
うこの頃です。来年は金沢まで新幹線に乗ってと考えております。21
世紀に向かって世の中が進歩していくのを見るのが今一番の楽しみで
す」(2014.12.6付け) と伝えてくれた（以上原文ママ）中に、90歳を超え
た人とは思えない意識の高さがうかがえるのである。

　これだけ多くの著作を残した源泉は先の「65点主義」に加え、都市
交通課長時代の1955年ごろから業務を世間に説明する立場に置かれ、
その都度自らの考えを具体的に整理していたことに求められよう。その
背景に膨大な勉強量があったのは言うまでもないことである。

1-3　角本研究としての本書の目的と構成

　角本は実に多くの事柄を世間並びに交通学界に発信した。その一方
で、角本を知る世代が少なくなったことに、教えを受けた一人として何
とかせねばとの思いにも強く迫られた。本書は角本の綴った書籍を若い
世代に伝えたい、そして彼らに角本の考えを咀嚼してもらいたいとの気
持ちから取り組んだものである。角本の主張に同意するにせよ、反論す
るにせよ、その材料を提供するのは、教えを受けた世代の責務でさえあ
るとも考えた次第である。もとより膨大な書物の内容を逐一伝えること
は困難であるが、若い世代の方々が本書から関心を抱き、角本の原著に
当たってみたいという思いに駆られることになれば望外の喜びである。

　角本の多方面にわたる大量の著作をどのように整理するのか、もし体系化が可能であればどのように行うべきかは筆者（杉山）にとって極めて困難な仕事であった。度重なる試行錯誤の末、本章を含めて全10章としたが、この構成でよかったのかは今以て定かではなく、この点でも識者の見解を問いたい。ともあれ、角本が歩んできた交通探索の旅をできる限り正確に伝えたい、そのためには大きな流れとして角本の研究順序にしたがうのがよいとの判断に至った。都市交通研究から始めて、現実の政策研究（批判）、交通研究としての実学論という流れにした次第である。角本自身が「65点主義」といい、反省点、誤っていた点も認めていたことから、研究成果には当初とは変わった部分もある。その一方で、「各人の人生観は生来のもので、30歳の思想は50歳になっても変わらない」（『JR150年史を作ろう』）とあるように、角本の大部分の考え方は基本において一貫している。この点を読者の方々に読み取っていただければ幸いである。

　本書では第2章で都市交通を取り上げる。都市交通研究に従事することになった事情、外国を含む主要都市の地理的、歴史的把握、自ら下した結論と将来見通しを紹介する。第3章は東海道新幹線と通勤新幹線構想である。東海道新幹線事業への参画、その経験と都市交通研究の組み合わせでもある通勤新幹線（角本電車とも呼ばれている）構想、この通勤革命の続編としての新通勤革命を扱う。なお蛇足ながら、通勤新幹線構想は開発利益の還元を活用したものであることから、筆者（杉山）がその提唱理論とされるヘンリー・ジョージ定理に関する極簡単な説明を付す。鉄道独占から自動車交通の普及時代の交通体系を第4章で扱う。高速道路の黎明期に発表された「まぼろしの便益」論を知る人が少なくなった昨今、改めてその主張を振り返る。自動車交通時代での鉄道のあり方として、角本が積極的に発言したのは「国鉄改革」であったが、角本提案から改革に至るプロセス、さらには改革後のJR体制への

移行への論及を第5章、第6章で扱う。国鉄改革にはマスコミ報道、多くの文献が出された中でのこれらの整理は角本ならではのものであり、JRの先行きへの考察も貴重である。国鉄改革に続く道路公団改革を、国鉄改革の視点から論じた内容を第7章で注目する。国鉄改革、道路公団改革、さらには郵政改革の3つを論じた角本説を取り上げる。なお、道路公団改革に関しては、筆者（杉山）の基本的見方は角本と異なることから、付論として自説を添える。読者に判断材料を呈したいとのことからである。角本交通論に関しては、このジャンルでは特に多くの著書を出していることから、第8章と第9章の2つの章を用意する。第8章が実学を追究すべきとする一連の著書の紹介、第9章が交通政策への批判、政治の責任との関連、次世代の研究者に向けた指針についてのものである。本書では角本の単著（必要に応じて若干の報告書等の類も含む）を中心にその主張を辿るものであるが、単著以外にも学界に大きな貢献をした、その一部を第10章で紹介する。もとより本書は角本の業績を紹介することを最大の目的とするものではあるが、それに終始するだけでは積極的な議論を好んだ角本には決して本意ではないであろう。このことは想像に難くない。そこで角本の歩んできた時代に展開された研究、政策についても、また関連事項と思われるものに関しても筆者（杉山）の解釈、推論、愚見を交えて綴っていきたいと考える次第である。本書でわかりにくい部分、角本の主張が正確に伝わっていない部分があるとすれば、それはもっぱら筆者（杉山）一人の責任である。

　なお、本書では角本の主張を可能な限り正確に伝えることを基本とするが、何分にもその数が多いこともあり、悉皆的に扱いうるものではないことを断っておきたい。そのすべてを1冊の本にまとめるためには、エッセンスに絞らざるを得なかったという事情からのものでもある。また、角本著の目次構成の表記は、読者の方々が原著に当る場合―そのことを筆者（杉山）は強く望むものである―への便宜として原文にしたがう

こと、執筆した年代に注目すべきことから、文献も出版年（月）、出版社の順で表記することも了承願いたい。さらに、可能な限り該当文献の表現を尊重したが、一部漢字変換等を行ったこと、論点を列挙する場合は原則として①、②、③…の数字、書き方に統一したこと、もっぱら角本の主張との混同を避けるという意味で、杉山雅洋の見解等にはその都度「筆者（杉山）」の文字を入れたことも了承願いたい。表現がくどいことにもなるが、間違っても角本の主張と捉えられてはならないためのものである。加えて、角本交通論は豊富な統計データに裏付けられた推論が大きな特色であるが、本書ではそれらは原著に譲るとの立場を取らせていただきたいことも了承願いたい。

実態把握に基づく都市交通研究

　角本にとって交通研究の実質的に最初の契機となり、研究分野として
は［交通一般］、［鉄道・自動車］のジャンルに比べて、最も早く一段落
したと位置付けたのが［都市交通］であった。運輸省初代都市交通課長
に出向していた時代での先行文献の乏しい中での研究であったため、そ
こでの体験はその後のデータ収集、自ら観察し自ら考えるという姿勢に
拍車をかけたともいえよう。本書第2章では、都市交通研究の経緯、
角本都市交通論の概要、世界の諸都市を実際に歩いた上でまとめた跡を
辿り、自らの都市交通研究の総括、将来見通しを論じた一連の研究を示
すこととする。焦点は1963年の『都市交通』(2-1)、1987年の『都市交
通』(2-3)の両著書に置くが、その間の諸都市探索を通しての視点から
の研究成果 (2-2) も有用なものと受け止められよう。

2-1　都市交通研究の端緒

　国鉄での地方勤務を終えて、1954年本社審議室に転勤後数か月を過
ごした時、運輸省細田吉蔵官房長から同省の民営鉄道部に新設の都市交
通課長に招聘された。1955年、角本35歳の時であった。細田はかつて
鉄道省時代の配車課長であったが、運輸省の鉄道監督局国有鉄道部長か

ら官房長となり[1]、その時の声掛けであった。当時の運輸省には大都市圏の通勤混雑の緩和対策を担当する人材がいないからとのことであった。国鉄本社審議室では、かつての文書課長時代に引き続き特定の現業を持たず研究職を好み、個人のテーマを追究していたこともあり、角本には「思いもよらず」とのことであったが、都市交通研究に積極的に取り組む大きな契機となった。角本個人としても新しい分野についての社会の理解を得ておきたいとの考えもあり、このころ研究者としての活動—日本交通学会にも参加—が本格化したのである。

「私の研究は都市交通から始まり、それが長く続いた」との自身の述懐にあるように、すでに都市交通課長時代から研究書を著し、その後も幾多の論文、著書を書き上げている。この実績から筆者（杉山）より一回り若い世代の交通研究者でも、角本を都市交通の専門家だと思い込む人がいるほどである。事実、わが国で都市交通の研究に早くから着手した代表的な専門家であったことは言うまでもないが、角本の研究領域はここだけにとどまるものではなかった。都市交通課長時代以後、1970年4月までの国鉄在職中では「二足のわらじ」をはくことになり、それ以降は研究一筋の生活となった。

都市交通研究に取り組んでから、業務との関連から執筆された3冊の著書

『都市交通—その現状と対策—』(1956)
『続　都市交通—激増する自動車への対策—』(1969)
『都市交通の基本政策—その将来の方向と米国の経験—』(1961)

では、前2著が文献に頼りがちな情報収集であったのに対し、3冊目

（1）　細田はその後政界に転出し、運輸大臣もつとめた。

は現地を視察したことを踏まえてのものであった。本書第 1 章1-1で触れたように、金沢 1 中の先輩宮野武夫との縁で1960年11月に米国鉄道貨物輸送調査に加わった帰途、個人でボストン、ニューヨーク、フィラデルフィア、ワシントン、シカゴ、ロサンゼルスの 6 都市の実態を把握したことを反映したものである。調査結果を間髪もいれず著書にまとめる姿勢はその後も一貫していた。これら 3 冊の研究実績により、国鉄本社に戻った1950年代前半から指導を受けていた大阪商科大学（旧制）富永祐治学長（当時）の評価を得て、同大より1962年に経済学博士を授与された。

　なお、最初の著書の後、当時の交通論の代表的な教科書である今野源八郎編著『交通経済学』（1957、青林書院）で「都市交通」の章を担当している。その執筆項目は　I 都市膨張と交通、II 都市と自動車、III 都市の公共交通　である。

　角本は生涯を通じて『都市交通』という同じメイン・タイトルでの著書だけでも 3 冊（類似のタイトルのものは別にして）出している。1956年、1963年、1987年のものである。1956年のものは自身にとっても最初の著書、1963年のものは博士論文となった前記 3 冊を要約したもの、1987年のものは自身の「世界の都市を実際に歩き、またわが国の自動車普及と鉄道建設の経験を眺めてようやく到達した整理」であり、「今となってはそれ以前の都市交通に関する著書は事実の記述にはまだ意味があるにせよ、もう捨ててよい」とさえしている（本書第 1 章1-2）ことから、本章では1963年、1987年のものを中心に扱うこととしたい。なお、都市交通研究での最終的な結論は『交通の風土性と歴史性』（1988）に示されているとしている。

　有斐閣のらいぶらりいしりいずの別冊として出された『都市交通』（1963.3）は、都市の交通への世間の関心が集まっていたにもかかわら

ず、都市交通全般についての体系的な認識が必ずしも十分でなかった中での著作である。出版社の知名度からも、一般に広く読まれたという意味で、最初のものと位置付けられる[2]。その構成は

Ⅰ　都市交通の背景と特徴
Ⅱ　「都市交通」の発生と交通量の増大
Ⅲ　交通量の抑制と分散
Ⅳ　交通の手段
Ⅴ　交通体系の再編成
Ⅵ　経営と資金
Ⅶ　価格政策—需給バランスの回復
Ⅷ　安全の確保

と広範にわたっている。都市交通全般を世間に伝えようとの意図の表れである。そこでの基本的な立場は人間性の尊重と人間への愛、経済の論理復活の2つであり、このことは以降の著作においても変わることはない。筆者（杉山）には角本都市交通論のウェイトは人流に置かれ、物流の扱いは限られていたとの印象も拭えないが[3]、この基本的立場が一貫して踏襲されていたことによると解釈すべきなのであろう。人々の生活行動に基づく対応が必要であり、交通サービス需給の不均衡を可能な限り経済合理性で調整すべきとの考えからのものである。

　第Ⅰ章では都市交通の特徴、対策の前提、日本の特殊事情が解説されている。都市交通の特徴では①大量交通、②通勤通学輸送主体で、朝夕

（2）　事実、筆者（杉山）の手元にある書は1965年3月の第4刷である。
（3）　参考までに記すと、都市交通での物流のウェイトを重視すべきとの立場から編まれたのが杉山雅洋・国久荘太郎・浅野光行・苦瀬博仁編著『明日の都市交通政策』（2003.6，2008.5改訂版、成文堂）である。

の短時間に集中、③都心部中心、④近距離輸送であるとし、対策の前提
は①都市交通は都市活動の手段であり、目的自体ではない、②経済合理
性を基礎とすべき、③都市の大小、都市圏内の地域に応じたものとすべ
き、④各交通手段を適材適所で利用すべきとしている。日本の特殊事情
として、①都市の人口密度が著しく高い、②既存の道路面積が小さい、
③郊外に土地の余裕が少ない、④大都市の高速鉄道網が不足している、
⑤一人当たりの国民所得が低いとされているが、②について東京に限っ
て言えば、その後の現地調査で、道路面積の絶対値は別として、同じ面
積で比較すれば都心部の道路率は低いわけではない、④、⑤に関して
は、今日では幾分様相を異にしている。1955年当時よりは三大都市圏
での最混雑区間における鉄道の混雑率は低下しており、一人当たりの国
民所得も上昇しているのである。60年余の時間の経過を考えれば別段
驚くに値しないことである。

　第Ⅱ章と第Ⅲ章は現地観察を統計データに基づいて行っていること
が特徴である。第Ⅱ章では、ロンドン、パリ、ニューヨークが高速鉄
道網の整備された状態で「自動車時代」を迎えたのに対し、東京では
都心部を中心とする高速鉄道の建設が著しく遅れた、大阪では東京と
ほぼ同様の傾向であるものの、国電の発達が遅く都心部を通過してい
ないことが違いであると指摘する。大阪では第 2 次世界大戦終戦前に
都心部の人家密集区域に幅43mの道路と地下鉄道を作ったのは都市交
通史上画期的なことであり、交通学者から転身した関一（せき　はじめ）
市長の偉業であると高く評価している。三大都市圏では定期旅客が圧
倒的に多く、朝のラッシュ時 1 時間での輸送力対策が問題であるとし
ているが、これは第Ⅳ章での定期割引再考論につながっていく。大都
市での自家用車の普及率は全国より低くなるとの見方は、たとえば自
家用乗用車の世帯当たり普及台数を見れば、時代を先取りしていた。
なお、同書ではpublic transportを公共交通機関とは言わず、公衆的交

通機関[4]と表現しているが、この使い方は角本の以後の著書にはみられない。

　第Ⅲ章では衛星都市、首都機能移転を検討の上、都心部機能の分散による需要の消滅の可能性は極めて小さいとし、常時時差通勤の行われることが望ましいと提唱している。副都心計画についてはその効果を具体的に判定するほかはないとこの時点では判断を先送りしているが、1987年版では「今日から回顧すれば副都心の位置は近すぎたし、たとえ私企業がその地区の繁栄策を望んだとしても、政策当局はそれを抑制すべきであった。それと同時に鉄道路線の追加を、狭く区部付近内に限定せず、郊外遠くまで新線を建設すべきであった（田園都市線はその例外の1つ）」と批判している。自動車交通の規制についてはアメリカの試行錯誤を解説している。

　第Ⅳ章では交通手段として公衆的交通手段（鉄道、バスなど）、個人的交通手段（自家用車、物理的側面からハイヤー、タクシー）に分類して、その選択を論じている。近年の研究の傾向では交通手段選択モデル等による接近が多いが、同書ではわが国三大都市圏、海外の事例を大量性、安全、速度、正確、低廉（経済性）、延長性及び分派性、交通機関相互の連絡性、快適、通路の開放性及び融通性といった視点から論じているのである。路面電車の撤去をめぐっては、その可否は社会全体として路面をどのように利用するのが最も望ましいのかに帰着する、東京、大阪では撤去計画は20〜30年の長期計画で考えるべきだとしている。自動車対策では、物理的限界、経済的限界を検討し、排気ガス対策が緊急を要すると指摘している。経済的限界の中で自動車1台当たりの費用と負担が論じられている点は興味深いが、いわゆる自動車の社会的費用を角本自身が計測しているわけではない。

（4）　public transportを岡野行秀は公衆交通、藤井彌太郎は公共用交通と表現していた。

　第Ⅴ章では各種交通手段の組み合わせによる交通体系は通常15〜20年の長期計画の中で論じられているが、その前段となる需要予測に関し、戦後の復興計画では東京、大阪の人口、交通量も常に過少推計されていたことを確認し、その失敗は諸計画で人口集中が抑制しうるとの希望的観測に基づくものとしている。自動車の利用には必然性があるので、鉄道網整備を自動車時代にふさわしい交通体系の再編とすべきであると論じている。

　経営と資金を論じた第Ⅵ章ではまず経営に関し、交通調整（交通手段の種類、複数の企業主体相互間の連絡協調ないしそれらの統合）の内外の経緯を振り返り、輸送力不足のわが国では一元的運営は有利ではない、国電の国鉄からの分離も実益に乏しいとの見解を示している。次に資金面に関しては、大都市に納入されるガソリン税が巨額に上るのに、その一部しか還元されていないことへの問題視[5]等から、利用者が明確に把握できる場合は納税者負担より利用者負担の原則を貫くべしと主張している。利用者負担とするのか、納税者負担とするのかには議論の余地があるとしても、交通インフラストックが十分とは言えない1963年の段階で、このように明言していたことに注目したい。受益者負担に関しては、地下鉄建設費の2倍の利益が沿線地主にもたらされるという指摘は、その後の政策論での開発利益の還元論で具体的に展開される。（本書第3章3-2参照）交通企業経営の困難な要因を整理した上で、交通施設利用促進のための建設費補助は、独立採算の原則をとる以上はできるだけ早期に打ち切ることが望ましいとしている。独立採算を可能とさせうる条件整備の必要性と一体での主張であることは言うまでもない。

　第Ⅶ章は先行研究文献の乏しい中での価格政策の考察である。交通

（5）　この点に関しては、後に武田文夫もその矛盾を指摘している（たとえば、武田文夫『交通の計画と経営―市場構造の変化への対応―』（増補版1989.8 白桃書房））。

サービスの対価である運賃の需給調整機能が、一般の商品の場合のように政策上考えられてこなかった典型例の１つとして、定期旅客割引を挙げている。当初の社会政策的割引がラッシュ時の需要増、費用増に伴う損失負担と相反しているとの疑問である。高率の割引はコスト面からも明らかに不合理な現行制度を改め、時間帯によって異なるコストを運賃制度の基礎とすべきであるとして、東京某私鉄の例（原文ママ）から運賃案を試算している。（表-1参照）　定期運賃はラッシュ時には現行運賃より高く、普通運賃はラッシュ時には低くという主張を裏付けるものである。この種のピークロード・プライシングは今日のSUICA、PASMOといった電子乗車券制度では実行可能性が一段と高くなっている。サービスの質をめぐると受益と負担との対応の問題は残るものの、サービス水準は単に快適度のみならず、そのサービスが消費される時刻（時間上の位置）をも考察することで対応可能としている。自動車交通の価格制度では自動車普及の初期において道路への追加投資が少ない上、一般財源で賄われていたことがその後の判断を遅らせたとしている。ちなみに、道路投資はその後特定財源で行われることになったが、現在では再び一般財源に戻っていることを角本はどう判断するのであろうか。今日では道路資本ストックが飛躍的に豊富になっているとはいえ、利用者負担（受益者負担）制度に基づいていた道路特定財源の廃止は、角本の主張する「利用者に負担させる以外に公正な方法はない」と

表－1　時間帯別のコストを基礎とした運賃案

	定　　　期		普　　　通	
	ラッシュ時	非ラッシュ時	ラッシュ時	非ラッシュ時
	円	円	円	円
新運賃	2.697	2.102	2.697	2.10
現行運賃	1.645	1.645	3.820	3.82
差引	1.052	0.457	-1.123	-1.71

出典：『都市交通』(1963)，p.197

26

の関係はどうであろうか。また、需要の集中する地域への対策として駐車料金の活用がロンドンで提案されていることに触れているが、おそらく同書の執筆時点では時期的に Smeed Report を読む機会はなかったものと推察される。なお、ロンドンでは2003年2月 TV カメラによる自動ナンバープレート読み取りシステムでの都心通行課金（congestion pricing）が導入されたのは読者の方々には周知のとおりである。

　第Ⅶ章では同書の要旨を「今日の大都市への人口集中には経済的必然性があり、交通量の増加も不可避である。交通量を抑制する対策も講ぜられているが、なお交通量は増加し続けている（第Ⅰ〜Ⅲ章）。これに対して交通能力を増強する供給面の対策も行われているが、施設整備の資金がそのネックになっている。その解決のためには、需給バランスを回復しうる価格政策が実施されねばならない（第Ⅳ〜Ⅶ章）」とまとめている。何よりも正確な要約である。加えて「公益事業施設の利用への社会政策的配慮は一般財源から措置すべきであり、交通政策の問題ではない」としていることはまさに至言である。

　安全の確保を論じた終章（Ⅷ章）では、安全の確保は交通の絶対条件であること、自動車交通事故への補償には①免許証と補償を関連させること、②「交通災害事務所」を設置することの2つの提案、「交通戦争」にはマスコミ・キャンペーンを推進することが述べられている。

　以上が1963年版の『都市交通』の大要である。同書は決して学術論文固有の難解な表現—角本は一貫して意識的に避けていた—ではなく、平易な文章で綴られた文庫本であるが、学位論文をベースにしているものだけに、質の高い内容となっている。現実観察を各種統計資料により行っているので、出版から半世紀以上経った現在でも十分に存在価値があるものといえる。角本の都市交通の研究はこれを出発点に、わが国、世界の諸都市を交通の観点から眺め、1987年版の『都市交通』に続いていく。以下、本章次節以降でその足跡を追うこととしたい。

2-2　諸都市の今日に至るまで―交通の視点から―

　角本は「都市の大きさ、その機能を決定する基本条件が交通である」
との認識から、都市交通研究には都市の把握・解明が不可欠であるとし
て、日本はもとより世界の各都市の現在の姿に至るまでを地理的、歴史
的観点から観察・考察した。常に問題意識を持ち、自らの疑問の解明に
各都市を自らの足で訪ね、自らの目で確かめた上で、自ら検証・整理し
たのである。このことは角本都市交通論の特色を形成している大きな要
素ともなっている。

　世間が知りうるという意味（大手出版社からの出版）での、実質的に
最初の出版物となった1963年の『都市交通』に続き、都市問題講座の
別冊1として著した『都市交通論』（1970.2、有斐閣）では「19世紀以来
の都市の巨大化を支えてきたのは交通の進歩発展であった」とのことか
ら、4章構成の第1章で世界の大都市を扱っている。ヨーロッパの諸
都市としてロンドン、パリ、モスクワの他、ヨーロッパの人口100万人
都市、アメリカの諸都市としてニューヨーク、ロサンゼルス、サンフラ
ンシスコ、わが国の都市として東京、大阪を取り上げているが、そこで
の共通視点は職場・住宅・交通である。「今後の都市交通対策は、本
書（『都市交通論』）に賛成にせよ反対にせよ、本書の理解から出発して
欲しい」としている。ちなみに、1970年代前半に早稲田大学大学院商
学研究科での講義教材として、この『都市交通論』は大学院生の議論に
供せられた。日本交通学会賞の受賞作であるだけに、筆者（杉山）の記
憶では、豊富な資料を駆使しての角本の主張に参加院生（商学研究科の
みならず、理工学研究科からも少なからず参加していた）は納得する方が多
く、彼らからの反論は限られていたという印象が残っている。

　人間と都市のかかわりを考えるのに「交通」という中間項を入れた方がわかりやすいとの角本10年来の構想を具体化した『人間・交通・都市』(1974.5 鹿島研究所出版会) では、3 部構成のうち 2 部をニューヨーク、東京に充当している。ニューヨークの1970年までの事情は第 2 部「ニューヨークを見て」に詳しい。第 2 部の 4 つの章は、イメージと現実、極限への挑戦：マンハッタン、2,000万人の交通体系、ニューヨークの将来―爆発は終わったか―から成っている。ちなみに同書の 3 部構成とは

　　第 1 部　総論
　　第 2 部　ニューヨークを見て
　　第 3 部　東京を考える

というものである。

　1975年には有斐閣双書として『都市交通政策論』(1975.3) の出版直後、角本の著作分類では［鉄道・自動車］に属する『高速化時代の終わり―新しい交通体系を探る―』(1975.3 日経新書) を、さらにその半年後には同［交通論］に属する『人間と移動―明日の交通を考える―』(1975.9 中公新書) と 2 冊の新書本を相次いで刊行している。『人間と移動』の第 4 章「希望とその現実」の最終節が「混雑の国際比較」であり、これまでの外国の大都市の紹介での誤解を解くべく、道路、鉄道での事例を整理している。これらのことへの続きとの意図であったのかは定かではないが、1975年 9 ～11月にイギリス、南ドイツ、チェコスロヴァキア (当時、現在はチェコとスロヴァキアに分離)、イタリアの諸都市への旅に出た。角本は毎年といってよい程海外視察に出向いているが、この旅はその期間の長さから定例的なものではなかったのかもしれな

い。その報告書が『都市を見る目―ヨーロッパの教訓―』（1976.1 運輸経済研究センター）[6]である。同書は通常の出版社によるものではないためこれを入手できる人は限られていたが、角本の都市の地理的、歴史的理解が端的に示されているので、これに注目してみよう。同書の構成は

まえがき―本書の狙い―
要約
Ⅰ　日本・米国・ヨーロッパ
Ⅱ　都市の勝敗
Ⅲ　都市景観を決めるもの
Ⅳ　自動車と歩行者
むすび
　補論1　ニューヨークの人口推定修正
　補論2　ヨーロッパの時代区分

となっている。1つの計画ないしは自然の発展傾向のみの経験しかない日米と、破壊と繁栄の繰り返しを経たヨーロッパの都市では歴史の重なりが異なることから、第Ⅰ章では計画的に作った理想都市がヨーロッパであるとの先入観を排除して、歴史的理解の中でヨーロッパ諸都市の悩みと対策の限界を説いていく。第Ⅱ章では都市の勝敗、盛衰の理由は比較によって初めて明らかになる、そのためには第2の都市が第1位となりえなかった理由を考察することが将来の都市論に有益であるとしている。具体的比較対象都市として、イタリアではギリシャ、ローマとの関係でのシチリアのシラクサとパレルモ、カタニア、2つの焦点である

（6）　豊富な内容が綴られている『都市を見る目』は調査旅行から帰国後1か月程度の短期間で活字（出版物）になっており、このことからも角本の超人的な執筆の速さが覗えるのである。

ローマとミラノ、中世の海上支配をめぐるジェノヴァとヴェネツィア、
都市闘争を演じたピサ、シエナ、フィレンツェ、イタリアの他では攻防
支配の長い因縁を持つプラハとウィーン、歴史を異にし、かつての地位
が逆転した南ドイツの4都市（ミュンヘン、シュツットガルト、ニュルン
ベルク、アウグスブルク）、イギリスではロンドンに差をつけられたヨー
クとノーリッジの7つのケースの比較を、歴史的経緯から論じてい
る。第III章ではわれわれがヨーロッパ都市に抱く違和感として①石の建
物の古めかしさ、②城壁を持つ空間構成、③宗教建築の比重の大きさを
挙げ、都市構築へのこの理解の必要性を説いている。オリヴィエ・ドル
フェスの「関係位置と立地位置」から、各都市は自己に与えられた2つ
の位置を最大限に利用しながら発展に努力した結果が現在の都市景観で
あるとする。ちなみに「関係位置」は「都市機能の遂行に必要な関係を
確保する交通通信網と諸地域に対する都市関係の位置」とのことであ
り、「立地位置」は「都市の所在地であり、現在の地形との関連で設定
された空間の正確な場所」のことである。この観点から、ヨーロッパの
大都市は固定化、硬直化の段階にあり、もはや極めて小さな修正しか行
われないであろうと推測している。第IV章では歩行者専用空間としての
歩道は、これを確保している都市の固有な事情から「自動車＋α」で生
まれたと解釈し、限られた都市にみられるだけの「交通セル」の今後の
普及は不明であるとしている。同書で示された結論として、考察した
ヨーロッパの都市は①固定化し、柔軟性の喪失、②巨大化の限界、③
100点満点の都市の不在とまとめている。

　補論1ではニューヨークの三州地域計画委員会（Tri-State Regional
Planning Commission）が従来の人口推定を下方修正したことを紹介し、
補論2では都市と国家との関係から、ルネッサンス（15〜16C）までを
中世とする方がわかりやすいと指摘している。

　『都市を見る目』で示された角本の指摘は、半世紀弱以前のものであ

るが、今日でも十分傾聴に値するものと判断される。角本のその後の研究は『今日の都市　明日の都市』(1978.10 玉川大学出版会)、『世界の都市と交通―モビリティの理想と現実―』(1980.5 りくえつ)、『東京も膨張をやめる―都市と自動車の時代―』(1986.10 早稲田大学出版会)へと続いていくのである。

　『今日の都市　明日の都市』では、個々の都市とそれらの都市体系が存在する理由(これに該当する章―以下同様―は第Ⅰ章「真実の発見」、第Ⅱ章「各都市の存在理由」、第Ⅲ章「流通と都市体系」、第Ⅳ章「権力と都市体系」)、都市の持つ個性の発見方法(第Ⅴ章「各都市の個性の成立」)、都市に可能な理想とその限界(第Ⅵ章「ほんやく調の理想論議」)、第Ⅶ章「理想都市のアナクロニズム」)、都市巨大化の将来展望(第Ⅷ章「将来展望」)が現実に即して論じられている。第Ⅴ章では先の『都市を見る目』での成果がベースとなっており、同書後の角本推論が読み取れる。データに裏付けられた最終第Ⅷ章ではゴッドマンの命名による「メガロポリス」は将来とも「都市」の概念で扱うことは出来ないと結んでいる。巨大都市の限界はその後の『東京も膨張を止める』で具体的に論じられることになる。その基本は「新しい開発の可能性のない、狭い国土においては既存都市の能力に応じた拡大により人口増加に対応すべきである」としている点にある。なお、角本は同書の執筆の段階までにレニングラードからブエノスアイレスまで地下鉄を持つ都市の大部分を訪ねている。各都市への歴訪から「アテネではソクラテス、シラクサではアルキメデス、シュツットガルトではヘーゲルに親しくなったように感じた。都市を知る面白さといえよう」と述懐していることに、筆者(杉山)にはあまりにも大きな次元の差を思い知らされることとなった。

　初めての外国調査(1960年)より20年後となる1980年の『世界の都市

と交通』はすでに新聞、雑誌等に発表してあった内容を補足したものである。1960年、1970年の米国、ロンドン・パリ・ニューヨーク、ライン河下流地域、フランスの港湾都市、アルゼンチン・ブラジル・チリとヴェネズエラ、中国、フィンランド、モスクワ等の諸都市への訪問紀であり、その対象は極めて広範である。過去20年間での海外の知識を蓄積できた貴重な資産を今後の「モビリティの時代」にさらに増大していくことを願うとするのが同書の結びである。

　わが国の諸都市を交通という観点から眺め、外国の諸都市と見比べてきた角本にとっての都市研究の集大成が1986年の『東京も膨張を止める』である。角本の交通研究45年目の節目の著作でもある。この時点まで角本の眺めてきた40年間に自動車が普及し、都市がその影響を強く受けたことにより、自動車は都市拡大の要因と同時に制約要因ともなったことからの視点で執筆された同書の構成は

　　まえがき
　　序論―われわれはどれだけ知っているか
　　Ⅰ　都市の形成
　　Ⅱ　今日の交通体系
　　Ⅲ　《混雑現象》と理想の設定
　　Ⅳ　理想実現への努力と障害
　　Ⅴ　自動車時代への反省と展望―20世紀後半から21世紀へ
　　結語

となっている。第Ⅰ章では都市そのものの理解と都市の成立が交通に依存することの説明で、第Ⅱ章は交通需給の技術面・制度面の現状の把握と分析、第Ⅲ章では都市交通政策の本質の追求、第Ⅳ章では第Ⅲ章に基

づく具体策の展開とその際の障害の解明、第Ⅴ章は将来展望が示されているが、現在の東京等の対策を批判した「結語」から先に目を通されたいとする著者の言にしたがい、同書の大要を把握することとしたい。その際、都市全体を視野に入れた捉え方、各都市の多様性を見つめる態度の２つに留意することが必要であるとしている。

第Ⅲ章での混雑解消の理想を一挙に到達するのは、東京でも研究学園都市として誕生したつくばでも難しい。東京とつくばを例にとったのは公共交通依存型、自動車依存型の両極端としたからである。それぞれに障害がある（第Ⅳ章）ためだが、理想に向かって進むことが重要であるとする。対策推進にはまず今日（当時）の状態を現状以上に悪化させない配慮であり、通勤能力が限界に達したところへビル群を追加させるような政策では改善は困難である。東京のように権力による計画の力を過信しては人間らしい都市は育たない。つくばのように権力に属しない自然発生の力が働く場合には町を住みやすくすることを待つ必要があり、不足する東京連絡には高速バス路線、常磐新線が一番地であるとする。ちなみに常磐新線は後につくばエクスプレスとして実現したが、筆者（杉山）はいわゆる角本電車（通勤新幹線、本書第3章3-2参照）の誕生とみているが角本の見方は違う。このことは本書第3章で扱うことにしたい。東京では自然発生の力の例としての区部就業者人口の伸び率の低下（第Ⅴ章）により、輸送量の伸びも小さくなり（第Ⅱ章）、ニューヨーク、パリ、ロンドンとは異なり公共交通に余力がなくなっているだけにこの傾向は救いであるが、都心部での事務所ビル需要は混雑税的発想での市場価格に期待すべきであるとする。新宿副都心開発での交通能力の限界を無視した誤りを国鉄用地の転用で繰り返してはならないと結んでいる。角本の一貫した考えは、人々の選択が理想と現実の差を認める努力が結実するような政策こそが望ましいとするものである。

2-3　都市交通研究の帰結と将来見通し

　1963年の『都市交通』、1970年の『都市交通論』の後は、1974年の
『人間・交通・都市』から1986年の『東京も膨張を止める』までは都市
研究にウェイトを置いた著作が続くが、その間の1975年の『都市交通
政策論』は角本の経験の基づいた都市交通政策の基本的考えをまとめた
もの（同書執筆直後の角本の筆者（杉山）への私信では「（これまでの都市交
通政策研究を）要約したもの」）としていることから、1987年の『都市交
通』につながる都市交通論と位置付けられよう。

　『都市交通政策論』(1975.3 有斐閣双書) では、(1)「都市及び都市政策
の理解」で、現代の都市が長い都市発展史の中でどのような位置、どの
ような制約の下に置かれているのか（第Ⅰ章「理想と現実—現代都市の位
置」）、その制約の中で苦痛や不満の緩和のために何が可能であるの
か（第Ⅱ章「都市政策の可能性」）、(2)「交通政策の体系的説明」で、交通
政策決定の過程と必要な要素の組み合わせ（第Ⅲ章「都市交通政策の展
開」）、自動車及び公共交通の体系的説明（第Ⅳ章「自動車交通」、第Ⅴ章
「公共交通」）、(3)「具体例による補足」として、都市規模に応じて捉え
るべき政策の比較（第Ⅵ章「大・中都市の交通政策」、第Ⅶ章「巨大都市の
交通政策」）が述べられている。同書の特色は①既知のものは可能と不
可能に区別、②未知のものは明らかな不可能を識別、それ以外は可能性
を確認という態度が都市交通には必要ということで、現実遊離を回避す
る視点が貫かれていることである。断るまでもなく、この点は交通研究
全般を通じて角本の一貫した基本姿勢となっている。

　都市交通研究の単行本としては最後のもの—というよりは結論—と
なった『都市交通—21世紀に向かって—』(1987.5 晃洋書房) の構成は

序論―現代の課題

I　各都市の違い

II　都市の動態―住・職・交通の変動

III　過去の提言とその批判

IV　今後の政策

要約と展望

となっており、これまでの研究成果を集大成した内容である。

　「まえがき」に都市交通論は交通研究の中ではいわば際物（きわもの）との記述があるが、常に当面する問題を取り上げねばならないからとのことであろう。それだけに対象の本質を深く理解する必要があるとして、自ら学び取った古今東西の都市と交通の来し方に関する成果を縦横に活用している。「世界の都市を実際に歩き、またわが国の自動車普及と鉄道建設の経験を眺めてようやく到達した」とする同書は、都市交通研究の大筋の整理であり、考える材料として序論、第I章、第II章では付論も補足されている。また結論は、翌年の出版となる『交通の歴史性と風土性』の第2部に示されるとされた。1963年版が都市交通全般を論ずる構成となっているのに対して、1987年版は都市の歴史、特性に関し自らの体験から一段と豊富になった研究ストックを反映した記述から始めて、この20年余りの間に示された各所での提言とその批判、将来展望を行っていることに特色がみられる。このことが1963年版と1987年版の大きな差ともなっている。

　序論では東京、大阪の重要課題が紹介されており、（当時）わが国、西ヨーロッパの大都市がすでにメンテナンスの段階に入っていることを示している。交通能力増強が限界に達していることのデータ上の裏付けとして、［東京はニューヨークの2倍］（ちなみに、これまでも用いられてきた東京とニューヨークの通勤流（1980年）は図-1参照）、［パリ、ロンド

36

図－1　東京とニューヨークの通勤流動量（1980 年）

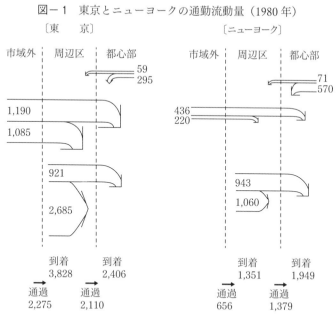

〔東　　京〕　　　　　　　　　　　　〔ニューヨーク〕

（注）自宅勤務を含む．到着合計 623 万 4,000 人．（注）自宅勤務を含む．到着合計 330 万人．
出典：『都市交通』(1987)，p.18

ンは小さい〕、〔国際比較―大阪と上海〕が付論で記されている⁽⁷⁾。こ
れらはかつて運輸経済研究センターが行った海外調査（角本は中心メン
バーとして参加）からのものである。「都市交通政策は市街地において自
動車の利便性と生活の快適性との妥協点を求めることになる」、「都市交
通を研究するのも、都市を理想に近づけるのに貢献するためである」と
の主張は角本の都市交通研究の原点であり、「わが国の都市交通研究は
1950年代における都市人口の急増を背景にして盛んになったけれど
も、50年代から60年代になされた都市改造論がそのまま受け入れられ

（7）　同書において付論は〔　　〕書きにて示されているので、本章の本節でもそ
　　の表記方法にしたがう。

る時代ではなくなった」との指摘で、過去の文献に当たる時の注意を喚起している。

　各都市に応じた研究の必要性を説く第Ⅰ章では、交通との関連で都市の可能性を規定している最重要課題は①都市の位置とその背後圏、②都市の内部構造（住宅と職場の分布、道路・水路・鉄道等の配置など）であり、都市の成立のためには(i)市民の生活に必要な食料、燃料等の物資の搬入、(ii)市域内部における人と物の移動の2つの交通の可能性が前提になるとして、アテネ、ローマ、東京、札幌、ロサンゼルスを具体的に論じている。都市の個性の蓄積過程としての［アリストテレス、モアの理想追求］、［2000年の蓄積］、［東京"バロック化"の不成立―明治中期の断面］等の付論からは貴重な教訓を読み取ることができる。個性識別の基準は①人口規模、②雇用規模、③人口の分布と密度、④雇用の分布と密度（特に都心部の強弱）、⑤道路網の形態と能力、⑥自家用自動車と公共交通の分担、⑦水運利用の可能性、⑧所得の水準と分布、⑨社会秩序の好悪、⑩歴史の蓄積を挙げ、ほぼ同じ時代に類似の規模に発展したが全く異なる交通体系を持った2つの都市［札幌とロサンゼルス］で比較を試みている。

　第Ⅱ章では都市の動態をまず都市のライフ・サイクルから第1～5段階で考察している。そこでは「職住接近のための建物高層化が言われるけれども、都心部付近の人口増加に成功した例はおそらくない」と推論されているが、そこでは述べられてはいない「コンパクト・シティ」も角本の評価には値しないものであったのであろうか。［3大都市の経年変化］、［外国3都市の過大予測］は具体論としての付論である。次に交通のライフ・サイクルでは、一般論としての交通のライフ・サイクル論を都市交通の特殊性から、国の内外を対象に［3大都市の通勤の現況］、［3大都市の人口と交通量の推移］、［ニューヨーク、ロンドンの先例］の付論で考察している。その上で供給組織論として、ロンドン、

パリ、ニューヨークでの広域一元化論はわが国では非効率になるおそれがあるとして、現在の体制のまま必要最小限の調整を行い、さらに既存の公企業の民営化が望ましいとしている。［現行体制の成立と経過］、［半世紀間の試行錯誤と最近の努力］の付論で、角本の推論プロセスが把握できる工夫がなされている。

　対策論としての第Ⅲ章，第Ⅳ章では、都市という限定された空間での有効な選択の必要性という観点から論じられている。費用負担制度、技術、町づくりを扱った第Ⅲ章では都市交通への提案は1960年代に出し尽くしたと断じ、その具体例として混雑税、ピークロード・プライシング、運賃調整、新交通システムを挙げている。価格の活用に関しては、確かに1964年のSmeed Report以降は電子機器の併用に絡めた提案はなされてはいるものの、抜本的なものかと問えばその限りではない。ただし、「混雑税はおそらく今後に採用する都市はない」としている点に、その後の経緯を眺めた場合、筆者（杉山）にはいささかなりとも懸念が否定できない。1960年代から始まった（西）ドイツでの共通運賃制（その実施のための運輸連合の組織化）、1970年代のパリのオレンジ・カード（ゾーン制定期券）、1980年代のロンドンのトラベル・カード、キャピタル・カードといった定期券等の運賃調整は交通量の面では成功と評価されているのに対し、経営状態が改善されているわけではないと指摘している。筆者（杉山）はこれらは社会政策的割引であって、営業政策的割引ではないとの角本解釈に基づくものと推測する。「公共料金」抑制策の弊害を強く批判してきた角本の従来の主張からのものでもあろう。1960年代に関心が集まった「新交通システム（new technology）については、同書執筆時点では①連続方式（例、動く歩道）、②中量軌道（例、中型のモノレール、ポートライナーなどのAGT（Automated Guideway Transit））、③軌道タクシー（例、CVS）、④軌道バス（例、デュアルモード）に分類されるが、わが国では②の中量軌道だけが1980年代半ばに定着したにすぎない」

としている。角本は自動車の効用を冷静に認めているからこそ、すでに自動車時代に入っている町づくりには職・住・交通の組み合わせの視点からの提言の必要性を強調しているのである。

今後の政策を論じた第Ⅳ章では、「おそらくわが国のすべての都市を通じて旧市内の常住人口は減少し続けていよう」との現実把握をした上で、それでも人口規模と密度が世界のどの都市より大きい巨大都心部を持つ東京では今後の機能の追加は23区の外で行うより他はなく、都心部では軌道方式の限界のためにいずれ機能の分散の方向で考える必要があるとしている。東京は世界の先進国の中で特異の議論の対象となっており、東京問題を考える上での留意を訴えている。都心部の業務用ビルへの需要が強いことへの懸念を示し、メンテナンス時代にこのことにこだわる発想は時代錯誤でしかないと結んでいる。

今後の展望としては①鉄道、自動車、エレベーター等の技術に進歩があるのか、②都市を膨張させる必要があるのか、③それらに関して新しい学説や提案があるだろうかの問題設定をして、①には目下のところ登場しそうもない、②には職・住・交通の関係から判断すべき、③にはほとんどないとしてメンテナンスの重要性を説き、「都市の今後の評価は堅実な管理を政治・行政が徹底させうるかどうかに依存する。それには市民も秩序維持に協力し、かつ保守管理に必要な費用を負担しなければならない」としているのである。

蛇足ながら、もっぱら同書編集上の都合であろうが、豊富な図表のうち、17の図こそ本文に組み込まれているが、56の表は巻末に一括されていることから幾分の読みにくさは否定できない。また、同書の内容とは関係ないことであるが、同書が晃洋書房の「現代交通経済学叢書」[8]

---

(8) 同叢書の第1巻として藤井彌太郎・杉山武彦・杉山雅洋編『交通経済理論』が予定されていた。藤井教授のリーダーシップの下で章立て、担当者も決められていたが、諸般の事情で出版には至らなかった。ちなみに杉山雅洋担当の「交

の第 1 回配本であることから、編集責任者の刊行の辞として綴った中西健一の角本評を載せておきたい。ほとんどの人が納得する角本像であろう。

　…。国鉄論、自動車論、都市交通論、交通経済理論、交通文明論とそのレパートリーは広く豊かであるが、固定的なイデオロギーに囚われず、抽象的観念に惑わされない、柔軟で徹底した実学的精神と先見的な鋭い時代感覚は、われわれ後学者に多くの教示と絶えざる刺激を与え続けてくれるが、それは研究一筋の（われわれのように、ロスとわかっていても酒を嗜むような愚はされない）禁欲的な精神によるものといってもよかろう。

　角本の都市交通研究は「世界の都市を実際に歩き、またわが国の自動車普及と鉄道建設の経験を眺めようやく到達したのが、『都市交通』(1987)の整理と『交通の風土性と歴史性』(1988) の結論である」と自ら述懐しているが、文言上、結論を綴った『交通研究の風土性と歴史性』の書名からしても、角本分類での「都市交通」のジャンルとはされていないことに若干の説明が必要であろう。

　『交通の風土性と歴史性―四全総から規制緩和まで―』(1988.1 白桃書房) は日通総研選書である『交通研究の知識学』(1984)、『新・交通論』(1985) との三部作で、前 2 著を補完する形で綴られたものであるが、風土性と歴史性を欠いた計画は論理を欠くとの観点から 4 つの全国総合開発計画を批判したものである。（本書第 8 章8-3参照）4 章構成のう

───────────────

　通投資」の項目は、1 交通施設の整備、2 交通投資の経済効果(1)―効果計測への接近、3 交通投資の経済効果(2)―効果の計測、4 交通投資の基準と財源調達とし、ラフな形での第 1 次稿が作成されていたので、もし機会があればその修正稿を何らかの形で残しておきたいとの気持ちはある。

ちの第3章「国土計画と都市政策」の第2節「東京論―現状分析」と第3節「東京論―対策の発見」で、東京を事例とした見解に都市交通研究の結論が見いだせるとのことであろう。まず、「各個人の行動は自己の利益あるいは理想の達成のためであるから、集中地域への集中による不利益が増大する段階になれば、人口増加は自然に止まる性質である。この反転を逆に阻止することもまた難しい」との論拠から、人為的に集中是正を図る全総計画は論理的ではないと批判する。その上で、職場と住宅は交通と一体で考えるべきとの従来からの立場での東京問題は「東京区部に就業者を増加させる一切の政策をやめ、30km圏外（例、横浜みなとみらい地区）にオフィスを誘致する計画を進めればよい。それによって多くの問題が解決とまではいかなくても、市民の生活は快適になる」との見解である。

　なお、同書の「あとがき」で「今、私は自分の交通研究がほぼ終わりに近づいたように感ずる」と綴っているが、角本の交通研究はその後も超人的に続けられた。「終わりに近づいた」とする研究対象を都市交通の分野に限ってみれば、筆者（杉山）は①都市交通に関する内外のデータを確認した、②都市交通研究の前提となる内外の都市への歴訪が一巡した、③職場・住宅・交通の立場から発表してきたこれまでの著作、初期の『都市交通政策の基本政策』（1961）、直近の『都市交通』（1987）等での記述を振り返り、自らの疑問を解消したからではないのかと推測している。

第3章

東海道新幹線事業への参画と
通勤新幹線構想

　昨今では国際語ともなっている新幹線（SHINKANSEN）のわが国初となる東海道新幹線事業に参画した角本は6年間の業務を通して、自立採算が可能なのは東海道新幹線だけだと明言し、その全国展開には反対であった。本章では東海道新幹線計画での経緯につき体験談を交えて執筆した文庫本『東海道新幹線』(3-1) と、これをベースに大都市の通勤難を解消すべく、住宅都市と高速鉄道の組み合わせ建設を提唱する「通勤革命」(3-2)、その後の「新通勤革命」を紹介する (3-3)。角本ならではの冷静な分析・考察と提案には、今日の新幹線建設推進問題、大都市での通勤対策を考える上でも、その後の状況変化に照らして、改めて注目すべきものであろう。

3-1　東海道新幹線―超高速鉄道事業への参画―

　運輸省での都市交通課長の次の仕事は東海道新幹線計画への参画であった。本四航路で起きた悲惨な紫雲丸事故を機に就任していた十河信二総裁の下での国鉄本社で東海道新幹線のための調査室を広げるとのことから、1958年から6年間新幹線輸送計画を担当することとなった（1958.2～1964.2）。当時東海道新幹線計画には慎重論ないし反対論の方が多かっ

たが、十河総裁は推進積極論者であった。角本は同総裁の信任が厚かった[1]ことから、新幹線との縁が生まれた。東海道新幹線誕生の経緯、建設に伴う苦心、将来については自らの体験に基づく『東海道新幹線』(1964.4 中公新書)[2]に詳しいので、それを紐解いてみよう。「鉄道斜陽化」の中で、なぜ国鉄史上最大の計画に踏み切ったのか、なぜ在来鉄道の高速化ではなく新幹線方式を選択したのかを明らかにしたいというのが同書執筆の意図であるとしているのである。同書の構成は章番号を付さずに

　交通革命下の決心
　時速200キロ
　安全のために
　建設の苦心
　輸送サービス
　新幹線の将来

となっており、付録として「東京―大阪三時間の車窓」が苦心談を盛り込んで、東京発10時、新大阪着13時の超特急列車の想定乗車記が綴られている。

　「交通革命下の決心」の章では、世界の三大バカ（万里の長城・ピラミッド・戦艦大和）にたとえる人もいる中で1955年7月に新幹線計画が発表された経緯から説き明かしている。すでに東海道の一部区間での列

（1）　十河総裁は国鉄職員の綱紀粛正を期すための書状を主要幹部に送ったことがあったが、清廉潔白な角本には届かなかったとのことである。澄子夫人が苦笑交じりに筆者（杉山）に語ってくれたが、それだけ角本への信頼が厚かったのである。
（2）　同書は後に『新幹線開発物語』（2001.12 中公新書）として再刊されている。

車計画は限度に達していたにもかかわらず、1954年からの国鉄の第 1 次 5 ケ年計画では東海道線の線路増設計画はなかった。折からの好景気を受け、運輸大臣の諮問機関としての「日本国有鉄道幹線調査会」で論じられることとなり、線路増強が必要との答申に至った（1955.7）が、そこでは狭軌増設論、モノレール論等の検討が行われた末、広軌別線での新設となった。角本は当時の東海道の鉄道、道路の交通量増加の実績から1959年頃に新幹線も高速道路も完成しておくべきであったとしているが、それと同時に広軌別線論者であった十河信二が国鉄総裁でなかったら、広軌別線の結論は異なっていたかもしれないと述べている。515kmに1,725億円の工事費は1954年からの 5 ケ年計画で手一杯の国鉄にとって資金上も工事能力上も容易ならぬことであったため、逐次線路増強の在来線平行狭軌案も根強く主張されていたからである。なお、工事費はその後膨らみ、3,800億円に達したのである[3]。以下、研究・工事期間は 5 ケ年以内という限られた中での苦心談が綴られる。

　「時速200キロ」、「安全のために」の章では、計画実現のための技術的検討が詳細に示されている。国鉄の技術力の粋が随所に読み取れるが、これを綴った角本の技術認識力の高さにも驚かされる。時速200キロで東京〜大阪間を 3 時間半で結ぶ新幹線計画は、かつての弾丸列車構想が東京〜下関間で 9 時間が目標とされていたことから、この復活・高速化版とも解釈されよう。1889年 7 月に新橋〜神戸間が全通した東海道線は速度向上努力により、1956年の全線電化後の1960年には平均速度86.0km/h、東京〜大阪間 6 時間半に達していたが、旅客特にビジネス客の日帰りでの用足しとはいかなかった。日本の二大中心地を日帰りの距離にするにはどうしても片道 3 時間半程度、時速200km/hとしなければならないという目標が立てられたのである。ゲージは超広

（ 3 ）　十河は工事費の予算超過の非難を浴びて開業前の1963年 5 月に国鉄を退職、1964年10月の開業式にも招かれなかった。

軌ではなく1.435mの広軌（わが国では1.067mより広いものをすべて広軌と呼ぶ習慣があるが、今日では1.435mの標準軌—正確には准軌—を広軌と呼んでいる）が採用されることとなったが、その論拠は高速運転に必要な諸条件は1.435mのゲージでも十分充足できるということであった。ゲージの他には推進機関、トンネル内問題、台車の構造、動力の伝達等多くの課題に限られた期間内に取り組まざるを得なかった実情が紹介されている。高速化は安全の範囲内でという大前提で論じられた「安全のために」の章では、まずブレーキが検討された。高速電車を止めるには非常ブレーキ思想から脱却し、ATC（自動列車制御装置）、CTC（列車集中制御装置）といった新しい思想での対応が図られたとされている。その上で列車妨害対策、様々な障害対策、保守対策、自然災害対策と多岐にわたる課題が論じられている。

　対外関係の苦心を紹介した「建設の苦心」の章では、国鉄の４つの遺産である①技術研究、②ルートの成果研究、③用地、④工事の活用があったがために新幹線500kmを５年で完成させるという大胆な宣言を行い得た一方、ルートの選定・決定、ターミナルの位置、用地買収、反対運動、工事の遅れ、資金難等で大変な苦心があったことが綴られている。用地買収価格では価格高騰で不当に儲ける地主によって搾取されるのは利用者全体の利益にはならないと指摘しており、このことが1966年の通勤新幹線構想を唱える背景のひとつに結び付いたものと筆者（杉山）には解釈される。資金難では世銀借款（1961年５月正式調印）により、開通後の経営負担軽減が可能になったと記している。それでも工事総額は3,800億円（工事費3,426億円、利子374億円）と当初計画の２倍近い数字となったが、このことは新幹線に特有なものではないと理解すべきであろう（筆者（杉山））。

　「輸送サービス」の章では、新幹線と在来線との役割分担で新幹線の使命は中長距離の旅客と急送貨物の輸送であること、駅の設計では旅客

の歩行距離を最小限にと心掛けたこと、洗面所とトイレを1か所に集中し、トイレは汚物タンク方式にし、ゴミはデッキ下のごみ収納箱に入れるという世界の鉄道で最初の試みを行ったこと、貨物輸送では、実現には至らなかったものの、コンテナ方式、ピギーバック方式を検討したこと等の経緯が綴られている。

　同書での最後となる「新幹線の将来」の章には角本の冷静な判断が示されている。東海道新幹線の成立には①東海道メガロポリスが大量の高速度交通手段を必要としたこと、②日本産業の高度の発展がこのような高速鉄道の実現を可能にしたこと、③国鉄に新幹線鉄道を生み出すだけの技術能力と経営能力が存在したこと等を挙げ、その一方これで鉄道斜陽論の全面的否定にはならないことを指摘している。新幹線が東海道で成功したからといって、複線増強の必要のない区間まで、スピードの故をもって新幹線を作る理由付けにはならない、真に新幹線を必要とするだけの「交通需要」のある地域に限定すべきであると主張しているが大きな特徴である。苦心して作った新幹線だからこそ、バラ色の夢を見がちな世論に警鐘を鳴らしているのである。1964年時点での主張はその後に至る角本の一貫した姿勢となっていることに、まさに慧眼なるものの真髄を見る思いである。

　1964年の『東海道新幹線』を著した31年後、『新幹線　軌跡と展望─政策・経済性からの検証─』（1995.7 交通新聞社）を出版することとなった。自らの東海道新幹線計画参画での体験、国鉄退職後は第三者として検証を行ってきたということをベースに、新幹線とは何であったのか、今後にその発展の可能性はあるのかを解明するというのが執筆目的で、東海道新幹線という大事業の理解に必要な事実を収録しておきたいとの願いからのものでもある。1964年著から東海道新幹線の30年間の実績と対比してのいわば角本採点でもあり、前著と併せ読むことでわれわれ

の理解は深まることになろう。4章構成のうち、とりわけ新幹線が東海道に誕生した事情を紹介した第1章「東海道に夢は実現」は前著を補完してくれるものと位置付けられる。

　1995年著では事後的に振り返って、東海道新幹線が予定と異なっていたのは貨物を営業しなかったこと、1976年度以降に利用が減少して第2新幹線の着工に至らなかったこと、輸送実績（人キロ）は1975年度をピークに以後1987年度まで12年間元に戻らなかったこと、運賃・料金は1989年度の消費税分追加を除いて据え置かれ、利用は1991年度まで増加し第2新幹線が話題になったこと等の実情をフォローし、東海道での需要の大きさに対処するには線路保守の容易化、列車回数の確保から「複線」よりはせめて可能な区間だけでも「3線」の方が良かったと述懐している。幹線計画の中には多くの間違いや不備があったとの具体例を挙げての指摘は貴重である。東海道新幹線の工事費（利子を含む）が1,972億円→2,926億円→3,800億円に膨らんだことの原因と、資金調達中でも世界銀行から有利な借款（金額は8,000万ドル、年利率5.75％、3年半据え置き、20年償還）の取り付けの経緯、十河総裁退任の舞台裏等が角本の目を通して前著より詳しく語られている。ここでもデータの裏付けを持っての記述であることは断るまでもない。

3-2　通勤新幹線（角本電車）構想の提案

　通勤新幹線構想を提案した『通勤革命』（1966）は、角本の著作分類では都市交通に位置付けられているが、都市交通研究に続く東海道新幹線での経験を併用した、通勤用超高速鉄道の提案であるとの筆者（杉山）なりの解釈の重点から、本書ではあえて第2章では扱わなかったし、第3章に回したことをまずもって断っておきたい。その方が後学の人

たちにとっても理解しやすいのではなかろうかとも考えた次第である。

『中央公論』の1966年1月号の巻頭論文として発表された「通勤革命」は、その後文庫本としての『通勤革命—交通戦争に終止符を打つ—』（1966.9 三一書房）の第Ⅱ部に「通勤革命」として、原論文を骨格として書き直され収録されている[4]。

大都市の交通計画、東海道新幹線計画に参画した自らの経験の双方を活用して、大都市の悩みである住宅難と通勤難とを一挙に解決する提案として出されたのが通勤新幹線構想である。角本の提案ということで、交通の専門家はこの通勤新幹線列車を「角本電車」と呼んでいる。通勤新幹線のアイディアはすでに1964年に東京大学名誉教授山内恭彦が述べていたので、角本は自らの構想に「もし価値があるとすれば、アイディアの先駆者としてではなく、わが国及び外国の経験に基づいて、ある程度の計算を行い、その実行可能性を確認したこと」としている。この角本構想はすでに半世紀以上も前に提案されたものであることから、現世代の方々は知る機会も限られているのではなかろうか。そこでまず概要を知ってもらうことから始めた方がより関心が高まるのではと考えるものである。

通勤新幹線構想の要旨は『鉄道と自動車』（1968）の第Ⅶ章第2節、『新幹線　軌跡と展望』（1995）の第3章で自身の手で次のようにまとめられているので、原典主義からは安易ではあるものの、少々長くなるがこれを引用しておく。その上で、角本提案を幾分なりとも具体的にフォローすることとしたい。

　市民は家を求めている。家を建てるには土地が必要だ。安い土地を探

（4）　同書の第Ⅰ部は「現代の大都市」として同じ『中央公論』の1966年8月号での、大都市生活についての角本見解であるが、内容的には第Ⅱ部の前提となるものである。

して、人々は通勤時間が生理的限界のところまで住むようになる。鉄道沿線の地価はさらに高騰し、また電車は満員状態である。現在の計画は「過大都市」思想の下で消極的、抑制的である。しかし巨大都市は成長する必然性を持つ。これを肯定して積極的な対策を立てない限り、都市問題は解決しない。

　住宅と職場との収容能力を増加するには、地域的拡大か高密度化しかない。だが東京はすでに世界一の高密度の都市である。しかも恐るべき空気汚染が進んでいる。したがって地域的拡大でなければ対策は立てられない。しかし人間に与えられた時間が1日24時間である以上、交通に要する時間のこれ以上の延びは許されない。交通手段のスピード・アップが要求される。

　自動車は都心向けの大量輸送には適しない。高速大量の手段は現代の技術では鉄道だけである。鉄道の最高技術としての新幹線を通勤に利用すれば、住宅都市と都心部をノンストップなら、70kmを30分で結ぶことができる。この鉄道を前提にして、住宅都市を中心から半径60〜70km圏の地価の安いところに建設する構想を採用すべきである。鉄道建設費は約1,000億円、これを30万人都市2つで利用するとすれば宅地1坪当たり1万円の負担となる。

　現行制度のもとでは地価は鉄道計画の話だけで高騰する。したがってこの計画以前にまず地価抑制策が必要であり、計画発表前の価格で土地を収用できる制度にしなければならない。それにより買収費と造成費を合わせて坪2万円とすれば、3万円で鉄道付きの宅地が得られる。この際宅地利用者にも不当な利益を与えないため、利用権のみを認めることとし、土地は常に理想的な住宅地として維持できるように一括管理する。これらの住宅都市建設により住宅数に余裕を作り、既成市街地も再開発する。

　提案の骨子は以上に尽きるが、角本の計算の大要をその根拠となるプロセスとともに、1966年著から補足しておく。都心部と70km先の造成する住宅都市を既存の新幹線技術を活用して結ぶ超高速鉄道が利用されうるためには、住宅都市が形成され、そこの住民がこの鉄道を無理なく使えることが必要となる。そこで住宅都市での土地価格、鉄道の建設費、造成費を推定しなければならない。

　土地価格の算定には超高速鉄道の輸送需要に応じた住宅都市人口の想定が出発点になる。1列車16両、1両の座席定員を110人とすれば、1列車当たり1,700人（掛け算では1,760人となるが計算の簡単化のため概数とする、以下同様）がその輸送能力となる。単純なケースとして、運転間隔は同一列車のみが3分間隔、ノンストップで走るとすれば、1時間に20列車となる。このケースでは1時間片道34,000人、通勤時間帯を2時間で、物理的には68,000人が冷暖房付きでの新幹線並みの座席輸送が可能となる。ここから、68,000人で乗車率90％として60,000人の利用者をベースに成立しうる住宅都市の人口規模を求める。比較の基準例として、人口10,000人、1世帯4人、そのうち1人が就業者とすれば2,500人、その20％が中心都市に行くとすれば2,000人が鉄道通勤者となる。人口10,000人のケースから60,000人で逆算すれば30万人となり、これが住宅都市の人口規模となる。次に経済計算として、この30万人都市と都心を結ぶ超高速鉄道の建設費、運賃が問われることとなる。（超高速鉄道の通勤輸送能力は図-2参照）

図－2　超高速鉄道の通勤輸送力

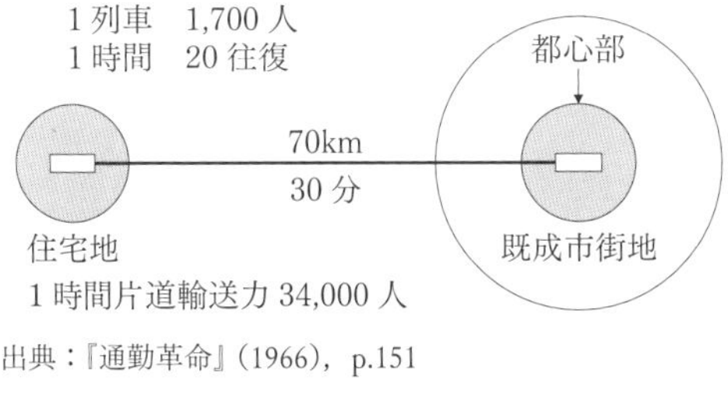

出典：『通勤革命』(1966), p.151

建設費に関しては、70kmを市街地部分10〜15km、郊外高架部分15〜20km、その他40kmとし、当時の鉄道建設の実績から工事単価は市街地20億円/km、郊外高架10億円/km、その他 8 億円/kmとなるので、これに電気、車両を加えトータルで1,000億円となる。km当たりの単価は14〜15億円となるが、これは新幹線建設費（利子を含まない）の実績6.6億円の 2 倍強の値となる。1,000億円の建設費を住宅都市の30万人で負担するには坪当たり 2 万円と算定される。その際、30万人が10,000人/m^{2}の密度で住むとして、都市面積は30万km^2、約900万坪となる。計算の便宜上1,000万坪として、住宅地50％、道路・公園40％、その他公共施設10％を想定すれば、住宅地は500万坪となるので、これで鉄道建設費1,000億円を割れば、坪当たり 2 万円となる。この計算結果から、地価の安い土地に坪当たり 2 万円を加えれば、時間距離的には（当時の）荻窪級の利用価値を生じ、10万円以上の値打ちとなりうる。ただし、30万人都市だけを対象とする超高速鉄道では通勤者以外の利用者は少ないことから、運賃が高くなることへの対策として、当該鉄道では都市居住者全員が株主という思想で、利益配当不要、年間の運営費を乗車人員で配分したものが運賃であるとする。（超高速鉄道の経営費に関しては表-2参照）

　ここで想定した単純なケースでの年間経営費として人件費、施設修繕費、車両修繕費、業務その他をそれぞれ10億円、動力費15億円、減価償却費20億円、計75億円と推定する。乗車人員は平日で通勤者80％、普通旅客20％として年間約4,000万人、均一運賃とすれば 1 回の乗車が190円、これは当時の東京〜大船・藤沢間、大阪〜山科・大津間の国鉄 2 等普通運賃に相当するというものである。

　土地の造成後の価格は坪当たり 2 万円、

表－2　超高速鉄道の経営費

	（年間）
人 件 費	10 億円
施 設 修 繕 費	10
車 両 修 繕 費	10
動 力 費	15
業 務 費 そ の 他	10
減 価 償 却 費	20
合 計	75

出典：『通勤革命』(1966), p.156

鉄道の投資が 1 万円とすれば、 3 万円で30分間座席定員乗車の距離に
宅地が買収できることになり、まさに通勤革命がもたらされる。その際
大前提となるのは、地価の安い土地でもこのような鉄道計画が発表され
ると途端に駅付近の地価が高騰してしまうので、土地対策として「計画
発表以前の価格」で買収できる制度が不可欠であり、このような制度が
確立するまでは計画発表すべきではないことである。端的に言えば、開
発利益を地主に認めないことなのである。

　紹介してきた試算結果は、角本も認めているように、当然のこととして
条件次第で変わりうるが、ここでの条件設定には角本自身の実体験が活か
されているので、現実感覚に基づいたものといえよう。同提案から50年以
上経過した今日の時点では、この種の検討を行うのにも各種経営シミュ
レーション・モデルを構築し、それによる分析が試みられることとなろ
う。しかし、モデル分析では机上論になりがちな傾向が否定できないこと
を勘案した場合、角本試算は今もって評価されうるものと考えられるので
ある。

　角本提案は多くの人々に注目されることとなり、1966年 1 月の経済
同友会の「東京における住宅対策」には、交通機関の建設・整備の項に
「新線（特に超高速鉄道）の建設を推進すること」として取り入れられた
が、実現には至らなかった。大きな理由としては、住宅都市を造成すべ
き候補地を実際に見出すことが困難であったというのが実情であろう。

　なお参考までに、交通の専門分野での提案が、交通関連の雑誌では
なく『中央公論』という総合雑誌に発表された経緯に関し、慶應義塾
大学教授藤井彌太郎の問に答えた言を紹介しておきたい。かつて日本
交通学会では古希を迎えた先学に〈回顧〉という形で来し方を振り
返ってもらうという試みがあった[5]。同学会1990年の研究年報で「〈角

（ 5 ）　本書第 9 章9-3で示す富永祐治＝角本良平対談もこの試みの中でのものである。

本良平先生を囲んで〉─実学探求の歩み─」として、藤井彌太郎・谷利亨（日通総合研究所から1983.5〜1988.2の間運輸経済研究センターに出向、角本シューレの熱心な一員）・杉山雅洋が聞き手となって行ったものである。

藤井：…「通勤革命」という大きな論文が1966年新年に『中央公論』の巻頭論文にでましたね。交通論の論文でああいうような総合雑誌の巻頭論文に載ったというのは、私の知る限りあまりなかったんで、たまげた記憶がありました。あそこのところにいきさつを教えていただけませんでしょうか。あれ以来マスコミと学界との間に大きな交流ができたという感じだと思いますけど。

角本：…『東海道新幹線』という中公新書をたまたま1964年に出しました時の新書を担当しておられた宮脇俊三さん、いま鉄道旅行作家として大変有名になられた方ですが、あの方が中央公論の編集長にやがてかわられました。交通を非常に重視した方でしたから、中央公論としては異例の巻頭論文を出してくださった。幸い皆さん非常に興味を持ってくださって、国鉄も政府も具体策としてそれを使えないかと検討することになったのです。

　ただ結果としては、当時進行中だった田園都市線が唯一それらしい例となっただけで、本当は多摩ニュータウンでのそういう形で鉄道を便利にすればもっと早く住宅都市が完成できたと思います。

　1990年での〈回顧〉の直近に出版された『交通の風土性と歴史性』（1988）では、"空間・時間の敗北"との観点で「これ（通勤新幹線）に近い形での実現は東急田園都市線、それから20年以上経った今日（1988年）この理想はもはや東京では不可能である」と述べている。筆者（杉山）は2005年8月に開業したつくばエクスプレスは角本電車に近いもの

ではと推論している⁽⁶⁾。最高速度は130km/hと新幹線並みとは言えないが、1986年6月成立の宅地開発・鉄道整備一体化法（宅鉄法）を活用し、全長58.3km、建設費9,400億円と、角本電車に通ずるものがあると考えるからである。しかし、角本は筆者（杉山）の知る限り、つくばエクスプレスに関しては「角本電車」なる言葉を一切使っていないどころか、常磐新線といった時代、したがって建設中ではその採算性を疑問視していた。JR東日本が事業主体の首都圏新都市鉄道株式会社の出資に参加していなかった事実というも角本の論拠の1つとなっている。つくばエクスプレスの誕生を見た角本はその後の著書（たとえば『常識の交通学』(1955)、『鉄道経営の21世紀戦略』(2000)）においても、角本電車に近いのは東急田園都市線だけであるとの主張を繰り返している。筆者（杉山）がつくばエクスプレスを勝手に「角本電車」と呼ぶのを決して本意とはしないことであろう。

補論：ヘンリー・ジョージ定理について

　角本電車構想の大前提は鉄道沿線の土地所有者に土地価格の上昇分（開発利益）の享受を認めないというものである。その主張を理論的に裏付けることはすでに19世紀の終わりの段階でなされていたことが確認できる。角本が自身の研究の上でしばしば参考にしたJ.K.ガルブレイスの『経済学の歴史』⁽⁷⁾において、「顕著にアメリカ的な二人の経済

（6）　杉山雅洋・森地茂・安富正文・山内弘隆「特別座談会：平成時代の交通を振り返る」『運輸と経済』2019年4月号での杉山発言。なお、安富氏は杉山の見方に疑問の感想を語っていたが、同座談会の文面では記載されていない。
（7）　ガルブレイス著（1987）には鈴木哲太郎訳『経済学の歴史―いま時代と思想を見直す―』(1988.5 ダイヤモンド社)としての邦訳がある。

学者」としてソースタイン・ヴェブレンとともに位置付けられたのがヘ
ンリー・ジョージ（1839〜1897）であった。二人は「体制のおかげで大
金持ちになった人々に対し、極めて特殊な攻撃をした」とされている。
ヘンリー・ジョージの主張は「働くこともなくして儲けたあらゆる値上
がりを土地に対する単一税によって吸収すべきである」というもので
あった。超高速鉄道の開業によってもたらされる土地価格の上昇分は地
主にとっては不労所得であるので、住宅都市での住宅取得価格を抑える
ことで、超高速鉄道に実現を可能とさせるという角本の提唱はヘン
リー・ジョージの主張と本質的には変わりはないのである。ここでヘン
リー・ジョージ定理と呼ばれるものの概要を極簡単に振り返っておこ
う。

　ヘンリー・ジョージの主張を知る上で、最も単純なケースとして、自
己完結型の地域経済で、同質な住民の効用が私的財と公共財によって決
まると想定する。当該地域全体としての付加価値産出量は人口規模と地
域固定の生産要素で決まることから、住民の効用を需給均衡条件の下で
最大化するように、純粋公共財の最適供給量を求めるという定式化を行
えばよいことになる。このことから純粋公共財の最適供給量は総産出量
と賃金所得との差、すなわち非賃金所得で決まることが導かれる。断る
までもなく、賃金所得は労働への報酬が限界生産力により支払われるも
のである。この場合の非賃金所得は土地への報酬と解釈しうるので、こ
のことがヘンリー・ジョージ定理の本質を示すものといってよい。ここ
では単純なケースのみを想定したが、2地域経済への拡張、非純粋公共
財を伴う2地域経済においても同様な推論が可能である。

　角本が通勤新幹線を提案するにあたって、ヘンリー・ジョージの単一
税運動に注目することは時期的には可能であったが、その形跡は確認で
きない。もっとも、『通勤新幹線』の著書は1966年であり、同書の刊行
が後の研究者によってヘンリー・ジョージ定理として定式化される以前

のものであったという点では、対比すること自体が必ずしも適切とは言えないが、A.マーシャルの派生需要原理とわが国国鉄が採用した貨物等級運賃との関係に類似するものとは言えないであろうか。双方が独立に見出したものと理解すべきであろう。ちなみに、先に触れた〈回顧〉では「大変皮肉な言い方をしますと、昔、国鉄の貨物等級を決めた人たちに幸せだったのは、難しい経済学がなかったことでした」という角本の判断から類推するものである。

3-3　新通勤革命の提唱

　東海道新幹線ならではの特殊性を見抜いていた角本は、東海道での第2新幹線の必要性を説いていたが、その後の整備新幹線に対しては批判的であった。整備新幹線の建設よりも、地域住民の利益を考え、大都市圏の通勤地獄の解消こそが先決であるとしていたのである[8]。「通勤革命」の第2弾が練られていたとしても必然の流れである。

　通勤新幹線の構想は、角本構想以前からの計画であった東急田園都市線で唯一実った形になった。田園都市線のケースから、角本は「田園都市」40万人の住宅地が五方面（国鉄で言われた五方面のことであろう）に五か所作られていれば、東京圏の市民生活ははるかに快適になっていたと述懐している。この書き出しから綴られた論文「新通勤革命を提唱する（『東京人』1989春季号）は『通勤革命』（1966）からほぼ四半世紀後（23年後）の提唱である。「通勤革命」が進展しなかったもどかしさからのものでもあろう。

　その構想が大きな注目を集めたものの、角本電車が実現しなかった背

（8）　たとえば、「整備新幹線の建設は本当に必要か─大都市圏の通勤地獄解消こそ先決─」『エコノミスト』1988年12月27日号

景に、無策の「東京論」の展開が繰り返されたとしている。都市対策としての「東京論」は職場、住宅、交通のセットで検討されるべきところ、ばらばらに論じられてきたからであったと批判する。その1つとして1970年前後の美濃部都政の住宅供給の消極策が挙げられている。

　すでに1986年の『東京も膨張を止める』で客観的データを用いて、大都市の典型として引き合いに出される東京は大膨張を続けてはいないことを確認していた。東京への人口集中、就業者の増加という面では1965年には急激な上昇が一段落していたからである。ロンドン、ニューヨーク（両都市も人口規模では東京より小さい）もその前の1960年ごろには停滞段階に入っていたのである。先の通勤新幹線が例外的な形でしか実現していなかった実情、東京が大膨張を止めたからといってそれに応じた混雑状況の改善とはなっていないことを憂いて、新通勤革命では現実的な提唱がなされている。

　角本の基本的な考え方として、東京対策で重要なことは①状態を今以上に悪化させないことへの配慮、②権力に属しない自然の力を大切にすべきことからまず23区内の就業者数を増加させるすべての方策を禁止すべきこと、すなわち東京区部及びそのオフィスの床面積の増加の禁止を訴えるのである。たとえば政府機関の地方移転（現実には進んでいない─筆者（杉山）の判断─）の跡地に公務員より多くの人が働くようになれば、集中を促進することになってしまう、跡地の再利用にはこのことが前提とされるのであるとする。次に都心部に立地したいという企業は、自然の力を大切にすべきであるとの立場から企業の意向を尊重し、集中を避ける意味で30km遠方に認めることにする。これとともに住宅地は50km遠方に確保するというのが新通勤革命の骨子である。

　都心部の人口を今以上に増加させる政策、権力に属する力の行使は好ましくなく、副都心開発、臨海部開発といった従業人口や交通量を増やすことを回避する方策こそが必要で、50km遠方に住宅地を確保するこ

とが公的機関の役割だとするのである。30km遠方の職場、50km遠方
の住宅地であれば、既存の鉄道路線の通勤用での活用ができるし、仮に
鉄道路線を追加するにしても、30km圏内よりは容易だと判断する。こ
の点が先の超高速鉄道新設による通勤革命と異なるのであり、即効性の
ある現実的な提唱といえよう。ただし、環境対策を前進させ、生活のゆ
とりを増大させるということでは両通勤革命に共通するのである。

　新通勤革命の問題として、30km遠方の職場の効率が都心集中より落
ちるかもしれないことが挙げられる。これに対して角本は、通勤で疲れ
たサラリーマンが机に座り、果たして良い仕事ができるのかが疑わしい
段階にあることを勘案すれば、住宅と通勤の両面ではるかに好ましいと
判断しているのである。どうしても都心の官庁付近での機能を望むので
あれば、その付近の先住機能との取引で解決できるとする。新通勤革命
で通勤時間の短縮、混雑の軽減、生活のゆとりの増大が可能となり、宅
地と職場の空気汚染を免れることができるが、条件としては外周部対策
費用が必要となる。この点で角本の具体的試算は示されていないが、考
え方として東京の納税分の活用、立地企業の対策費負担により、住宅や
住宅地の価格抑制の必要資金は調達できるとしている。

　先の「通勤革命」が総合雑誌『中央公論』、その後文庫本（三一書房）
として発表されたのに対し、「新通勤革命」は『東京人』という比較的
読者層が限られがちな雑誌に発表されたこともあり、「通勤革命」ほど
には世間に注目されなかった感は否定できないとはいえ、今日でも再考
に値するものであろう。

自動車交通時代の交通体系

　都市交通計画への参加に基づく成果をまとめた1963年の『都市交通』、東海道新幹線計画に加わって得られたことを将来に伝えるべく著した1964年の『東海道新幹線』、双方の経験を活用、組み合わせた提案である1966年の『通勤革命』に続いて、角本の関心は自動車の普及による交通体系を、観念論ではなく具体的かつ客観的に考察することにより一層注がれた。もちろんその間も都市交通の研究は続けられたし、交通政策の研究も併せて行われていたが、本書第4章では自動車交通時代での鉄道と自動車に論点を絞り、角本自身による著作分類での［鉄道と自動車］のジャンルの研究成果を中心に扱うこととしたい。

　角本の晩年に国鉄論私見として綴った小冊子『JR150年史[1]を作ろう―私の見た激動と安定―』（2012.5）の第Ⅰ章第9節に自動車と鉄道との関係についての歴史認識として

(1)道路だけの第1期

(2)鉄道が登場して主力となる第2期

(3)自動車が普及して道路が主役の第3期

（1）　先にも引用したこの小冊子のタイトルで、"JR150年史"との表現が用いられていることには幾分誤解を招きかねないが、2020年＝国鉄150周年を機に、これまでの経過が正確に伝わるようにとの提案からのものである。

(4)道路の限界区間に鉄道が要請される第 4 期

と総括している。東海道新幹線の開業が1964年10月、わが国初となる
名神高速道路の栗東〜尼崎間の供用が1963年 7 月（全通は1965年 7 月）、
東名高速道路の全通が1969年 5 月であった事実から、1960年代半ばは
高速道路の幕開け期でもあり、自動車交通時代を踏まえた検討が必要と
なるのは、上記歴史認識の(3)の第 3 期からと解釈されうる。

　角本は交通手段を利用者の選択—それが短期のものでない限り—に委
ねるべきであるという基本認識から、あらかじめ政府・行政が機関分担
を定めるべきではないという立場を鮮明にしていた。そのためには代表
的交通手段である鉄道、自動車双方への冷静な考察が必要であるとして
いたのである。

4-1 「まぼろしの便益」計算論とワトキンス・レポートへの批判

　名神高速道路が全通した翌年、角本は「高速道路はだれのため」（『朝
日ジャーナル』1966年 6 月12日号）と題する、少なからざる人々、とりわ
け交通関係者には高い関心を呼び起こした論文を発表した。1966年 3 月
に「国土開発幹線自動車網」が発表され、全国7,000km構想が経済効果
の点で国の政策から見てどうなのかの問題意識から論を始める。名神高
速道路の1965年 7 月 1 日〜1966年 3 月31日までの全線 1 日平均の実績交
通量が予測と比べ（実績／計画、%）、全車種で73.1%、車種別では普通
トラック（ 2 トン以上）が15.2%、乗用車が243.6%と「貨物を主、旅客
を従」とした計画通りではなかったことから、「安くて良いはず」の高
速道路をトラック事業者が利用を控えたのは料金計算が間違っているの
ではないか、その根拠を具体例で確かめてみようとの試みであった。

　走行費では運行三費（燃料油脂費、タイヤ・チューブ費、修繕費）、その他経費（償却費、人件費、一般管理費）の高速道路を利用することでの節約額が普通トラックで15.08円／台キロ、小型乗用車で6.53円／台キロとされていることに対し、角本試算による西宮～京都南間（48.5km）では、乗用車の場合、運行三費は若干の節約はあっても時々の利用では正確につかめない、その他の経費は年間で不変であることから、ほとんどなしとしている。小型トラックの場合は、1台と複数台での営業のケースを検討し、乗用車の場合とほぼ同様であると推論している。厳密な試算を行うためのデータの利用可能性の問題のためなのか（筆者（杉山）の推測）、類推の部分が多くあるものの、走行便益単価は有意な値ではないとする。

　1台、1分当たりの時間便益は車両に対する便益と、貨物、旅客に対する便益の合計で、普通トラック5.91円／台、小型トラック3.22円／台、乗用車10.00円／台、バス28.92円／台との便益単価に対し、貨物車での分当たりの節約額の使い道、乗用車では個人で差がある判断のマクロ値での意味から疑問を投げかけている。時間便益単価への疑念であり、後に人々が「まぼろしの時間便益論」と呼んだものである。節約された時間がたとえば分単位といったように短ければ、現実には時間短縮の意義がないのではないのかとする疑念からの呼称である。利用実態からは走行便益、時間便益以外の要素が重視されたこととしか考えられないが、安全性とか快適性は定量的には把握し難いため、走行便益、時間便益での選択という論理は重大な欠陥を持つと主張したのである。（名神高速道路の交通量予測、走行費の節約、時間便益額については表-3～5参照）

　角本のいわゆる「まぼろしの時間便益論」に対して、武田文夫は同誌の8月28日号で「高速道路は国民のため」と題して、「時間節約、とりわけトラックで節約される時間は細切れであっても、これを何とか車や

表－3　名神高速道路の交通量予測（1965.7.1 ～ 1966.3.31 間、全線 1 日平均）

	普通トラック	小型トラック	乗用車	バス	計
計画（台）	7,261	1,157	1,679	505	10,602
実績／計画（%）	15.2	188.6	243.6	78.8	73.1

出典：「高速道路はだれのため」(1966)，p.106

表－4　走行費の節約（単位：円／台キロ）

		運行三費				その他経費				合計	節約額
		燃　料油脂費	タイヤ・チューブ費	修繕費	計	償却費	人件費	一　般管理費	計		
普通トラック	一般道路	11.01	2.97	4.39	18.37	6.78	16.61	19.88	43.27	61.64	15.08
	高速道路	13.14	4.10	3.45	20.69	4.05	9.92	11.90	25.87	46.56	
小型乗用車	一般道路	3.88	0.90	2.35	7.13	5.51	7.97	3.40	16.88	24.01	6.53
	高速道路	4.33	1.22	1.80	7.35	3.30	4.79	2.04	10.13	17.48	

出典：「高速道路はだれのため」(1966)，p.107

表－5　時間便益額（1 台、1 分あたり）（単位：円）

	車両に対する便益	貨物，旅客に対する便益	計
普通トラック	1.76	4.15	5.91
小型トラック	0.95	2.27	3.22
乗　用　車	—	—	10.00
バ　　　　ス	1.32	27.60	28.92

出典：「高速道路はだれのため」(1966)，p.108

人員の回転向上に利用しようとしないような輸送業者は"時間の経済"時代に適応できずに落伍していくだろう」と反論している[2]。以後角本と武田はお互いを認め合う親交を永年続けていくが、これはわが国の学界にとっては学問論争上からも大変好ましいことであった。ちなみに、両者には国鉄、日本道路公団という実務の世界を経験したという共通点があったが、論理展開には出身母体の利益擁護に置かれたものではなかったのである。

　『朝日ジャーナル』誌での角本論文で、筆者（杉山）にとって衝撃的

（2）　この間の事情は武田文夫「温故知新　日本の有料道路制度はこれでよいのか？　―私の体験的考察―」『高速道路と自動車』2013 年 5 月号が参考になる。

であったのは、1956年のワトキンス・レポート[3]への批判であった。名神高速道路建設の経済的・技術的妥当性に関する調査を行うべく、道路先進国の米国から（当時）建設省によって招聘されたラルフ J. ワトキンスを団長とする調査団が短期間でまとめたものが通称ワトキンス・レポートと呼ばれるものである。筆者（杉山）は大学院生時代今野（源八郎）研究室で同レポートに接し、大いに啓発された一人であった。わが国ではこれまでほとんど試みられることのなかったfeasibility studyを理論的、実証的に行った同レポートに魅せられる思いの一方であったからである。角本は同レポート作成時での道路事情、道路交通量を考慮する必要性を認めた上で、疑問点として①一般道路も十分でなく、自動車数も少ない段階において、一足飛びに高速道路を造ることの可否、②高速道路が有料の場合に、トラックの利用が得られるかどうか、③国際比較で著しく高い建設費を投じ、それを回収するだけの料金を設定して利用があるかどうかの3点を挙げた。

　当時筆者（杉山）は道路交通を学び始めたころであり、十分な知識もない中で極単純に①に対しては、高速道路は償還期間を通じて判断すべきものであり、需要量の差は大きくても、かつての弾丸道路計画、東海道新幹線のケースから革新的な試みをやってもよいのではないか、②、③に対しては、需要の料金弾力性次第で利用は促進される可能性があり、事業採算性も期待できるのではないかと考えたが確信はなかった。①では東海道新幹線は在来線の容量不足という緊急性、速度もいきなり250km/hとするのではなく、160km/h→200km/hと段階を踏んだとの角本の紹介からの推論であった。さらに1968年の『鉄道と自動車』では名神高速道路を1階ではなく3階から先に造る政策と表現している

（3）　通称ワトキンス・レポートは報告書提出後の45周年を記念して、ワトキンス・レポート45周年記念委員会『ワトキンス調査団　名古屋・神戸高速道路調査報告書』（2001.11 勁草書房）として、関連資料とともに復刊されている。

のを参考にしたからでもある。ちなみに、料金弾力性に関して武田文夫は先の引用論文で、エコノミストの直感として「トラックの弾力性はひょっとして1以上なのではあるまいか」、「料金を柔軟にすれば事態を改善できるもの」との主張を行っていた。参考までに記すと、直近（2021年1月）の名神高速道路の利用実績割合では軽自動車等6.3%、普通車47.6%、中型車8.6%、大型車34.3%、特大車3.2%となっており、これだけでは角本論理と厳密な比較はできないものの、トラックの利用は増えている。角本自身も『鉄道と自動車』のほぼ10年後の『高速化時代の終わり』（1975）の段階では、「東名・名神高速道路が経営健全なのは高密度で大量の需要の結果である」と振り返っているのである。東海道メガロポリスでの交通需要、時の経過の中での便益単価の高まり（料金の相対的割安感の増加）を反映してのものであろう。

　角本の自動車交通普及への認識は高く、ワトキンス・レポートでの現実感は評価しており、これを政治・行政が無批判かつ神秘的に信じ込んだことへの警鐘を鳴らしているのである。『朝日ジャーナル』誌での論文の末尾では、自動車交通の発展段階との適合において高速道路網は将来わが国にも造らねばならない、当面は現在道路のネック解消が急務（例、混雑区間のバイパス整備）とし、一般道路が整備されれば次はおのずから高速道路の時代がやってくる、それが順序であると結んでいる。

4-2　鉄道と自動車との関係

　独占であった国鉄が1964年に東海道新幹線開業という"光"を放った中にも、鉄道斜陽化論、いわば"影"も忍び寄っていた。その背景には自動車の普及があり、1960年代は交通機関にとっても従来にない変

化の期間であった。そのような状況下で、日本列島の交通体系論を展開
したのが『鉄道と自動車―1億2000万人の交通計画―』(1968.2 日経新
書) であった。国鉄監査委員在任中に著したものである。交通機関の中
心的役割を果たす鉄道、自動車について、当時論点とされがちであった
“鉄道”か“自動車”かといった二者択一のものではなく、“鉄道”と
“自動車”であるところが角本論理の特徴である。国鉄の現状維持・拡
大論への警鐘でもある。同書は

Ⅰ　新幹線がなかったら
Ⅱ　モータリゼーション
Ⅲ　交通戦線異状あり
Ⅳ　欧米の経験と法則
Ⅴ　最適交通体系の追求
Ⅵ　交通革命のカベ
Ⅶ　日本列島への提言

の 7 章構成である。
　第Ⅰ章は仮説への質問であり、もしその条件がなかったらと考えてみ
ると、意外にもその内容が鮮明になるとのことからであった。筆者（杉
山）が（旧）西ドイツに留学中、ミュンスター大学教授のザイデンフス
が連邦鉄道の展開した「連邦鉄道なかりせば」の主張に対し、問題設定
そのものが適切ではないと批判した論文に接した時、角本の仮説云々論
と対比してみたいとの衝動にかられた。連邦鉄道は自己の存在意義の強
調が主眼であったのに対し、角本は断じて国鉄の現状擁護のためではな
かったという違いに納得した思いであった。新幹線なかりせば時間距離
の短縮の可能性が永久に失われたとの意義を認めたことが第Ⅰ章での狙
いと解釈されるが、自動車の普及がかえって鉄道に新しい生命を与える

ようになったこと、さらに新幹線は自動車時代が始まる前、特に恵まれた条件下での計画であり、自動車時代には違った判断が必要であること等が綴られている。

　モータリゼーションを扱った第Ⅱ章では、自動車は便利とはいえ完全には乗りこなせない乗り物であるが、人々の自由を望む気持ちに合致していること、20世紀が自動車の時代ではあるが、①貨物輸送の人件費、②道路混雑、③速度の限界があることを指摘している。ワトキンス・レポートに関しては、東京～大阪間の国道1号線が砂利道のままで、政府がなぜ名神高速道路の調査団をアメリカから呼んだ理由がわからないと、調査団に対しては同情的とも思われる見方も示している。人々が行動の自由を求めて自動車を購入し、ついには自動車で身動きできぬ状態を現出してしまったことを"自動車についてのパラドックス"と命名している。

　第Ⅲ章は交通政策を検討する上での基本的論理の提示であり、「各地の報告から」、「鉄道の弱点克服への努力」、「"不公正競争"の世界」の節構成である。鉄道の前近代性、運賃算定方法の足かせ、旅客定期と貨物等級運賃制の問題点を指摘し、鉄道と自動車の公正な競争のためには、鉄道への監督を緩和すべきであることの主張がなされている。交通市場の変化を強調する目的で「交通戦線異常あり」とした章タイトルの中での記述である。

　アメリカでは1920年代から、西欧（英独仏）では1930年代からの鉄道と自動車との競争が激化した中で、西欧、アメリカの交通政策を紹介方々の政策論である第Ⅳ章も示唆に富む内容である。西欧各国とも市場機構に最初から依存して、利用者の選択に任せるべきであったとする点に注目しているが、自動車が急速に成長する段階において、当事者にこのような判断を求めるのは人間の能力を超えたことと推論している。アメリカの1962年のケネディ運輸教書、1967年の（旧）西ドイツのレー

バープランの紹介も時期を得た情報となっている。

　最適交通体系の追求を試みた第Ⅴ章では、まず国鉄を赤字にあえぐ“不沈の戦艦”とたとえ、公共性と企業性の背反の矛盾を突く。1949年に移行したpublic corporationを「公有企業体」と訳しておいたら、その後の交通政策の議論が少しは変わっていたかもしれないとする。この解釈は後に「誤訳の公共企業体」として展開される（本書第 5 章5-1）。次に交通政策の基本は何が最適交通体系であるのかの確認と、その最適交通体系をいかにして実現するのかの方法を見出すことであるとする点に関し、その確認は著しく困難であり、わが国の交通政策は賢明にも─困難を回避しえたという意味で─この点に触れてこなかった旧態依然の法律体系によっていたことを批判する。その上で、交通手段を公正な競争条件の下において利用者に選択させ、そこに実現する姿を最適と考えるよりほかはないと論じている。具体例では、国鉄対策として 1 万kmの削減・戦線縮小、不採算路線の分離・補助を提唱している。

　第Ⅵ章は新幹線、高速道路、航空（ジェット機）の登場での速度向上を「交通革命」とし、これからの速度向上のカベは意外に厚いとする技術論である。新幹線では250km/hが限度だというカベ、道路では空間のカベ、速度のカベ、ラッシュ時間帯のカベ、空・海にも空間と混雑のカベがあるとする。今後の抜本的技術革新は期待できないとの見解である。その制約の中で利用者の選択が問われるが、今後20年間（同書執筆時から）はほぼ現在の選択傾向が続くものと見通している。

　終章となる第Ⅶ章では、まず今後20年で全国の交通体系のモデル・チェンジの必要性を説いている。線の交通である鉄道での時間距離の短縮、追加された面の交通を担う自動車との併用によることで実現される 2 つのモデル・チェンジに加え、 1 日行動圏を500kmまで拡大する可能性の追求という第 3 のモデル・チェンジを考えるべきだという。モデル・チェンジに踏み切るには、それが大投資に値するだけの技術革新

であるかどうか、もう少し待てばもっと優秀な技術が出現するからと大
投資を控えた方がよいかどうかの2つを確認する必要があるが、現在の
最先端の技術を全国に普及させても、十分にその利益を享受するだけの
時間的余裕があるとする。モデル・チェンジの方向として①往復に2
泊3日を要している主要都市を1日行動圏に入れること、②中心地域
内をますます濃縮させること、③全国各地方の中心都市から地方中心都
市を短時間で結ぶことを提案している。そのためには、名神高速道路、
東海道新幹線は採算上恵まれたケースであることから、開通当初の交通
需要量が少なく、人口増加率が小さい地域での建設は独立採算の枠をは
ずして、国全体の発展のための公共投資を行う立場で考える必要がある
としている。自動車時代では、自動車のマイナスの除去に全力を尽くす
べきであり、その上で可能な限度において自動車交通能力を増加するこ
とを否定すべきではなく、何が大切かの順序に従って対策を進めるべき
であるとの認識を示しているのである。本書第3章3-2で扱った「通勤
革命」の要約と異論への反論を示した上で、新時代の交通政策へ

① 自動車で代替できる鉄道路線は速やかに撤去すべきである、
② 交通への先行投資の重要性を認識し、高速の交通体系を整備すべ
　 きである、
③ 交通計画の前に土地対策を講じておくべきである、
④ 具体的目標を定めて技術開発を図るべきである

の4つを提言している。
　なお、『鉄道と自動車』というタイトルの著作は1968年著からほぼ四
半世紀後の1994年にも出されている。1994年著はサブタイトルが"21
世紀への提言"となっており、より広範に論じられているが、これは本
章の次節（4-3）に譲ることとする。

4-3　交通体系の模索

『鉄道と自動車』（1968.1）に続く、日経新書としては角本の 2 冊目と
なるのが『高速化時代の終わり─新しい交通体系を探る─』（1975.3）で
ある。交通と経済についての未来学であるとする同書で言いたいことは

①　交通での飛躍的技術革新は当分来そうにない、

②　経済の低成長時代にも社会に不可避の交通能力は不足、

③　自動車の役割への対応

の 3 点であるとする。第 1 は高速化時代がひとまず終わったとするもの
で、このことは同書のタイトルに反映されている。第 2 は「運べない」
時代の解決策、「運ばない」工夫を必要とするもので、第 3 は「今は自
動車の弊害だけが強調されている。しかしそんなに有害な自動車がなぜ
こんなに普及したのか。国民がそのような選択をしている現実に着目し
て、将来を考えるべきではなかろうか」という角本の基本認識に即して
今後の交通体系を検討すべきであるというものである。同書が刊行され
る若干前の1971年は運輸省、建設省、経済企画庁等で「総合交通体系
論」が大々的に展開された、いわば「総合交通体系論花盛り」の年で
あった。角本はそれらを観念論であって、具体論が必要だ、そのための
提案を試みるのが同書であるとしている。その構成は

プロローグ─“運べない”時代、“運ばない“時代

Ⅰ　通り過ぎた技術革新

Ⅱ　地域社会と交通

Ⅲ　“運べない”時代の始まり

となっている。

　プロローグでは“運べない”時代が始まっているので、“運ばない”工夫が必要であるとしているが、これは労働力不足が顕在化している昨今とも共通する事情である。

　第Ⅰ章は前著『鉄道と自動車』(1968) の第Ⅵ章の交通革命のカベとしていることへの続編とも位置付けられるものである。1960年代は交通の速度が2倍になった記念すべき時期であったが、次に期待される成果は当分なく、あっても特定の区間や局地にとどまる程度であるとしている。1970年代は各手段の分野が次第に安定し、もはや1960年代のような大きな変化は生じないのではないかと推察している。「あるべき」分野論の無力さを確認したものともいえよう。“夢の乗り物”として、当分はリニアモーターへの期待が大きいが、それより1980年代には第2新幹線、1990年代には第3新幹線が必要であるとしている。第1新幹線（東海道新幹線）の輸送力増強の工夫で何とか対応し、リニア新幹線は2027年に東京～名古屋間での開業予定―直近では用地問題で不確定―となっており、この点では角本の見通し通りにはなっていない。なお、従来の交通論の教科書では交通手段の3要素として輸送具、通路、動力とされていることに対し、角本はこれに運行管理を加えた4要素としているが、これはすでに前の『鉄道と自動車』(1968) で述べられているとおりである。

　抜本的技術革新が望めない、技術は万能ではないとする記述から、未来学とする同書での内容はバラ色の未来とはなっていない。1970年代が現代（本書執筆時点）とは類似点が多いとする筆者（杉山）の解釈からすれば、その意味で未来学といえるのではなかろうか。

　われわれの行動範囲が広がり、かつ一人当たりの輸送量が著しく増大

した反面、地域社会内部ではコンフリクトが多発するようになったことを扱う第Ⅱ章では、交通と社会、交通と地域発展からの考察から始めている。交通の技術革新が社会生活にもたらした変化の今後については、これからは変化の少ない安定した社会になると予想している。この予想（判断）は第Ⅳ章での21世紀の選択と密接に関連するという。これまではわが国の風土に合わせて、すでに極めて"にっぽん"的な対応、すなわち①柔軟な態度、②外国の発想の果敢な実現、③独自の計画、④弊害への配慮の欠如をしてきたと整理する。①は木の文化ゆえにできた1962年の自動車所有者への車庫設置義務、②は先例を通り越した高速道路の都心部開通、③は新幹線の建設・開業、都市鉄道の相互直通運転、④は自動車普及を例に挙げ、これらを予想の根拠としているのである。地域発展との関連においては、①交通は地域発展の必要条件だが十分条件ではない、②先進地域の発展・飽和の次にそれに地理的に近い地域が発展するという順序である、③距離の不利益はある程度まで人間の努力で可能であるとし、全国交通網は陸路についてはすでに固まったと論じている。

　続いて、都市爆発は①都市交通、特に自動車交通の行き詰まりによる都市の魅力喪失、②都市の管理能力の限界といった2つの要因で終焉しているが、住宅や水不足、交通では通勤混雑緩和、交通秩序の維持、労働力不足対策、貨物輸送の分散といった課題の解消が残されているとする。

　人間が動けばコンフリクトは不可避であり、事実それが多発しているが、たとえば自動車の弊害についてのクルマ対ヒトという捉え方は本質的に誤りであると断じている。今日（同書執筆当時）の時点でも改めて注目したいのは、自動車に関するコンフリクトに経済学的解釈は疑問であるとして、具体例として混雑税、社会的費用論を挙げている。混雑税は、もしもたとえ速度が低下しても交通量が最大になるのが望ましいの

だと一般が判断すれば、あるいは先着順がよいと判断すれば採用されないのであり、現実はその主張とは違っているという。社会的に大きな反響を呼んだ宇沢弘文の社会的費用論[4]は1つの価値判断であり、社会的費用の内容を決定するところに根本の問題があるとする。道路使用は歩行者の基本的権利という主張は証明できないし、多数の市民が乗用車を持てば乗用車使用も基本的権利に含まれるかもしれない、都市の道路は歴史的に先祖から受け継いできた共通財産であるとする1つの前提だけでは、それが平常から支持していた前提でない限り受け入れられないであろう、ここに経済学の限界があるとしているのである。なお筆者（杉山）は、混雑税は余剰の配分（例、税収増収分の消費者余剰減少分への補填）に最大限留意することを前提に道路空間の有効利用にはやむを得ない、社会的費用の内部化は社会的費用の定義を明確にした上で必要であるが、宇沢説は結果として非現実的な文明批判となっている点で賛同できないという立場である[5]。

第Ⅲ章はすでに始まっている"運べない"時代への対応策を論じたものである。高密度社会の光である東海道新幹線が経費の2倍の収入を上げ、東名・名神高速道路が健全経営であること（本章4-1参照）のプラスの条件が、高密度ゆえ次の段階ではマイナスになる、経済が低成長に移っても輸送力不足、"運べない"ことが課題になるとする。労働力不足、環境問題、土地の入手難等から輸送力増強計画が妨げられるからというのである。貨物輸送需要はGNP（当時はGDPではなくGNPが指標として使われていた）の伸びほどには伸びないまでも、伸び率の問題であ

（4）　宇沢弘文『自動車の社会的費用』（1974.6 岩波新書）。新古典派経済学の理論体系批判をベースにした同書は著名な理論経済学者の自動車交通（傍点は筆者（杉山））告発論であり、焦点は自動車（保有者）が社会的費用の内部化分として1台200万円を毎年負担すべきという主張である。
（5）　社会的費用論に関しては、杉山雅洋「自動車の社会的費用論—宇沢弘文教授の主張をめぐって—」『交通学研究／1975年研究年報』も参照されたい。

り、旅客需要も貨物のケース程ではないにしても、増加率は小さくなると予想される一方で、輸送力増強を期待できない実情への懸念を示している。社会の変化に対し、旅客公共交通が賢明な対応が出来なかったのは、①後発者に比べ先発者の不利益、②定期路線と不定期路線の違い、③通路費負担の差、④旅客と貨物との違いにあったとする。私企業の最大限の努力でも及ばなかったからには政府の対応が求められるのであるが、それが果たされなかった代表例が国鉄であったとしている。

　国鉄改革は本書でも第 5 章、第 6 章で扱うが、『鉄道と自動車』(1968)の第Ⅴ章第 3 節、『かごからマイカーそれから…』(1971)の第 4 章に続き、『高速化時代の終わり』(1975)の第Ⅲ章第 4 節でも展開されている。その後の角本国鉄論の原型として、1975年著での要点を、前 2 著との重複を承知の上で抜き出してみよう。本書第 1 章1-3で紹介した角本自身の「30歳の思想は50歳になっても変わらない」との述懐から、国鉄対策論は一貫しているからである。

　国鉄の混迷は誤診と誤投薬に尽きる、「国鉄は死んだ。国鉄は再建できない」と叫ぶ必要性、自動車時代にはネットワークを幹線の10,000kmに縮小すること、一層強くなっている「公共性という名の暴力」の圧力に惑わされることなく、少なくとも「運賃＝原価」から「運賃＋国家補償（地元負担を含む）＝原価」とすべきことを提唱している。国鉄経営の基本となる運賃については、「まず規模を決め、現行運賃を消費者物価指数並みに上げるのを原則とし、不足分を国が補償する。ただし納税者の負担が重すぎるなら、運賃を所得上昇率に近い線まで上げる。あるいは規模を縮小する」、「多くの再建論者はこの措置を再建までの過渡的としているのに対し、私（角本）はこの体制を永久とする」としているのである。この国鉄対策を含めた交通政策の議論は空疎な観念論に終始、シェア論、イコールフッティング論、総合交通体系論、公共財論など多彩な印象を与えるだけに終わったと嘆いているのである。

終章となる21世紀への選択を論じた第IV章は「理論的限界と現実」、「"運ばない"時代」、「公共交通の危機」、「交通体系の整備のために」の4節から構成されている。理論的限界では、交通から見た政治・行政能力の問題点として①政治家の実行力の著しい弱体化、②結論が出ない限り進行不可の環境問題、③具体論の展開の遅れを挙げ、総合交通体系論のむなしさという現実には、利用者の選択、時々の交通部門内外への適切な対応が必要であるとしている。"運ばない"時代には、単純な自家用車抑制論は論理的ではないことから自家用車の役割が重要となること、貨物輸送力不足対策として「日本東西分割論」も必要であることを説く。公共交通の危機対策には、運賃は公共交通企業が積極的に経営意欲を持ち続けるように、その時の具体的条件に応じて決定していくより他に方法がないこと、無責任な公共一元化論より時代遅れの法律から脱却すべきこと、国鉄対策は政府の直営に移して完全に政府の責任とするか、企業としての自主性を持ち争議権も認められる企業体に地域分割するしかないとの考えを示している。最後に交通体系整備への要点として、①東海道（東海道新幹線、東名高速道路）の輸送力増強が急務であること、②現在の交通体系の質的改善を行うこと、③人口・産業の分布の変化に対する措置を講ずること、④県庁所在地と中心都市、地方中核都市を高速交通網で結ぶことの4つを提案して同書を結んでいる。

　なお、本書本章4-2でも記したように『鉄道と自動車』のメインタイトルでの2冊目となる『鉄道と自動車─21世紀への提言─』（1994.6 交通新聞社）は、1968年著をベースに、1990年代は変化がゼロに近い"新しい時代"に入ったとの認識から、バブル経済（1986年12月〜1991年4月）の崩壊後、鉄道と自動車の関係をその観点から考察すべきであるとして綴ったものである。その構成は

序章　転換点が見えてきた

第1章　ネットワークの論理と経済学

第2章　空間「枠」の支配—五全総は現実に立脚せよ

第3章　東京の交通システム—巨大化を支える限界

第4章　高速道路整備への提言

第5章　鉄道の20世紀—その遭遇した不況・競争・政治

第6章　自己責任の確立—JR体制の意味

第7章　JR貨物輸送は再検討

第8章　鉄道運賃は規制緩和を

終章　新時代を迎える態度

となっており、1968年著と比べ自動車、鉄道を具体的に取り上げる章が多くなっている。日本道路公団改革論議が始まっていたし、国鉄はJRに分割・民営化されていたことを踏まえてのものであろう。

　過去40年にわたり鉄道が自動車に押される一方であったが1990年頃を境に潮目が変わり、両者はそれぞれの分野を確保するに至ったとの認識に関し、その事実関係の説明、対策の提示が試みられている。同書の前半は空間性、後半は経済性の強調に割り当てられ、第2章以下では積極的な提案がなされている。各章の内容は本書の第5章以降で適宜触れることとして、ここでは新時代を迎えるにあたり、6つの提案として綴られていることを紹介するにとどめたい。これらの提言は各章の要約をも兼ねたものである。

　①　やがて制定される五全総[6]は、四全総までの不成功から考えて、机上論を脱却すべきである、

（6）　4つの全国総合開発計画に続くものとして予定されていたが、計画策定・実施には至らなかった。

② 人口高密度地域、特に東京では空間の制約が厳しく、需要抑制の対策が必要である、

③ 高速道路網整備が"第2の国鉄"を招かないように無料開放、プール制などを改め、日本道路公団を分割・民営化した方が良い、

④ 自動車・航空機の進出、鉄道の後退という第2次交通革命は終わり、旅客鉄道は大都市中心に大きな役割を確保したのに対し、貨物の分担率は小さい。JR貨物はその存続可能な部分の維持のため、JR旅客と合併した方が良い、

⑤ 鉄道の能力拡大を求めながら運賃を抑制して経営を困難にした政策は是正を必要とする、

⑥ 鉄道運賃はいかに抑制しても物価水準以上に値上げを必要とする性質であり、物価並み以下の値上げは認可を要しないこととすべきである

とする以上の提言は、A何が必要なのか、B何が可能であるか、C何が希望されるか、D支払い能力がどれだけあるのかの確認ステップを踏んだ結論であり、①はB、②はAとB、③はD、④はC、⑤はD、⑥はAとしているのである。

第5章

国鉄改革への提案

　戦後わが国の交通政策の歴史で、国鉄改革は最大のトピックであった
といっても決して過言ではない。世間の大きな関心を集めた国鉄改革
に、交通関係の学界側からの対応は積極的ではなかったといわれる中
で、角本の発言、提案だけは際立っていた。先に、「通勤革命」の論文
が『中央公論』誌に載った経緯を問うた（本書第4章4-2）日本交通学会
の1990年研究年報での角本をめぐる〈回顧〉の中で、藤井彌太郎は「例
外として角本は早い時期から鉄道の市場変化への抜本的な対応策を多く
の論文に提起してきた」と語っている。この言が角本の国鉄改革への積
極的な提言活動を何より雄弁に物語っているのである。

　日本交通学会の対応をさておけば、国鉄改革をめぐっては角本の著作
をはじめとして多くの書物が相次いだ。国鉄改革論もマスメディア等で
大々的に展開された。それらは本書第6章（特に6-1）に譲ることとし
て、本章では地域分割・特殊会社化論（5-1）、土光臨調での口述（5-
2）、鉄道貨物輸送安楽死論（5-3）の角本提案の骨子を中心として綴る
こととしたい。

5-1　地域分割・特殊会社化の提案

　本書の第 4 章4-3でも触れておいたとおり、角本は国鉄在職中での著書『鉄道と自動車』(1968) の第 5 章第 3 節ですでに「国鉄は 1 万キロを削減し、戦線縮小を」、「不採算路線を分離し補助を」と主張していた。退職後に著した『かごからマイカーそれから』(1971) でも第 4 章の「国鉄を考える」で、これからの国鉄のとるべき方向は①独立採算可能な範囲内にその規模を縮小する、②規模は現状とし、欠損額は国または地方自治体で補償するかのいずれかであり、自身としては①をとりたいとしていたことは、国または地方自治体の補償は期待できないというこれまでの経緯からの判断であった。角本の交通市場観は、国鉄在職中（運輸省への出向期間を含めて）に「まず1950年代初めに、鉄道貨物輸送とトラックとの競争が始まったのを現場で見ていた。50年代半ばには都市交通において鉄道と自動車の例を知り、60年代半ばから両者の競争を眺め、自動車に対し鉄道は"ニッチ産業"であることを悟った」との認識に基づくものであった。ここが現場を体験することなく、机上研究の世界しか知らないで育った者（当時の筆者（杉山）もその末席に連なる一人である）との大きな違いである。

　国鉄退職後 5 年目での著書『高速化時代の終わり』(1975) の第Ⅲ章第 4 節は「国鉄崩壊」のタイトルの下で、国鉄に必要な対策として

①　「運賃＋国家補償＝原価」の制度に改め、経営を安定させることと同時に人的秩序の回復を図ること、
②　現在（同書執筆時）の国鉄の規模と組織が 1 つの秩序ある有機体として行動できるためには、各人が自分の組織の利益に一体感を持つこと、

③　不適切な「公共企業体」という組織を改めること

を考慮すれば、政府の直営か自主性のある企業に地域分割するかのいずれかであるとし、各々の長所、短所から地域分割を提唱している。

　交通市場が利用者の選択により国鉄独占から競争に移った実態を直に観察してきた角本の目には地域分割は不可避と映り、組織は特殊会社化が必要であるという一貫性がここに挙げた角本文献だけからでも確認できるのである。

　幸いにも角本の身近にいて直に指導を受けることができた筆者（杉山）にとって大いに関心をそそられたのは日本経済調査協議会（以下、日経調と略称）の長期専門委員会（委員長の名前より永野（重雄）委員会）から出された、昭和50年代における交通政策の基本問題を論じた『交通論議における迷信とタブー（中間報告）』(1976.6)、『迷信とタブーからの脱却（本報告）』(1977.12) の 2 つの報告書である。中間報告は10章構成で、その第10章に「"国鉄再建"四つの迷信」が論じられ、本報告は 7 章構成のものであり、経済発展と交通政策、50年代の交通、既成観念脱却の必要という 3 つの基本的認識の下で、6 つの提言がなされ、その 3 番目が「国鉄の経営体制」である。中間報告での四つの迷信とは①国鉄は再建できる、②外国ではうまくいっている、③運賃値上げで自立できる、④トラックだけでは運べないというものであり、これを打破しなければならないとする。本報告での提言は「国鉄の巨額の赤字や労使関係が問題になっているけれども、それ以上に問題なのは国民への負担額が急増して、その負担能力を超え、将来にますます多くの負債を持ちこすのではないかと憂慮されることである。現在のような状況に至ったことについて労使はもちろん、国鉄に一方的に要求してきた側にも責任はあるけれども、この際、責任を明確にし、国鉄を国民の負担の枠の中に収める

ために，その経営体制を改めるべきである」と綴られている。将来の方向では、企業としての自主経営ができる規模への地域分割、国と地方自治体等の出資による特殊会社化が望ましいとしているのである。

『交通論議における迷信とタブー』の内容は角本のその後の著書である『交通における合理性の展開―現代の評価―』（1979.3 りくえつ）の第Ⅵ章「合理性の展開を妨げるもの―迷信とタブー」でも紹介されている―ただし、報告書そのままの再録ではない！―ことからも明らかなように、2つの報告書は永野委員会で主査を務めた角本の筆によるものであることは確かである。インパクトの強い日経調のこの報告書は世間での広範な議論のために単行本として発刊されることが望まれたが、実現には至らなかった。その経緯、背景は後の『国鉄改革をめぐるマスメディアの動向』（1992.3 交通新聞社）で明らかにされている。日経調の代表理事でもあり、その後土光臨調を率いた土光敏夫が、高木文雄国鉄総裁の申し入れを受けて中止したとのことである。国鉄の分割とともに貨物輸送の縮小論（いわゆる国鉄（鉄道）貨物輸送安楽死論）が、拡大の方針であった高木総裁―その後1983年には自ら縮小を打ち出した―の要請に、国鉄再建のために協力するという財界首脳の意向（配慮？）があったからであるとのことである。それだけに、この報告書は国鉄のトップにとっては不都合な存在であった何よりの証拠であろう。なお、日経調の中間報告には、交通研究に理論経済学の立場から辛口の苦言を呈してきた東京大学教授大石泰彦から賞賛の一文[1]が寄せられていたことからも、返す返すも単行本とならなかったことが悔やまれよう。とはいえ、市販された『交通における合理性の展開』で角本自身によってその内容が紹介されていることで良しとすべきであると思い直したい。

---

(1) 大石泰彦「時評『交通論議における迷信とタブー』を推す」『高速道路と自動車』1976年10月号

　日経調の中間報告と本報告の間で出されたのが、タイトルからして極めて刺激的な『この国鉄をどうするか』（1977.6 東洋経済新報社）であり、これにより国鉄改革論者としての角本の名前が広く知れ渡ることとなった。同書は

1　手に負えなくなった組織
2　的をはずした対策論議
3　30年一日
4　ジレンマの脱出方法

の 4 章構成で、第 4 章が結論である。
　第 1 章では、国鉄という大組織をホッブスの「リヴァイアサン」にたとえ、国鉄がすでに常識が通じない組織となっていることが摘発され、企業労使・国民相互・政治家のジレンマの原因は、鉄道の競争力が他の手段の発達で低下してしまっているのに、心情的支持だけは依然として続いていること、その結果として「ひいきの引き倒し」になっているからだとする。技術革新や合理化が難しくなっている段階でこれらジレンマの解決を主張する人達には、自ら具体策を明示すべきだと望んでいる。あらゆる努力をした後での行き詰まりとなっている鉄道貨物輸送の実情から、このままでは将来は厳しくならざるを得ないであろうこと、日本鉄道建設公団の設立（1964.3）は国鉄の赤字を外部から促進することになったとの批判を行っている。
　第 2 章では、対策、意見が的を射ていなかったことが列挙されている。国鉄貨物輸送の不振はトラックとの所要時間差、到着時間のばらつきが原因であるのに、貨物輸送維持論には国民の選択の結果を説明できていなかったこと、具体的数値を用いての国際比較では正確性が欠けていたこと、鉄道＝成長産業論の論拠が非現実的であったこと等が指摘さ

れている。筆者（杉山）にとって印象的であったのは、（旧）西ドイツの
レーバープランの客観的批判に関し、ニューヨーク・セントラル鉄道を
破綻させ自殺に追い込まれたヤングとの併記で「レーバーやヤングは勝
ち味のない戦いであったことを立証した」との記述である。筆者（杉山）
がレーバープランの現地での評価、批判を確認したのは西ドイツ留学時
の1977〜1980年のことであり、レーバープランが市場経済から逸脱し
たものであったことへの角本指摘は日本にいながらすでにその前になさ
れていたからである。

　国鉄小史ともいえる第3章は、国鉄人が明治時代には経済人であった
のが大正時代は油断とおごり、第2次大戦後は極端な自己中心型に陥っ
たとの書き出しから始め、過去30年を5年刻みで回顧・分析している。
事実の正確な把握こそが政策判断に極めて重要で、このことを訴えるの
が同書の大きな執筆動機であるともしている。角本自身の兵役からの復
員後の判断として、貨物輸送については正しかったが、旅客輸送につい
ては誤っていたことの述懐、戦後処理での赤字解消の合理性に問題の
あったこと、1つの節としても扱われた「「誤訳」の公共企業体（1949）」
のタイトル（第3章第6節）で改めて「公有」企業体とすべきであった
ことを論じ、昭和20年代後半に斜陽化が始まり、昭和30年前後からの検
討は2度（2期）にわたる小田原評定に終始したとする2つの節（第8
節と第11節）ではほとんどの議論は空しく終わったこと、昭和30年代前
半の明暗の交錯、昭和30年代後半の投資と出血、無謀な船出となった昭
和40年・40年代前半から、客観的条件が決定的に悪い時、精神運動で対
抗できるはずがないにもかかわらず、不可能への挑戦をしたことへの記
述を経て、昭和40年代前半に崩壊に至ったことが綿密に綴られている。
国鉄再建の可能性を指摘した日経新聞での角本の寄稿（1970年3月22日）
に対し、磯崎総裁の批判が当時社会的話題に上ったが、破局という現実
の前には総裁談話には説得性がなかったのである。

　結論を示した第 4 章では、国鉄のあり方として①国鉄を利用者負担の限度において維持するのか、公共補償を入れて維持するのか、②運賃決定の手続きをどのようにするのか、③客貨の原価と運賃は客貨別とするのか、全体とするのか、④企業組織を現在の国鉄の体質からみて変更するのかどうかの 4 点について態度を明確にすべきとの問題提起から論を始めている。国鉄が利用されるかに関しては貨物輸送を例に、これをいつまでも抑制し続けて良いというものではなく、少なくとも貨物固有経費を償うべきだが、それでも企業として成り立たず、貨物固有部門の人員は 5 万人に縮小せねばならないとしている。かねてより提唱していた「国鉄貨物輸送安楽死論」（本書では本章5-3で扱う）として運賃値上げにより他手段と競争できる貨物だけを残して撤退すべきであると主張しているのである。運賃体系の是正として個別には①東京、大阪の大都市交通は私鉄運賃、東海道は航空運賃、ローカル線はバス運賃などとの比較を上限とすべきである、②普通旅客と定期旅客に関しては定期割引の理由はなく、むしろオフ・ピーク割引で昼間の利用を誘発すべきであるとした上で、運賃は毎年の予算と同時に決定するか、運輸大臣の認可制とするか、ないしは輸送サービスの規模の伸縮の自由を前提に企業の決定に委ねることの必要性を説いている。企業体制としては前著『鉄道と自動車』（1968）で示した地域分割・特殊会社化の主張であるが、国鉄のような不採算会社は純粋な民間企業になることは許されないことから、政府と地方自治体が全額あるいは大部分を出資する特殊会社化とすべきであるというものである。この意味での民営化なのである。最後に政策の策定・推進に当たって、①常時負担の公平な配分への認識、②事実の正確な認識、③実行可能性の 3 つの原点を改めて強調しているのである。

　以上要点を紹介してきた『この国鉄をどうするか』では、角本の国鉄改革論が体系的に示されているので、後世の研究者が国鉄改革を検討する場合には同書を紐解くことから始めることを薦めたい。同書の段階で

は民営化という表現こそ用いられていないが、「分割・民営化」の提案
の根拠が確認できるからである。

5-2　第2次臨時行政調査会（土光臨調）での口述

　国鉄改革は三公社（日本国有鉄道、日本専売公社、日本電信電話公社）
改革の一環であり、これには第2次臨時行政調査会（土光臨調）の第4
部会が大きな役割を演じたが、三公社の中でも国鉄が突出して問題点を
多く抱えていたので、「土光臨調（第4部会）≒国鉄改革」のイメージ
さえ拭えないほどであった。その土光臨調で角本が口述の機会を得たの
は1981年11月9日のことであった。角本の国鉄改革論は随所で発表さ
れていたが、その大要は土光臨調での証言に集約されていると解釈する
ことを、本書で以下に示す事情から角本も同意してくれるのではないか
と筆者（杉山）は判断している。
　幸い当日の説明資料が『国鉄改革—JR10年目からの検証—』（1996.9 交
通新聞社）の補論に全文収録されているので、ここではそれを基に角本証
言を振り返ってみよう。角本はこれまで各種の証言にも自ら用意周到な
説明資料、原稿を用意して臨んできたのであり、今回も同様であった。
自身の回顧によれば、「…土光臨調が発足し、11月に私は「分割民営化」
をその席で述べることができた。私のささやかな一生に「晴れの場所」
であり、交通人としてはその日のために生きてきたといえる」（『JR150年
史を作ろう』）とある。土光臨調の性格から、自分の主張が単なる研究レ
ベルにとどまるのではなく、公的に述べられることへの率直な喜びで
あったと推察される。なお草野厚によれば、角本を口述人として呼ぶに
あたっては、角本の議論は極端ではないかとの指摘があり、多少の曲折
はあったが、結局「そのくらい（極端な）意見の方がよい」との臨調内で

の意見がとおり実現したとのことである[2]。草野は改革派にとってこの角本証言は重要であったと綴っているが、「分割・民営化論」は当時では世間に極端なものと映っていたとの実情を物語るものでもあろう。

　「国鉄改革」と題する説明資料は、実態を示す 5 つの表に加え、鉄道部門の輸送量、収支、他手段と競合になる主要都市間の輸送実績等の数値をも用いた次の 7 項目から成るものである。

　　1　現状の診断
　　2　症状悪化の経過
　　3　貨物大欠損とアクワースの指摘
　　4　供給継続の絶対条件
　　5　納税者負担の軽減のためには
　　6　輸送力不足解消の責任
　　7　地域分割・特殊法人の提案

　1 の「現状診断」では国鉄が重病人であるとの認識の理由に①赤字の中には国民に望ましくない部分が含まれている、②現在の赤字額負担の対策が決まっていない、③国として決められた対策が進まないの 3 つを挙げている。そして重病人に陥ったのは国鉄が「公共企業体」という責任のあいまいな組織で運営され、しかもその運営について定められた原則さえ遵守されなかったからであるとし、具体的には1960年からの公共料金抑制、1964年の鉄道建設公団の設立を挙げている。

　2 「症状悪化の経過」を償却前黒字であった第 1 期（1964〜1970年）、

（2）　草野厚『国鉄改革―政策決定ゲームの主役たち―』（1989.2 中公新書、なお同書は1997年に『国鉄解体』として講談社文庫で再刊）。同書は土光臨調、それに続く国鉄再建監理委員会の経緯を綿密に綴ったものであり、内容の記述とともに資料価値としても有用なものである。

償却前赤字となった第2期（1971〜1975年）、長期債務の一部棚上げが行われた第3期（1976〜1979年）、赤字が1兆円に達した第4期（1980年以降）に分けている。

3「貨物大欠損とアクワースの指摘」では、貨物輸送が大幅に欠損になった経緯を、英国の交通経済学者W.M.アクワースの主張（1904年）である①客貨を獲得すること。客貨が増えるほど輸送費は安くなる。したがって肝要なのは客貨を獲得することである、②客貨の動きを止めるほどに高い運賃をとらないこと、③運賃対象の客貨を扱うために鉄道に生ずる追加費に見合わないほどに低い運賃であってはならないことに照らし、国鉄貨物輸送政策が不適切であったことを指摘している。

4の「供給継続の絶対条件」では、毎年の経費を誰かが負担すること、5の「納税者負担軽減のためには」では、①不利なサービスの供給はやめること、②不利な投資はやめること、6の「輸送力不足の責任」では東京、大阪地方の対策を早急に取り上げる責任があることを述べている。

結論となる7の「地域分割・特殊法人の提案」では、「国鉄労使と国民全体の親方日の丸気分を一掃し、かつ政治に地域に密着した判断をさせるためには地域分割が必要」、「分割後の経営主体はなお多額の助成を要する民営にはなじまない。国鉄の現在の資産を現物出資した特殊法人とし、かつ今後の投資と欠損処理には地方自治体も責任を持つことにすればよい」と判断している。

角本証言のインパクトは予想以上に大きく、その理由を草野は①角本の話は明快で筋が通り、数字の裏付けがあったこと、②国鉄に関するヒアリングがこの1回であったことを挙げている。この理由を根拠に、民営化論ではないが分割を推す角本証言が与えた影響は大きく、角本は臨調の分割・民営化の露払いの役割をつとめたともしているのである。

なお、臨調での説明資料の第1，2，7の項目は、後年の小冊子『歴史に学び21世紀への提言』（2011）にも採録されている。同書では土光

臨調の委員をつとめた瀬島隆三の回顧録[3]をも紹介している。その中での国鉄改革に関する部分は以下のとおりである。

　昭和56（1981）年11月 9 日、調査会は交通評論家の角本良平氏から国鉄問題について意見を聞いた。角本氏は多年にわたり国鉄の実態と改革を研究していたとのことで、明確な所見を表明した。そして、結論として「小手先ではない経営形態の根本的改革なくして国鉄再建はない。経営形態は単に民営化することにとどまらず“分割”してこそ真の国鉄再建がある」と結び調査会委員に大きな感銘を与えた。

　私自身、かねて民営化すべきだとは思っていたが、「民営かつ分割」と聞いて「これだ」と思った。この時、私の右に座っていた土光氏が小さな声で「あの人はどんな人か。立派な意見だな」とささやいた。おそらく他の調査委員も、同じ印象を持ったと思う。

　当時、調査会では多くの学識者からヒアリングをしていて、角本氏もその一人だった。要旨は事務局が発表することになっていたので、この日の角本氏の意見は大々的にマスコミ報道され、国鉄改革に対する世論は一挙に盛り上がった。

　瀬島の回顧は土光臨調での角本証言の受け止め方を臨場感豊かに示すものである。その際、瀬島も特殊会社化を民営化と解釈している。自己顕示欲の全くない角本ではあったが、自分へのエピソードともいえる部分を含む内容を自身の2011年の小冊子で紹介していたことに、土光臨調での証言への誇りを見た思いである。筆者（杉山）も角本の「晴れの場所」になったことを、国鉄改革の実現に大きく寄与したことからも心から嬉しく思った次第である。

（ 3 ）　瀬島隆三『瀬島隆三回顧録　幾山河』（1995 扶桑社）

5-3　鉄道貨物輸送安楽死論

　角本の国鉄改革論の中で唱えられたいわゆる「鉄道貨物輸送安楽死論」には賛否が寄せられたが、とりわけ貨物関係者からは大きな反対論が起き、「アンチ角本」の展開ともいえるものも少なくなかった。とはいえ、角本自身貨物輸送も実際に体験した上での提案であり、筆者（杉山）には角本の真意が理解されない中での批判だけが多かったと思えてならないので、改めて安楽死論を振り返っておきたい。

　角本の貨物輸送とのかかわりは、国鉄審議室時代の貨車対策であった。当時は15トン車以上が主力であったのに対し、荷主は小型車（ワ10）への要求が強いにもかかわらず10トン車は極端に不足していた。在来の15トン車に対し例外措置を講ずるかどうかで、貨車を製作・維持する工作局と、荷主に応待する営業局とで意見がまとまらず、検討は審議室に持ち込まれていた。角本は国鉄の企業としての立場よりは荷主を大切にすべきとの判断から、小型貨車2,000両の新製を提案し、両局の了解を得た。大正時代の中山隆吉[4]の大方針に逆行することとなったが、それでよかったと回顧している（『JR150年史を作ろう』）。角本はこれが唯一の貨物輸送への直接参加だったとしているが、間接的には少なからず関心を払ってきたものと推察される。たとえば、東海道新幹線計

（4）　角本は国鉄時代の先輩に啓発された著書として
　　　鉄道院『本邦鉄道の社会及経済に及ぼせる影響』（1916）
　　　中山隆吉『鉄道運送施設綱要』（1928）
　　　大槻信二『交通統制論』（1943）
　　の3冊を挙げている。このことを別の著書等でもしばしば言及しており、これら3冊の角本への影響力の大きさを示すものである。それだけに貨車の新製に関する中山の大方針に逆行することとなったのは、よくよく考え抜いた末でのことであった推論される。

画への参画時に「新幹線貨物輸送のために、東京、静岡、名古屋、大阪にそれぞれ用地を買い、私は実現するものと期待し、ただし米国で見た大型コンテナではなく、5トンコンテナを在来線と共通で使う姿を想定した。この方は夢と消えた。私の参加した計画で実現しなかった1つである。数えようではこれがただ1つである。担当の専門家には申し訳ない結果に終わった」(『JR150年史を作ろう)』) と述べているが、この計画が実現しなかったということで、上記の小型貨車の提案を唯一の貨物輸送への直接参加と限定しているのであろう。しかし、貨物輸送、貨物部門への観察は絶えず続けられていたのである。

　1975年秋から提唱されていた「鉄道貨物輸送安楽死論」は角本の各種の著作の中で紹介されているが、『鉄道政策の検証—JRの未来を探る—』(1989.1 白桃書房) の第4章、本章5-1で紹介した日経調の中間報告 (1976.7) の第10章にまとまった記述があるので、これらを中心に辿るのが適切であると考えられる。

　『鉄道政策の検証』の第4章第1節第3項は「鉄道貨物輸送安楽死論」のタイトルで綴られている。角本は1975年8月に運輸省「国鉄再建問題懇談会」で貨物輸送を固有経費 (個別費) を償う規模に縮小すべきとの意見を述べたが、これが安楽死論の最初と位置付けられよう。その趣旨は (当時) 職員の年齢構成からみて多数の退職者が予想され、それに合わせて貨物部門を縮小すれば、人員整理の苦痛はない。固有経費相当に運賃を引き上げれば、共通費は償えなくても、貨物の存在による欠損は消滅し、解決になるというものである。角本の記述によれば、「苦痛を伴わないというので、「貨物輸送安楽死」の用語が使われるようになった」とあるので、この限りでは角本自身の造語であるとは必ずしも断定できない。とはいえ、角本はその後の自身の著作でもこの言葉を使用しているので、この言葉自体の作成者の問題は政策論議上本質的なものではないとしてよいであろう。1975年12月31日の「日本国有鉄道再

建対策要綱」の閣議了解の中で、「貨物輸送については、現在の機能の維持を前提として、当面昭和55（1980）年度において固有経費で収支均衡することを目標として、所要の近代化・合理化等の施策を講ずる」と、角本提案は先送りされた。

　先に紹介した日経調の中間報告（1976.7.2に発表）の第10章はタイトルも「"国鉄再建"四つの迷信」とされ、当該四つの迷信①国鉄は再建できる、②外国ではうまくいっている、③運賃値上げだけで自立できる、④トラックだけでは運べないの検証が行われ、④の迷信に関して貨物輸送は国鉄とトラックの運賃比較、国鉄貨車と営業用トラック普通車との対比、自動車走行キロのデータからトラックで十分とされ、「国鉄としては固有経費を償う大量、定形、継続的な貨物だけを残して他を整理すれば、貨物による赤字を解消し、純粋旅客鉄道の形で身軽になれるのである」と結ばれており、同報告書には「安楽死」という言葉は見当たらない。"純粋旅客鉄道の形"との表現から貨物廃止論と受け取られた感があるが、角本の意味する「安楽死」はトラックと競争できる分野に規模を縮小し、競争力を高めることを強調する方便だと筆者（杉山）は理解している。現に土光臨調での口述でも「…まず不利な部分、すなわち個別費を償わない貨物輸送を一度整理し、その上で有利な部分の増加を図ればよい。…「貨物輸送安楽死論」というのはそのためであり、石灰石のような１列車単位の輸送だけが残ることになろう」としているのである。

　近年になってのことであるが、JR貨物鉄道会社の経営に心血を注いできた伊藤直彦の力作[5]では

　（…鉄道貨物輸送の存続論議に）追い打ちをかけるように角本良平氏（昭

（5）　伊藤直彦『鉄道貨物―再生、そして躍進―』（2017.11 日経新聞社）

和16（1941）年入省）のいわゆる**貨物安楽死論**も出された。一口に安楽死というが、民営化とともに、とりあえず、荷主、通運業者などへの経済的影響も考慮し、旅客部門とあわせて分割し、成り立ちゆかぬようになったら貨物部門を廃止すればよいという考えもあった

と記されており、続けて永野重雄、広瀬真一（日本通運会長）の存続論を紹介している。そこからは必ずしも安楽死＝廃止とは断定していないようにも読み取れるが、安楽死論が鉄道貨物サイドでは歓迎すべきもの——筆者（杉山）の解釈する、競争力のある分野への特化という意味での援軍（？）とは極めて程遠いという観点で——ではなかったと映ったことだけは確かであろう。なお、伊藤は永野の言として「鉄道貨物輸送の重要性とその有効活用を強調する声が、どこからも聞こえてこないのは誠に遺憾だ。再建は可能だし、立て直すのがむしろ国民の命題だ」と伝えているが、永野は先の日経調の永野委員会の委員長であり、委員会という性格上、主査をつとめた角本との意思疎通は十分行われていたと推察されるので、伊藤の伝える永野の言の真意がどこにあったのかは、少なくとも筆者（杉山）には計りかねるのである。

　なお、固有経費の負担問題につき、『この国鉄をどうするか』（1977）の第4章第4節では「貨物運賃はまず固有経費に見合うようにし、次に（公平のためには）共通費も負担すべきであろう」としている。

　貨物輸送に関するその後のまとまった論述は1988年の『交通の風土性と歴史性』の第4章第1節第3項「JR貨物会社の将来性」、1995年の『新幹線　軌跡と展望』の第2章第3節「貨物の"計画"はトリック」、1999年の『常識の交通学』の第II部第7章「欠損が続くJR貨物」等にもみられることを付記しておきたい。

　貨物部門、貨物会社に対する角本の見解が国鉄貨物人にとって厳しく映ったのは確かである。しかし、それは角本の冷静な交通市場への観察

からの結果であり、"貨物部門憎し"といったものではなかったと筆者（杉山）は解釈しているのである。

第6章

JRへの移行と1987年体制への懸念

　国鉄改革という大事業を行い得たのは様々な苦難のプロセスを経てのことであった。本章では改革論議にどのようなものがあったのか、新体制は順調に進んでいるのか、将来の鉄道はどうあるべきかに取り組んだ角本論をフォローしたい。国鉄改革をめぐる様々な議論、出版物等の登場があり、これらの整理に改革論議に最も精通していた角本が取り組んだ成果は、事実の正確な継承という点で極めて重要なものとなった。その跡を振り返った上で（6-1）、角本自身の検証を辿り（6-2）、さらに21世紀の鉄道はどうあるべきかの角本試論を紹介するという順序で国鉄改革の動向を整理することとする（6-3）。

6-1　改革論議をめぐって―6年間の攻防―

　1981年3月の土光臨調の設置から、1987年4月のJRの発足までの6年間は分割・民営化をめぐって極めて多くの、しかも様々な見解の表明、政治的駆け引きが行われた。角本が1981年11月の臨調での口述後も、長年の主張の行き先を誰よりも注視したのは当然のことであった。国鉄改革から30年以上も経った今日、JR各社の社員にしても国鉄時代以降に入社した人の方が多くなっているという現実から、その経過を辿

ること自体も容易ではなくなってきているというのが実情でなかろうか。角本は事実の正確な伝達の大切さを訴えてきたが、そのための工夫は大丈夫であろうか。このような中でこそ、後世の人が大改革事業をめぐる攻防の経緯を研究する上では、その手始めにこの6年間の整理を克明に試みた『国鉄改革をめぐるマスメディアの動向』(1992.3 交通新聞社)を活用することが何より有用であろう。

　改革論議は新聞、雑誌、単行本等で多岐にわたり展開された。土光臨調の第4部会長代理、その後国鉄再建監理委員会(以下，監理委と略称)委員をつとめた住田正二が同書の序文に寄せた文章では、交通研究協会が1991年にまとめた『国鉄の分割民営化に関する文献一覧』(発行者は住田正二)の分析、傾向の解明という困難な仕事に取り組んだのが角本であったと説明されている。この適任者は角本以外にはあり得ないとの判断であろう。取り上げた文献の数からも筆者(杉山)には気の遠くなるほどのものである。同書を紐解くに際しての基本的視点として、出発点ともなる土光臨調、監理委に関する主要な事項を手短に振り返っておこう。なお、国鉄改革自体の詳細な内容、紹介は他の専門書に委ねることとしたい。

　土光臨調は1981年3月に発足したが、三公社、特殊法人等の在り方を扱う第4部会は同年9月にスタート、1982年5月に部会報告を行った。同年7月の臨調の基本提言(第3次答申)で、国鉄の経営形態は7ブロック程度に分割、特殊会社を経て民営化、5年以内に速やかに実施とされている。改革の推進体制として総理府に「国鉄再建監理委員会」(仮称、─当時でのこと─)を設置することを求めている。臨調答申は政府により最大限尊重とされた。

　監理委は1983年6月国家行政組織法の8条機関として、亀井正夫委員長、加藤寛委員長代理、隅谷三喜男、住田正二、吉瀬維哉の各委員の

5 人で構成された。提言実行に強制力のある 3 条機関ではなく 8 条機関となった政治的駆け引きは「3・8 戦争」とも呼ばれたほどである。監理委は1983年 8 月に第 1 次緊急提言、1984年 8 月に第 2 次緊急提言を出し、最終意見の発表は1985年 7 月であった[1]。改革論議を振り返る際に認識しておかねばならないのは、監理委が第 2 次緊急提言で初めて分割民営化の方針を明確に打ち出したことで、これを機に先の「3・8 戦争」にもみられた運輸省の態度（8 条機関を強力に主張）が従来の監理委への非協力から協力に転じたことである。改革を国鉄経営が行き詰った「出口」で行うことから、直ちに着手するという「入口」論に変わったのである。このようなプロセスを経て、国鉄改革関連 8 法は1986年10月に衆議院で、11月に参議院で可決、成立した。

　『国鉄改革をめぐるマスメディアの動向』は資料収集、整理に協力した「交通研究協会」の企画によるものであるが、同書そのものはすべて角本自身の執筆である。膨大な資料分類への切り口にも角本ならではの構想が読み取れ、単なるマスメディアの動向論にとどまるものではない。住田による「序文」、角本による「まえがき」に続き、国鉄経営が破綻、改革が進められた事情をまとめた序章「国鉄経営の破綻」、臨調設立からJR発足までの 6 年間の模索である第 1 章「JR体制への道」を改めて自身の筆で綴り、いわば本論であるマスメディアの動向へのイントロダクションとしている。新聞報道・解説・社説を時系列的に扱った第 2 章「国民が読んだ報道記事」、第 3 章「各紙の解説・個人意見」、第 4 章「二つに割れた新聞社説」に続き、雑誌記事を取り上げた第 5

（ 1 ）　臨調の基本提言と関連資料は　行政管理研究センター『臨調　基本提言』（1982.8 新日本法規出版）、監理委の最終意見と関連資料は　日本国有鉄道再建監理委員会監修『国鉄改革—鉄道の未来を拓くために—』（1985.8 運輸振興協会）に収録されている。

章「雑誌における論争」、単行本を扱った第6章「単行本が果たした役割」を考察した上で、改革反対論が成功しなかった理由、改革が遅れた経緯を終章「回顧と評価─世論とは何であったか」で結んでいる。さらに、労働問題に精通した有賀宗吉による「解説：国鉄の労使関係」を載せ、言及した資料一覧の参考資料、新生JRへの期待と自覚を求めた「あとがき─国鉄改革への私見」で同書を閉じている。同書を通じて角本の論評がいかに鋭いものであったのかが改めて確認されうるのである。

(1) マスメディアの動向

　同書第1章では改革実現までの4つの山の区分として①1982年　臨調答申の受け入れ、②1984年　監理委第2次緊急提言の受け入れ、③1985年　監理委提言（最終意見）受け入れ、④1986年　改革法成立を挙げている。この4つは第2〜5章の新聞、雑誌を時代分類する際の基準ともなっている。その上で、以下の章での論点を先取する形で、国鉄改革は事前の筋書きのない展開であったこと、中央5紙の主張が2つに分かれたこと、1985年6月の中曽根内閣の政治決断には世論の動向がプラスと働いたこと等を指摘している。

　第2章と第3章の時代区分は、分割民営化の方針決定がなされた1981〜82年、再建策具体化への準備である1983年、改革論議が進展した1984年、分割民営化の実施準備である1985年、改革法案をめぐる論争が戦わされた1986年、JR体制発足の1987年と6つに分けられ、報道記事、解説・個人意見が扱われている。

　第2章では、『新聞月報』から43件の記事を取り出し、各々の要点紹介とそれらへの論評が加えられている。臨調、監理委等の動向を新聞記事の伝えることを軸に据えた手法である。1981年9月発足の臨調の第4部会が1982年5月に、臨調自体が1982年7月に分割民営化を打ち出

したが、改革が反対の中での出発であったため、与野党、国鉄労使、運輸省のほとんどが分割民営化に反対、実行不可能と考えた様子をめぐる記事が伝えられている。以下、1983年では同年 6 月に発足した監理委が 8 月に緊急提言を行ったが、その時点では「分割民営化」の文字はなかったこと、1984年では 6 月の仁杉国鉄総裁発言「基本的には分割民営化に賛成」と釈明「分割反対、民営化賛成」をめぐりスクープ合戦ともなったことが話題とされている。最終答申の出された1985年は、 5 月の亀井監理委委員長の「協力しない国鉄首脳は更迭」の発言に「朝日」が注目したこと、答申の実現には紆余曲折の新聞論調であったことが紹介され、1986年には 1 月の戦後政治の総決算とする首相施政方針演説、11月の改革法成立では公明、民社両党が同調、社会、共産両党が反対であり、以降は新聞の関心は新会社の人事や経営内容に移ったとされている。JR新体制直前の1987年 2 月に国労分裂、「読売」の整備新幹線の懸念への歯止め対策を報じ、 3 月31日に「国鉄」が幕を閉じたと記されている。

　第 3 章は第 2 章と同じ時代区分で295件の中央 5 紙の連載等の解説・意見を紹介している。1981〜82年に関しては、この時期新聞は臨調に対し冷ややかだったが、国民一般への世論調査を行ったのは最大の功績であったとする角本評は筆者（杉山）にはとりわけ印象的であった。国民の判断を尊重、その結果を重視すべきだという角本の基本的考えをそこにもみた思いである。1983年では 4 月に「サンケイ」、「日経」の連載があり、前者では職場荒廃と国労の非協力、後者では土光個人への支持が伝えられている。「日経」はこの連載前に私鉄に比しての国鉄の生産性の低さを示していた。1984年は改革に大きな前進のみられた年で、監理委が 8 月に分割民営化を打ち出し、運輸省がそれを10月に支持したのであるが、もはや解説すべき材料が少ないためか、新聞連載は 2 件しかなかったとされている。流れが急変にもかかわらず、学界の方は

依然として静観か反対がほとんどであったとの指摘には今もって筆者（杉山）も耳の痛いことである。なお、運輸省は分割民営化には同意見、貨物輸送は旅客輸送からの分離案であった。

　ここで労働問題の複雑さを示す1984年のトピックとして筆者（杉山）自身の印象に残っていることを付記しておきたい。1983年にまとめられた、高梨昌を長とする委員会の「国鉄の再建に関する提言」を、1984年10月には諮問側である国労が全面反論したという奇妙ともいえることがあった。高梨グループは国鉄を特殊会社化し、事業部制による分権化を提唱したため、分割はしないが分割に近い形を求めることとなったが、この提言が国労には相容れないものであったからという。高梨グループに、自分の意志とは別に、ある事情から参加せざるを得なかった藤井彌太郎から高梨委員会での苦心談を筆者（杉山）自身たびたび聞いていたのである。高梨の主張（「国鉄再建と労使関係健全化への道」『エコノミスト』1983年3月号）を角本は第5章第3節「第2ラウンド─1984年8月まで」の中でも紹介している。

　1985年の焦点は7月の監理委答申で、臨調の7分割ではなく6分割になった理由の「東京新聞」の記事─妥協の産物であったとするもの─を伝えている。1986年では6月の国鉄への世論調査結果の数字を伝える新聞各社の見出しに各社の態度が表われたとしている。1987年以降では職員の振り分け、用地売却が新聞の関心事となり、角本は職員数、生産性に分割民営化の意味があるとしている。第3章の最後に、新聞記事への疑問として①読者の知りたい項目が重要度にしたがって取り上げられたか、②解説に偏向はなかったか、③他産業、他企業との比較がなされたかを挙げている。

　第4章は1982年からの社説49本を中央5紙、地方紙5紙（「北海道」、「河北」、「中日」、「中国」、「西日本」）から抜き出し、時代区分を前2章より幾分細分化した10分類としている。"2つに割れた新聞社説"とは、

「サンケイ」、「読売」、「日経」が改革推進の立場、「朝日」、「毎日」は慎
重の立場であり、これは改革論議の最後まで変化なしとしていることで
ある。以下次のような紹介が続く。1983年の再建監理委員会法成立まで
の段階においては社説の数は多くないものの、「朝日」、「毎日」はまだ
国民の合意、コンセンサスはないとの認識に対し、「読売」、「日経」、
「サンケイ」は改革の速やかな実施を強調していた。ただし、「読売」と
「サンケイ」では若干の留意についての差があった。1985年 8 月の監理
委第 1 次緊急提言では、中央 5 紙はいずれもその大部分には賛成、経営
形態では「毎日」と「サンケイ」は異なり、対決は長く続いた。1985年
7 月の監理委の最終答申（意見）の前後には仁杉総裁辞任（ 6 月 2 日）、
最終答申（ 7 月26日）、その後といった 3 つの時期に分けての社説の紹介
が行われている。中央紙での 2 つの立場はここでも変わっていない。こ
の論点は1987年 3 月の国鉄の「幕引き」まで変わらなかった。

　第 5 章の雑誌における論点では、1982年 7 月までの第 1 ラウンド、
1984年までの第 2 ラウンド、1985年 7 月までの第 3 ラウンドに分けた
記述となっている。第 1 ラウンドでは臨調答申に分割民営化の趣旨を
盛り込むことへの攻防、第 2 ラウンドでは答申実施を求めること、第
3 ラウンドでは国鉄首脳陣の交代（1985年 6 月）が論点になっていたと
されている。なお、同書の終章では、第 1 ラウンドで改革派の勝利が
ほぼ決まったと記されている。

(2)　識者の見解

　同書第 5 章では続いて『運輸と経済』誌1985年12月号特集で研究者
20人による論評が紹介されているが、意見の一致しなかった理由とし
ての角本見解が興味深い。不一致は①理念の立て方、②手法の効果の判
断、③妥協点の許容度の 3 点に、その背景に④実態への認識、⑤鉄道
の役割論への理解があると指摘している。なお、雑誌記事には興味深い

対談、主張が少なからずみられるが、今日の時点でそれらを逐一フォローすることは困難に近いため、角本著の有用性はこの点においても確認できるのである。

　第6章は単行本を扱っている。国鉄改革をめぐる単行本は極めて多数に上り、それらすべてに目を通すこと自体も難事業であるといってもよい。同書では改革賛成の17冊、反対の23冊、その他として中立、慎重、雑誌特集（『交通学研究』、『ジュリスト』、『経済評論』）17冊、計57冊を8つの時期に分けて紹介・論評している。1981年までは角本自身の『高速化時代の終わり』（1975）、『この国鉄をどうするか』（1977）等改革賛成論4冊、反対論として高木文雄『国鉄ざっくばらん』（1977.12）の1冊、その他として高橋秀雄・秋山義継『国鉄の再建』（1977.9）等の5冊を挙げている。1970年代を回顧して、国鉄当局が分割民営化の方向に踏み切っていれば、改革の時期は早くなったであろうと記している。1982年までは改革推進派には著書はなく、反対派、慎重派も少ないとしているが、反対派細田吉蔵『国有鉄道を語る』（1981.9）での「民営」の具体案がないとの角本への批判に対し、1977年の『この国鉄をどうするか』で現行の姿をそのまま国出資の特殊会社に移行、かつ規模を限定することが、自立意識が労使に育つとしていたとの反論を示している。1983年6月まででは、1982年7月の臨調答申後も国鉄・運輸省は非協力、与党内部にも反対派が強く、反対派4冊に対し、賛成派は2冊であり、その他は『ジュリスト』の総合特集だけであった。『ジュリスト』の特集「国鉄　公企業と公共交通」では、加藤寛が分割民営化の必要論を詳しく述べたのに対し、学界は慎重派（廣岡治哉、伊東光晴、大島国雄、岡田清）であった。1984年7月まででは、三塚博『国鉄を再建する方法はこれしかない』（1984.7）はインパクトの強いものであり、反対派原田勝正『日本の国鉄』（1984.2）は分割民営化を国鉄にとっては「死」を意味するとした。日本交通学会の1983年の統一論題「国鉄経営

と交通政策」を収録した『交通学研究／1983年研究年報』はその内容
から角本の目には統一論題の意を十分満たさないものと映った。1985
年 7 月までは反対派 2 冊、その他として『経済評論』増刊（1985年7月
20日）が出されたが、2 年前の『ジュリスト』の特集と変化は感じられ
ないとしている。1986年 7 月までは改革派 2 冊、反対派 8 冊、中立 3 冊
とこれまでになく多かったが、反対派の菊池吾郎・国鉄ウォッチャー・
グループ『国鉄　民営分割の政治算術』（1984.4）は改革不要を主張した
ものだが、菊池吾郎はJRに至るまでの過程を批判した『JRの光と影』
（1989.2）の著者である立山学と同一人物と推定している。1987年 3 月ま
では改革派 3 冊、反対派 1 冊、その他 2 冊であったが、三塚博『さらば
国有鉄道』（1986.2）は改革法成立直後の回顧録であった。JR誕生以後の
1987年 4 月以降（その 1 ）では、JR 1 年目に改革の経過を過去の歴史を
扱うもの、2 年目までは改革の熱気を感じながらの回顧、3 年目はいわ
ゆるJRものであった。1987年 4 月以降（その 2 ）では改革派 2 冊、反対
派 2 冊、その他 1 冊が挙げられている。その他に分類された草野厚『国
鉄改革』（1989）は 6 年間のドラマを緻密に綴った貴重な記録であった。
この草野著と1987年の中西健一『国有鉄道―経営形態論史』を国鉄幕引
きとしての 2 冊として角本は高く評価している。

⑶　世論とは何であったか

　同書の終章では世論とは何であったかの回顧と評価である。まず同書
が扱ってきた新聞、雑誌、単行本の役割を確認する。新聞とは①事実の
報道、②解説、個人の寄稿や投書の内容による各社態度の反映、③社説
は各社の主張の三様の役割があり、雑誌には賛否の両論をまともに戦わ
せた役割、単行本にはひとつの時期を締めくくり、過去を見やすく整理
した役割があるとする。その上で反対派が成功しなかった理由を①対策
の準備不足、②職場荒廃のキャンペーンによる守勢化、③主張が国民の

ためではなく、もっぱら労使や一部の勢力を守るためのものであったことと整理している。より具体的には、1982年6月の世論調査による改革支持は改革派の勝利であり、以降反対派は劣勢を逆転することができなかったし、1986年までの反対派は①分割民営化なしでの改善、解決可能論、②対策なしの分割民営化の弊害論、③イデオロギー論に終始したという。さらに改革が遅れた理由としては、①改革派も先見の明が欠けていたこと、②1970年代後半でもいわゆる「出口論」の国鉄・運輸省を説得できなかったこと、③本来分割民営論者とする高木総裁がその方向をとらなかったこと、④中央紙の態度が二分化されていたこと、⑤研究者が無責任であったこととしている。⑤の研究者の態度に関しては、その末席に連なる一人として筆者（杉山）にはここでも耳の痛い叱声である。JR体制になって5年目でも、これからの課題として余剰人員対策、株の上場の実現、予定に遅れない長期債務処理の実行、労働組合内，労働組合間の対立への対応を挙げている。なお国鉄改革に当たって、「社説（「朝日」、「毎日」）が国労の主張とうり二つ」、「ジャーナリスト個人の論文は反対派のいいぶんを生のまま語っていること」に大きな疑問を呈した屋山太郎の言を紹介しているが、昨今の政治スキャンダルで政権の弁明を繰り返している一部自称ジャーナリストの姿に、「歴史は繰り返す」の思いを重ねるのは筆者（杉山）だけであろうか。

　有賀宗吉の解説には、生産性運動の本来の意味等改めて教えられるところが少なくなく、「あとがき―国鉄改革への私見」の最後で「いま（新体制5年目）JRの労使は自信に満ちている。しかし、順調に進んでいる時にこそ、次の準備をしなければならない。自信過剰もまた、かつて国鉄がつまずいた落とし穴である」と結んでいることに、角本が新生JRに寄せる期待と警告として肝に銘ずべきであろう。

　『国鉄改革をめぐるマスメディアの動向』は内容の詳細を辿るだけで

も容易ではない。まして、角本の整理、論評を本書でどこまで読者に伝えることができたのかも正直心許ない。蛇足ながら、同書に刺激され筆者（杉山）は道路公団改革についてのメディアの動向を整理しようとある研究機関に働きかけ、一部資料は収集されたものの、もっぱら自身（杉山）の力不足から早々と白旗を上げざるを得なかったことを告白しておかなければならない。道路公団改革史についてはともかく、国鉄改革史研究に改めて着手しようとする後学の方々には是非とも『国鉄改革をめぐるマスメディアの動向』に直に当たられることを強く薦めたい。その上で個々の文献を紐解くことが研究を効率的に進めうるであろうことを信じて疑わない。

6-2　JR 体制への移行と JR10 年目での検証

　角本は常に歴史の教訓に学ぶべきことを大切にし、これを実践してきた。国鉄改革も歴史の中で捉え、整理する必要性を人一倍感じていた。その集大成といえるのが、国鉄改革の 2 年後での『鉄道政策の検証―JR の未来を探る』（1989.1 白桃書房、以下『検証』と略称）である。国鉄小史は 1977 年の『この国鉄をどうするか』の第 3 章をはじめにいくつかの著書でも綴られているが、鉄道の発足から JR 第 1 年目までの 120 年間を対象に、輸送自体を軸に展開した本格的鉄道史は『検証』においてであったと位置付けて良い。研究の時間的順序では、同書の公刊は『国鉄改革をめぐるマスメディアの動向』よりも前ではあったが、後の著である『国鉄改革をめぐるマスメディアの動向』が国鉄改革攻防の 6 年間の論議を扱ったのに対し、『検証』は鉄道 120 年の歩みを振り返っているという内容に着目し、本書でもこれを事後的に取り上げることによって、国鉄改革論議を扱う 6-2 での論点がより鮮明になるものと考えた

い。その上でJRの実績を踏まえた国鉄改革への角本自身の検証として
1996年に著した『国鉄改革―JR10年目からの検証』（1996.9 交通新聞社）
を取り上げることとしたい。このように扱うことで本章6-3への接続と
したいとする次第である。

(1)　鉄道120年の検証

　『検証』は執筆に先立って出されていた、運輸経済研究センターで
1986，1987年に行われた調査研究の成果である『鉄道政策の展開―鉄
道政策研究の変遷に関する調査』（1988.3）と中西健一『戦後日本国有鉄
道論』（1985.12 東洋経済新報社）の両書に裨益されたとしつつも、角本
独自のまとめであり、角本の古希の時点での回顧（「20世紀から21世紀
へ」）では「自分の目で（鉄道の）過去を結論付けたもの」と位置付けて
いる。

　『検証』のあとがきで「1986年11月、国鉄改革関連の法律が成立した
時、私は肩の荷が下りたような気がした。そのようなことは生まれて初
めての経験であり、肩から力が抜けたといった方が正しいのかもしれな
い」と綴っているのは、角本の交通研究、鉄道研究の中でいかに国鉄改
革の重要度、ウェイトが高かったか、改革の必要性を極めて重視してい
たのかの証しであろう。同書はJRになって２年、「国鉄の120年」の記
念碑として著わされたものでもある。

　1869年から1987年の長期間を扱った『検証』の本論の構成は

　序章　鉄道そのものを理解すること―輸送を中心に見よう
　第１章　鉄道史の読み方
　第２章　輸送と経営
　第３章　「民鉄」体制への到達
　第４章　歴史への評価

終章　「反比例」の可能性―いつかくるゆれもどし

となっており、補論には過去に発表した 2 つの論文（「国鉄五つの大罪」、「公共性と企業性」）を再録している。鉄道政策、国鉄改革についてはすでに公にしている著書でも随所で論じているが、ここではあえて重複を承知の上で、『検証』での要点を紹介しておきたい。

　序章では輸送を中心とした鉄道史の必要性を強調し、輸送が経営形態と不可欠の関係にあることを認識すべしとしている。

　第 1 章は鉄道の建設運営に関係してきた種々の力を1867年から1986年までを対象に説明したものである。節構成は第 1 節「変革の論理―鉄道史は変革の記録」、第 2 節「通史（10年刻み）―10年たてばすべて変わる」、第 3 節「盛衰の流れ―鉄道の旅客は成熟、貨物は衰退」から成り、各節にはその意図を示すサブタイトルともいうべき文言が付されており、読者の理解促進の一助となっている（第 2 章以下の各節についても同様）。第 1 節では、鉄道史は政治の関与の程度が違うことから、交通史の一部門であっても他の交通手段の歴史とは大きく異なること、鉄道に関係する者[2]として、①鉄道経営者、②企業従事者、③技術者、④納税者、⑤政治家、⑥行政官、⑧言論・研究家がおり、このことが鉄道史を興味深いものとしているということから書き始めている。「興味深い」とするのは、複雑な利害関係を見抜く角本の洞察力が言わしめているものであろう。ちなみに2007年の『世界の鉄道経営「今後の選択」』では、自身が鉄道を相手にしたのは、多様性、意外性、関連性の 3 つの面白さが理由であるとしている。120年の鉄道史で大きな変革は①私設鉄道も認めた1881年、②鉄道国有化の1906〜 7 年、③国鉄の分割・民営化の1987年の 3 回であるとする。その中で鉄道史の特色の 1 つと

（2）　筆者（杉山）の理解では、最近よく使われる言葉でのstake holderの広義のものといってもよい。

して、力関係の逆転の目立つこと、有能な人物がその役割を果たしていることを挙げている。有能な人物の名前こそ示されていないが、その代表が十河信二、土光敏夫であることは容易に想像されるのである。もっとも、十河については「新幹線全国展開論」という点に限っては疑問符も付している。政治と経済合理性に関しては公共性の名のもとの価格規制（公共料金抑制策）、不利な建設が強制されたことの問題点を衝く。その上でオール民鉄の1987年体制が永続できるか、やがては体制転換の日が来ると推測している（1987年体制後については本章6-3で扱う）。

第2節では、第1節の例でわが国の鉄道はその経営形態、政治との関係、収支の不足からみれば5期に区分できるとしつつも、短い期間での事実の確認、大きな流れの通観のためには10年刻みを区分とした方がわかりやすいとの判断から、王政復古の年である1867年から国鉄最後の年の1986年までを10年ごとに整理している。輸送の諸元と年史を10年ごとに見開き1ページにまとめているので、読者には視覚の上でも理解しやすい。その中で注目すべき項目として、1877〜1886年の明治期前半は陸海とも交通能力が低かったこと、1937〜1946年に東京〜下関間の弾丸列車計画の一部着工があったこと、1957〜1966年の10年間に鉄道の前途の明るさは誤りであることが実証されたこと等を指摘しておきたいとしている。

第3節では、文化輸入の図式として、わが国では等級の思想が育つような交通ではなかったのにもかかわらず、イギリス方式の等級運賃が輸入されたこと（1980年まで維持）、経済と交通の関係では相関して発展する時期とそうではない時期があること[3]、M.L. Fair & E.W. Willams Jr. のライフサイクル論を日本の場合は

（3） 交通需要の対GNP（GDP）弾性値が1に近い時期と1から乖離している時期を意味するものであろう。

(1)　試験期：1870〜1880年

(2)　初期の発達期：1881〜1904年

(3)　急速な拡張期：旅客は1908〜1970年、貨物は1908〜1960年

(4)　成熟期：旅客は1971年以降、貨物は1966〜1970年

(5)　衰退期：貨物1971年以降

と分類しているのは具体的であるといえよう。

　第 2 章は第 1 節「「鉄道国有」までの40年間―民営の結果が国有を招いた」、第 2 節「国営＋民営―国有にも長短があった」、第 3 節「公共企業体下の誤り―名前だけの公企体の空しさ」から成り、官設→官私並存→1987年オール民鉄への経営形態の変遷を述べている。第 1 節は幕末から明治初期の鉄道国有化までを学習期間として、その間の事情を説明している。民営民有の発想は幕末からあったこと、私鉄の行動が結果として鉄道国有化に至ったこと、1905年当時の国私鉄の営業係数には減価償却費、利子が含まれていなかったこと、国有化直前には関西鉄道による破滅的競争があったことの指摘とともに、山陽鉄道の速水太郎、京釜鉄道常務取締役であった竹内綱の国有化批判論があったとの指摘は興味深い。竹内は国有鉄道から官民合同特殊会社案を出したが、筆者（杉山）にはこれが国鉄の民営化の走りとも映るのである。

　第 2 節は国有化後の20年は「黄金時代」と言われた中にも、早くも国鉄内部で前途を思う人たちは将来が心配だったことを読み取ることから始まっている。机上論に終わったが、実情は正しく伝えられていると角本が評価する大槻信二の著書『交通統制論』(1936 春秋社、1943 岩波書店)から、長崎惣之助、津村秀松、瓜生卓爾の民営化への主張も紹介、1930年代には不況と自動車進出で特別の区間以外では自立採算は考えられなくなったと伝えている。

　第 3 節はGHQの命令による公共企業体への移行に当たり、初代国鉄

総裁に要請された小林中が、この組織には①事業計画、②販売価格（運賃）、③給与水準に決定権がないことが見破られ拒否されたこと、小林一三、五島慶太からの分割民営化の主張（それぞれ1955年、1958年）、さらには松永安左エ門委員長の産業計画会議の分割・特殊会社の主張(1958年)、彼ら経営の優秀な人たちは公共企業体の発足前に、あるいはその黒字であった時期に転換を求めていたとして、組織としての公共企業体の欠陥を改めて指摘している。公共性と企業性については、国鉄が1950年代からローカル線建設に消極的であったのに対し、建設推進派は公共性を盾に日本鉄道建設公団を発足させたが（1964年3月）、すでに1930年代に大槻信二が「公益的要求」を嘆いていたのにもかかわらずのことであった。角本は概念の混乱として「公共性」と「企業性」という言葉がなければおそらく発生しなかったであろうとして、英語のpublicは「公共福祉」とは何の関係もないことから、改めて公有企業体と訳しておくべきであったとしている。鉄道の将来を論ずる上では、角本自身がかかわった東海道新幹線は成功とともに①新幹線の面への展開、②鉄道全体への信頼が高まり、国鉄がローカル線を廃止することを困難にさせたという2つの結果（罪）を招いたと振り返る。その上で経済の世界では抽象論、観念論は通用せず、1970年頃の総合交通政策論は困難で空疎な議論に終始したとの批判を行っている。

　1987年体制に到達するまでを扱った第3章は、第1節「国鉄再建失敗―管理者不在の欠損急増」、第2節「国際比較―日本国鉄の欠損は人災」、第3節「JRへの移行と賛否―黒字でも分割民営化すべきだった」の3節構成である。第1節では、欠損対策の原則を守らなかったこと（同書では「原則への反則」と表記されている）、主要年の『運輸白書』での具体策の欠如（1980～1987年）が綴られている。欠損対策としての収入＞支出、運賃収入(＝輸送量×運賃水準)＋公共助成≧支出、人件費＝職員数×給与水準の原則が守られず、1968年には「国鉄財政再建補助

金」の名の下に工事費補助金が交付されたが、助成額は毎年度の発生欠損額に比べてあまりにも小さかった、これらはまさに原理に反していることから「反則」としている。1964〜1975年の間での政治と行政の行動を推論するに当たり、1964，1968、1969、1971，1975，1978，1980年等の『運輸白書』を紐解き、そこでの指摘は正しかったものが多かったが対策を示していないとの不満を示した。1975〜1980年でも目標達成は先送りされ、1975年12月31日の閣議了解の「日本国有鉄道再建対策要綱」でその内容のあるものは1977年までに忠実に遂行されたが、ローカル線の整理は進まず、投資も経営の負担となったとの解釈が行われている。1975，1978，1980年の『運輸白書』は依然として経営形態には触れられておらず、（角本の見るところでは）その間にも国鉄の労使関係は悪化し、職場規律は崩壊していたのである。1970年代後半は民鉄の経営が改善されたのに対し、国鉄経営は長期債務の棚上げと運賃の大幅値上げによっても昭和50年代に収支均衡を図るという計画目標には程遠い状況であったと要約している。1980〜1987年では、1980年12月27日の「日本国有鉄道経営再建促進特別措置法」で①地方交通線の整理、②ローカル線と幹線で異なる運賃設定の是認という運輸省の長年の懸案であった2つの特色が示され、1984年の『運輸白書』でようやく従来の延長線では考えることができなくなったことで、欠損加速の克服となったと記している。

　第2節の国際比較では、これまでの角本自身の都市交通研究の成果が活用されているが、中でもわが国だけがなぜ国鉄の分割民営化が求められたのかの問いに対して「わが国には民鉄という自立採算の模範例があったから」と答えは極めて簡単だと断じているのはまさに明解である。

　第3節は6年間の改革論議を整理した『国鉄改革をめぐるマスメディアの動向』より3年前の執筆であることからも、ここでは『検証』での

記述の改めての紹介は省略する。

　歴史への反省を示した第4章は、第1節「鉄道の使い方―経済に役割論はない」、第2節「技術進歩の利用―軌道は軌道以上ではない」、第3節「費用負担の適否―運賃は政策の判断による」から構成されている。第1節では、鉄道の使い方には市場原則が徹底しない、その可否は①必要な区間に能力不足はないか、②必要でない区間に能力が設定されていないかの2点が追求されるべきであること、他手段との関係はゲーテの言葉を引用して、ゲーテは鉄道への先見性と交通の重要性への認識を示しており、「鉄道」だけでなく「道路」を挙げていたこと[4]、1930年代の交通統制（調整）の議論が1970年代の総合交通体系論まで繋がったことが述べられている。次いで本書第5章5-3で紹介した「鉄道貨物輸送安楽死論」をとりあげ、1975年8月の運輸省「国鉄再建問題懇談会」での角本自身の「固有経費を償う規模に縮小すべき」との意見をめぐる論議を紹介し、都市と鉄道に関してはわが国の開発費用の還元の成功例として東急田園都市線を挙げ、それは賢明な例外であり、一般化できる制度が確立していないこと、東京対策として鉄道への増強投資と同時に30km圏以遠への分散の必要性を説いている。

　技術進歩を論じた第2節では、まず120年の歴史で技術的には可能であっても経済性を無視した意思決定のあったことを警告する。技術的可能性と社会への普及性には距離のあることを筆者（杉山）も常に角本から教えられていた。技術屋が追った夢の普及可能性をチェックするのが経済畑の人間の役割なのである。次に鉄道に関して明治・大正期に標準軌（1.435m）にせよとの「広軌改築論」が様々な議論を経て1919年に

（4）　参考までに記すと、ゲーテは詩人、劇場監督そして枢密顧問であったばかりではなく、1776年から1786年までの間、ワイマール公国で「道路建設監督官」として実に熱心に活動していた（杉山雅洋監修、中田勉訳『アウトバーンの歴史―その前史から21世紀まで』(2019.2 流通経済大学出版会))。

狭軌（1.067m）で決着したことを紹介し、『運送施設綱要』（1928）の著者である中山隆吉が「特殊の輸送繁忙なる区間に対し、別に広軌の線路を設けるべきかどうかは考慮できるけれども、全線にわたって改築する時期はすでに過ぎ去った感じがする」と記したのに対し、角本は「当時の国鉄としては広軌改築を抑えたのは賢明であった」と述懐している。動力では国鉄全線の電化完成は1956年であったこと、解決されないまま残された課題として安全対策と環境対策を指摘している。

　費用負担の適合を論じた第 3 節でも角本の考えは明解である。その主張には理論畑の人達からは反論はありうるものの、「現実の運賃水準は、「理論」ではなく判断に依存した。準拠すべき「理論」など存在しなかった。「理論」家たちも「理論」の適用方法を示すことができなかった」と断じている。1975年の『人間と移動』の第 4 章の一節で「運賃に理論はない」としているとおりのことである。具体的には全国一律性は極端な内部補助を発生させ、幹線、地方交通線でも競争力を失うこと(5)、距離比例と遠距離逓減のいずれかが適当かを判断する「理論」は存在しないこと、等級性では旅客の 3 等級→ 2 等級→普通・グリーンへの変更が企業として望ましいものであったかは疑問であること、貨物の等級性での運賃差を「理論」によっては裏付けることができないこと(6)、交通経営にも交通政策にも準拠すべき「理論」は存在せず、運賃収入（利用者負担）と公共助成（納税者負担）の適切な組み合わせを決定するのは「理論」では不可能であり、政策は原則さえ欠く状況でもっぱら政治家の判断に頼ることとなったこと等を挙げている。第 3 節の結論として、初めて政治は収支均衡を決断したが、これに貢献し

（5）　一律運賃制vs路線別運賃制に関しては、理論的にも余剰分析を行うことで経済厚生の点で後者が優れていることが証明されている。
（6）　『実証』の第 4 章第 3 節第 3 項においても、角本は1980年の貨物運賃等級制全廃を遅すぎたと明確に批判している。

たのは民鉄の自主経営が存在し、民鉄を模範とすればよいという現実であり、これが国鉄に関する「理論」と「現実」であるとしている。次世代の理論家の具体的反論を期待したいと願うのは筆者（杉山）だけであろうか。

いつの世にも絶対永遠の体制がないとすることからの終章では、第1章第1節で示した8者のステーク・ホルダーのいずれもが自己の主張を続け、自己の利益を追求するので、現JR体制を維持しようと思うのであれば、企業の労使はこの体制が最適の存在であることを証明し、かつ説得しなければならないと結んでいる。

なお、補論1「国鉄五つの大罪」は1982年に職場の荒廃が指摘され、臨調答申が期待された時、雑誌『現代』の1982年5月号に私見として発表したものである。角本の国鉄改革案を広範な雑誌読者に説明、訴える意図からのものであり、後年の小冊子で取り上げることになった二宮尊徳の「分度」の考え方が欠如していることの問題点も盛られている。ちなみに、五つの大罪とは

① 国鉄は先発者であり、後発者との関係でその分野を縮小していくべき産業である、
② 公共部門は自己管理のきかない組織であり、内外からのタカリの餌食になるのを避けられない。特に「国の予算」の下に運営される時にはそうである、
③ 以上の2つの条件に結び付いた国鉄はタカリが無制限に進行した、
④ 内部管理のまずさが極端な規律崩壊を招いた、
⑤ 無制限のタカリと荒廃の結果は経費を著しく高騰させた

ことに、実効ある対応をしてこなかったというものである。

補論2「公共性と企業性」は国鉄本社での審議室勤務時代に書かれ

た、角本の著作としては初期のものであり、交通協力会『国有鉄道』1955年1月号に掲載された。1949年の公共企業体発足以後なお続いていた論争への見解表明であり、同論文は晩年の小冊子『JR150年史を作ろう』（2012.5）にも収録されている。ただし同論文の執筆当時は、公共性と企業性をめぐる議論は下火になっており、鉄道と道路との関係が大きく論じられ、分野論か自由競争かが話題となっていたが、その前の段階における一区切りとしての作品であると自身は位置付けている（『JR150年史を作ろう』）。そこで示された公共性の意味とは「国鉄はその事業内容が国民生活に不可欠であり、また国家最大の企業として独占的な力をもって社会全体に対する影響力が大きく実態的に公共的色彩（事業の内容が国民生活にとって特に大切であること、独占的な力を持っていること）が極めて強いこと、さらに公法人として公共福祉増進の使命を負わされていること」であり、国鉄の企業性の意味は「営利を目的とするものではないが、鉄道事業を経営するには能率的に運営しなければならない」というものである。1949年の公共企業体は従来の官庁経営の非効率を打ち破るために、事業を事業らしく運営できる体制を作ることであり、経営を政府から切り離し、独立の法人としての自主性を与えることであったが、実態としては本来の目的とは大きく異なった姿となったのは、『検証』の第2章第3節で示したとおりであった。

(2)　国鉄改革10年目からの検証

　国鉄改革後の実態を踏まえ、角本自身の改革論の集大成としての『国鉄改革―JR10年目からの検証―』（1996.9 交通新聞社、以下『国鉄改革』と略称）は国鉄改革史ともいうべき著作である。本書でのこれまでの随所において角本の国鉄論、国鉄改革論を紹介してきたことからも明らかなように、同書『国鉄改革』に盛り込まれているものには、表現こそ異なっていても、当然内容的には重複がありうる。事実そのものには変わ

りようはないし（解釈は別にして）、角本の主張は首尾一貫しているから
でもある。

『国鉄改革』は欠損累積の大筋を示す第1章「総論—歴史の流れ」以
下、第2〜8章までの各論が続く。投資以外の経営問題を取り上げる
第2章「経営管理の誤り—「小出血」の放置」、1960年代までの投資を
扱う第3章「大投資の光と影（通史及び60年代）」、1970年代以降、特に
田中内閣の拡大政策を述べる第4章「田中内閣とその後（主として70年
代）」、国鉄が消滅に至った筋道での国鉄人の態度、対応を取り上げる第
5章「崩壊のプロセス（通史及び80年代）」、国鉄改革＝分割民営化の主
張が高まった事情を示す第6章「スト権にからむ経営形態論」、1980年
代における改革の実現を振り返る第7章「改革実現へ」、最後は第8章
「世論を背景にした攻防」の構成である。なお補論として、土光臨調で
述べた角本証言の資料が再録されているが、その内容は本書の第5章
5-2で紹介しておいたとおりである。

論理として、国鉄改革史は鉄道史の中で論じられるべきものだが、本
書で先に扱った鉄道120年史である『検証』が1869〜1987年を対象にし
たのに対し、『国鉄改革』は土光臨調から15年、JRの1987〜1993，1994
年の実績が活用できる段階で執筆されていることから、幾分なりとも長
いスパンからのものである。そこで、前記の事情（事実そのものの普遍
性、角本の主張の首尾一貫性）を勘案し、ここでは『国鉄改革』での構成
と流れ、可能な限り重複を避けた上での同書ならではの項目を中心に触
れていくこととしたい。

第1章の総論では、超健全経営であった鉄道省時代から欠損を累積
した1960年代、鉄道投資への熱気が盛り上がったが、その始末をしな
いままでの1970年代を振り返った上で、欠損の分析、利子及び人件費、
物件費の増加を取り上げ、国鉄改革は経費増加の根源を断ち切ることで
あったのであり、さらにこのような歴史を引き継いだJR各社は当然設

備投資に慎重になり、東日本、東海、四国は減価償却の範囲内に抑えていることを評価している。

　第 2 章のサブタイトルは「「小出血」の放置」とされているが、そこでの「小出血」は大投資を「大出血」とするのに対して、その都度借金で当面を糊塗する政策を意味している。国鉄という「不沈艦」も 23 年間欠損累積を続けたことから政治の決着で沈没するに至った経緯、労使関係は権限と責任があいまいであった組織の欠陥を反映したものであったこと、貨物輸送は撤退期を誤ったこと、ローカル線対策が遅れたこと等の「小出血」の放置を問題視している。労使関係では、二宮尊徳の「分度」の設定に学ぶべきであったとしているのは、『検証』の補論 1 での指摘と同様である。なおローカル線の問題として、経済学者都留重人の主張[7]への反論は今もって興味深い。

　「大出血」の強行を論じた第 3 章では、1965 年の時点で国内交通という舞台が急転回してしまった実態を国鉄経営者は捉えていなかったこと、設備投資（後の「第 1 次 5 ケ年計画」）に費用対効果の基本的視点が欠けていたこと、新幹線は東海道においてのみ功があったことと、第 3 次長期計画以後は輸送力増強、動力の近代化という成果は見られたものの、その改善の遅れ等から企業を破滅させる負担となったこと、1967 年度の『監査報告書』の「このまま推移すれば両 3 年のうちには減価償却前赤字となることが予想される」との憂慮が 1971 年度にはその通りになってしまったことが述べられている。1966 年に国鉄監査委員になっていた角本は結果として大投資にストップをかけられなかったことを悔やんでいた。

　大投資提唱の象徴ともいえる田中内閣（1972〜1974 年）とその後の 1970 年代を扱った第 4 章では、田中内閣だけでなく、東海道新幹線に

（7）　都留重人『現代経済学』（1969 筑摩書房）

多大な貢献をした技師長島秀雄でさえ時代認識が甘かったこと、したがって田中の『日本列島改造論』には経済計算が欠けていたこと、田中以後は運賃値上げに踏み切ったものの、経済性を無視した大投資の継続は歴史の貴重な教訓であったことが述べられている。1976年が国鉄の体制の改革と政治からの解放を急ぐべきであることを立証した年となり、1980年を境に国民の国鉄を見る目が一変したとしている。

　第5章は1986年の国鉄崩壊までのプロセスを辿っている。そこでは政治、行政、経営の3者とも将来に対しては全く盲目であったという意味での責任者の不在が挙げられ、将来への解決策が示されなかったのは、『国鉄百年史』においても同様であったとする。『百年史』は歴史書ゆえの性格とはいえ、正しい指摘の中にも欠損要因に関しては併記にとどまっていたとしているのである。破滅の予測は1967年度までの数字で十分できたはずだとするのが角本の認識であり、その役割を歴史書にも期待していたのではなかろうか。歴史をさかのぼって考えるに、国の直営だった国鉄を1949年にGHQが公共企業体に改編したこと、その直前にGHQと大蔵省が運賃法定主義（1977年に一部弾力化）にしたことで管理者不在の続いたことが欠陥放置の根本原因であり、「破滅に向かっていた国鉄に1976年3月から1983年11月まで大蔵省出身者が総裁となりながら、事態を悪化させたまま退陣したのは歴史の皮肉」と綴っていることが筆者（杉山）には印象的であった。国鉄内部での1969年から5回にわたる再建計画は作文にすぎず、1981年5月の「経営改善計画」に至っては作文と過大予測で行き詰ったとしている。改革派3人組といわれる松田昌士、井出敬、葛西敬之は1981年計画での欠損を最も良く知った人たちであった、その計画の修正後の国鉄の会社を挙げての努力はあったが、1982年の臨調の基本答申はその中のものであったとの整理を行っている。

　スト権に絡む経営形態論議を扱った第6章では、民営化前史として

『検証』の第 2 章第 1 ～ 2 節での速水、竹内、瓜生、津村の提言を紹介
後、1950年代の地域分割・民営化の発想を、同じく『検証』での第 2
章第 3 節で示した小林一三、五島、松永の所説を詳述、1960年代が自
立の限界への認識が行われた時代とし、1970年代に分割民営化論が高
まったことを角本自身の提唱（『高速化時代の終わり』での「国鉄解体
論」）、加藤寛、大谷健、日経調の主張とともに、「分割民営化論」に対
する類型として主張された「1 公社・地域特殊会社」案、高木文雄の考
えにも触れている。

　運輸経済研究センターの『鉄道政策論の展開』、自著である『検証』、
『マスメディアの動向』を適宜引用、活用して綴った第 7 章では、土光
臨調で方針が確立され、これを監理委が対策を具体化、国鉄の役割をよ
り明確化し、自立経営の責任の徹底化を説いたのにもかかわらず、この
段階では国鉄主流派は強権による総裁交代（1985年 6 月に仁杉巌から杉浦
喬也）まで態度を変えなかったこと、マスメディアでは分割民営化をめ
ぐる論争が残ったこともあって、1985年の監理委意見書を受けて中曽
根内閣が目標年次を1987年 4 月に設定、改革への準備が進められてき
た経緯が示されている。

　土光臨調から15年、全体像が把握できるようになったとの観点から
国鉄改革を振り返ったのが第 8 章である。国鉄改革の意味は統一意思
の回復、健全経営の投資規模の明確化にあったとする。これらが損なわ
れるとJRは再び「第 2 の国鉄」となってしまうことを警告する。興味
深いのは、なぜ改革が出来たのかに関する回顧である。当事者の国鉄自
身が公的には望まず、内部推進者は少数グループにすぎなかったこと、
運輸行政も長い間慎重であり、政界は与党を含めほとんどが反対であっ
たこと、学界の大半は推移を見守るだけで、マスメディアも 2 つに割れ
ていたことを勘案すれば、改革が実現できなかったと思うのが普通であ
るが、角本は「やむを得ず分割民営化になった選択であった」と推論し

ている。そして偶然に行政改革という大きな動きがあり、国民監視の中
で国鉄問題が目玉商品として取り上げられたことは幸運であったとする
のである。その具体的解明にはなお時間が必要だとして、そのための
6つの仮説を挙げている。

① 反対派が有効な別案を国民に提示できなかったこと、
② 反対論の中で、巨額の財政負担の責任を政治が悟ったこと、
③ 鉄道より他の交通手段の方が集票能力を持つことに政治が気付い
　 たこと、
④ 政治の一部が国鉄改革をその業績にしようと考えたこと、
⑤ 国鉄の経営改善計画が成果を上げなかったため「出口論」を党の
　 決定としていた以上、いずれ改革は必要という状況に気付いたこ
　 と、
⑥ 臨調の発足、職場荒廃の大キャンペーン、自民党政権の安定など
　 の幸運があったこと

とのものである。後世の研究者たちにこの仮説を検証してもらいたいと
願うのは筆者（杉山）にしても同様である。続いて歴史の証人として瀬
島龍三の回顧録を紹介しているが、その一部は本書第5章5-2で記述し
ておいたとおりである。第8章の最後に要約と総括がなされているの
で、注目しておきたい。1960年代半ばでの国鉄の過信は

① 大都市圏、都市間幹線での能力不足から、設備投資への要求が強
　 かったこと、
② 日本経済は高度成長過程で、成長の永続が期待されていたこと、
③ 新幹線技術の成功が鉄道の評価を高めたこと

から生じたとする。しかし、①については道路の整備に伴い多くの路線
で輸送量が減少、②の高度成長は数年で終わった、③では新幹線は技術
として優秀でも、新旧両線の合計ではかえって在来線の利益を減少させ
たと振り返る。国民に多大の負担を残すことになった国鉄の歴史から、
鉄道の将来、政治への信頼度に関して 3 つの教訓

①　鉄道の活動範囲はすでに非常に狭く限定されていること、
②　企業はその名にふさわしい権限と責任を持つべきであること、
③　政治行政の予測や約束が信頼しがたいものであること

を導き出し、特に③が重要であると結んでいる。

　土光臨調での角本証言（1981年11月 9 日）の全文を補論で示し（本書
では第 5 章5-2でその概要を紹介）、「あとがき」で未解決の課題として国
民への20兆円規模の債務、JR 体制の今後のあり方を指摘し、「次の10年
間にその対策が進み、かつ自主経営の下に JR 各社の鉄道部門が健全に
維持されることを希望する」としている。角本の偽らざる本心である。

6-3　21世紀の鉄道論と今後の選択

　国鉄改革に心血を注いだ角本には JR の自主健全経営の進展は悲願で
あったといってもよいのではなかろうか。国鉄改革後も JR の動向に注
視を続け、20世紀から21世紀への節目に、そのことに寄せる著書を次々
に発表している。21世紀の鉄道論の三部作として

『鉄道経営の21世紀戦略』（2000.5 交通新聞社）
『JR は2020年に存在するか』（2001.6 流通経済大学出版会）

『鉄道政策の危機―日本型政治の打破―』（2001.9 成山堂）

があり、それぞれ鉄道の機能論、経営論、政策論としてのものである。その上で2007年には、筆者（杉山）が確認しうる限りでの出版社、大学の出版会等から公刊された最後となる単行本として

『世界の鉄道経営「今後の選択」―わが体験的（21世紀）鉄道論』（2007.6 流通経済大学出版会）

を著している。

⑴　21世紀戦略論

　21世紀に鉄道をめぐる諸条件は楽観できないとする中で、自立経営の方策を追究した『鉄道経営の21世紀戦略』（以下、『21世紀戦略』と略称）は、鉄道の経営戦略をまとめた第Ⅰ部と、鉄道に可能な道を6章に分けて探った第Ⅱ部から構成されている。同書執筆の意図として、「1990年代の時点においてわが国の交通、特に鉄道と自動車の将来を取り上げる研究には著者（角本）の納得できるものは少なかった」、「新しい主張の最初には参考にすべき文献はない」としており、20世紀での国鉄の巨額な債務を21世紀の国民に加えてはならないとの警告の必要性からのものであるとしている。

　第Ⅰ部では21世紀を迎えて鉄道経営の状況は改善されたとはとても思えないこと、今後鉄道の自立経営の範囲は狭まり、国営（公営）に移行し、ついにはすべてが国公営となる、現状ではそのように予想されるとの認識から始められている。世紀の節目でも過去30年間の傾向が今後の30年に続くとしているのは①この期間に技術革新といわれるほどの進歩なし、②政治の無力化、③国民が交通の変化を要求せずのことか

らである。21世紀は「鉄道復権」などの勇ましい主張が通用する時代ではなく、鉄道旅客が永続するのは①人口高密度地域における都市圏内、②レールの駅間走行時間が 2 ～ 3 時間までの範囲だけとしている。20世紀を回顧して政治は投資を強制し、運賃を抑制したことから、今後鉄道を残せる部分をどうするのかは、「民営をあきらめ国営にしていくこと」、ないし「自立採算の部分にはすべての規制をはずし自由化、第 3 セクターや補助金など責任の不明確な制度は採用しない」のいずれかを国民の判断に委ねるべきであり、角本私見としては後者が望ましいとしている。

　第 II 部の各論では、鉄道経営を取り巻く状況の推移（第 1 章）を振り返り、自立経営は限界に来ていること（第 2 章）、巨大都市東京での都市鉄道の将来と中都市金沢の都市再編成の検討（第 3 章）を行い、物流の中での鉄道貨物輸送（第 4 章）を論じ、鉄道からみた自動車交通の将来（第 5 章）を論じた上で、21世紀に可能な鉄道の道を探るという展開になっている。以下、各章での要点をピックアップしたい。

　第 2 章では旅の視点からで詩人、文人の体験を少なからず引用しており、そこには郷愁とともにこの分野でも角本の学識の広さと奥行きの深さを感じさせられるが、その中にも冷静に交通を見つめる目はさすがというべきである。第 2 章の結論として、鉄道が自立採算を自ら判断する範囲と判断しない範囲の二分化になり、「1987年体制」そのものは目下再検討を要するとされている。第 3 章では都市交通が交通の中では最も変わりにくい分野であるとして、21世紀で可能な対策がほとんど残されていない巨大都市の混迷に比し、中都市では21世紀を迎える段階で方向が決まったとの分析を行っている。第 4 章では、荷主が主導権を持つ物流において鉄道貨物は21世紀に不幸、不合理な出発をしており、JR 貨物の前途は市場の決定に任せる外はないとしている。鉄道サイドから自動車交通を眺めた第 5 章では、日本道路公団は「第 2

の国鉄」の問題提起が行われているが、第2の国鉄論は以前からの懸念事項であった。これに関しては本書でも第7章で検討することとしたい。

『21世紀戦略』の結論となる第6章では、第2～5章を振り返った上で、賢明な選択のためには「交通の著書には残念だが、20世紀が交通の時代であったのに対し、21世紀はもはやそうではない。国民が必要とするだけの能力はほぼ行き渡り、その能力に若干追加しても、地域を変化させる効果は少ない。交通は社会発展の原動力にはなりえない」との展望で結んでいる。

(2) 2020年論

経営論としての『JRは2020年に存在するか』（以下、『JR2020年論』と略称）はタイトルからしていささかショッキングである。JR15年目の2001年に執筆された同書は、「ここ数年のうち、あるいは2010年ごろにはJRという体制自体の検討が要請されよう。本書（『JR2020年論』）の書名もそのような時期は近いと予想するからである」という認識に基づくものからであると付記している。JR15年の経過を高く評価した上で、新幹線推進を当然としてきた（従来の）常識を批判することが主眼であり、2020年への準備として、JRという1987年体制に拘るべきではないとしている。ちなみに、2020年は新橋～横浜間の建設を官鉄で始めてから150年目の年である。

『JR2020年論』は序章で「21世紀への展望」を11項目について試みた後、21世紀の鉄道を理解するための前提としての第1章「鉄道技術は最終段階」、鉄道需要が減少し始めたことへの着目の第2章「自立経営の起伏」、JRは最初の10年間で国鉄改革の目的をほぼ達成したとする第3章「業績への評価」、守成の時代に入ったとする第4章「将来の準備」、21世紀はJR体制に固執することなく、新たな状況に適合した経営形態

が必要とされるのに、政治はまだその方向にないとする第 5 章「政治の無力化」と嘆き、今後への不安として「2010年には転機」を結びとした構成である。なお、筆者（杉山）への私信（2001.7.8付け）では「『JR2020年論』は鉄道の専門家達からは誤りや不備の指摘で流れへの説得力が不足していたと感じております。見てほしかったのはJRが限界に来ていることです」とあったことからも明らかなように、JR体制への警鐘が同書の狙いであった。改革後のJR体制を評価しているからこそのものである。

　第 1 章では鉄道技術が限界まで近接し、次のアイディアは見当たらないのが21世紀初めの現状であるとの判断を示す。鉄道技術者の協力―内容の検討と技術の解説へのコメント―を得たとあるが、『東海道新幹線』(1964) での角本の技術認識の高さを示した記述と並んで、少なくとも筆者（杉山）の知識では理解が及ばない内容である。筆者（杉山）への私信での、「鉄道の専門家から指摘されたとする誤りや不備」の該当箇所を探し出すのは全く以って困難である。第 2 章ではJR15年を第 1 期：株式上場への準備（1987〜1992年）、第 2 期：輸送量のピーク（1993〜1996年）、第 3 期：利用停滞減少下の利益確保（1997年〜）と分類、これは第 4 章で第 1 期と第 2 期が「第 1 段階」、第 3 期を2020年まで続くとして「第 2 段階」とまとめられている。同書の『2020年にJRは存在するか』の設問に対しては、「『JRの存続に拘らずに現在の機能をどの範囲にどのようにして維持していくべきかを探求すればよい。したがって設問は『2020年にJRを存在させるべきか』と考えることもできる」としている。JRになお残るとされる「国鉄」体質を懸念してのものといえよう。

　第 3 章では、未来を拓くことでは「JRは最初の10年間国民の期待に十分応えた。11年後の状況にはJR会社は今度は新たな課題として対処すべきである」と要約されているが、ここで新たな課題とは国鉄改革の

意義を今一度踏まえ国民の期待に応えるべきであることと推論される。
なお、「本州以外の４社とも上場できる状況ではない」との指摘に関しては、JR九州の福岡証券取引所上場（2016年10月26日）があったが、これは角本にとっても嬉しい誤算だったのではなかろうか。JR15年目を評価した上で、鉄道には拡大再生産を望むことは出来ないし、また臨むべきではないとする「守成の時代」に入ったとの認識を示す。第４章では第２章で1997年度以降のJRを第２段階とした意味を踏まえ、需要開発努力、経営発展努力が期待されやすいが、前者は抽象論、後者は具体性の欠如を脱しなければならない、2020年への体制準備としては①鉄道利用の適正を重視するか、②JRという組織の存続を重視するのかいずれかの選択によるが、それはJR各社の経営方針と政策の意思に依存するとする。政治はもはや以前の力はないとの認識からの第５章では、説明責任と経済合理性こそが重要であるとして、2010年には転機が訪れるとの結びにつないでいる。

⑶　鉄道政策の危機論

　21世紀の鉄道論の三部作の締めくくりは『鉄道政策の危機』（2001.9 成山堂、 以下『危機』と略称）である。当初の書名（仮題）は『これでよいのか　鉄道政策』であったが、整理すべき部分の実施を長期にわたり怠り、その上再び投資拡大に乗り出した鉄道政策が持続不可能という意味で『危機』と位置付けたことによる変更である。機能論、経営論に続く政策論で、鉄道に関する最終著作になると思われた（住田正二による推薦文）が、実際には2007年６月に次の著作である『世界の鉄道経営「今後の選択」─わが体験的（21世紀）鉄道論─』が誕生しているのである。『危機』の構成は

　　序章　改革の時を迎えて─日本型政治を克服しよう

第Ⅰ部　日本型政治の遺産―債務等37兆円（1987年）

第Ⅱ部　敗退の現実

第Ⅲ部　崩壊の1980年

第Ⅳ部　「ポスト国鉄改革」の改革へ

終章　21世紀に望む

　の４部からであり、第Ⅰ部に第１章、第Ⅱ部に第２，３章、第Ⅲ部に第４〜６章、第Ⅳ部に第７，８章が組み込まれている。第Ⅲ部までは鉄道政策の流れを示し、第Ⅳ部は角本がとりわけ力を注いだ部分である。先に示した筆者（杉山）への私信で「『危機』は「ポスト国鉄改革」の強調となります。国鉄改革はかなりの成功でも15年も経てば次の体制が必要と考えます」と綴られていることからも、本書では第Ⅳ部を中心に扱うこととしたい。

　無理な投資を打ち切りにして国民が借金で苦しまないようにとの同書の執筆意図を示した序章に続き、第Ⅰ部、第Ⅱ部では国鉄の誤りは1960年代の政策判断の誤りにあったと振り返り、その要因を鉄道市場の変化、経営悪化を加速した労使と政治の無策とし、第Ⅲ部の1980年度に行き詰まりに至った経緯をまとめている。

　肝心の第Ⅳ部では、国鉄改革、その後のJR経営を高く評価した上で、今後はこの組織を固定・そのまま存続ではなく、鉄道という機能とその組織を時代の変化に適応させていくべきだとする第７章「国鉄改革"五合目"の2001年（1981〜2001年）」と、国鉄改革の効果はすでにほぼ出尽くしていることから、「ポスト国鉄改革」として合理化に徹するべしとする第８章「新時代への覚書」の２つの章で論じられている。第７章は旧体制の打破として1981〜1985年での攻防から、1985年７月の国鉄再建監理委員会の答申、国鉄改革への評価を行った上で、新体制JRの政策（1987〜2001年）を検討している。旧体制をもたらした日本型

政治は一面性、合理性の欠如、先送りの欠点があったため、1981年の土光臨調から監理委による提言で国鉄改革への決断に至るまでには4年4か月を要することになった。その間に国鉄内部での改革3人組の尋常ならざる努力があってものことで、まさにこの期間は日本型政治を象徴しているとする。この間の事情を、改革後に出された草野厚『国鉄改革』(1989)、葛西敬之『未完の国鉄改革』(2001) の両著との符合により、角本自身も理解できるようになったとのことである。1985年7月に分割民営化に到達したのがなぜ可能であったかを自身の1996年著『国鉄改革』で考えた6つの仮説が、2001年でも変わらないことを確認している。1987年体制発足年度からJR7社がほぼ収支均衡を達成できたのは驚くべき成功であったとした上で、改革の趣旨を徹底できない部分として①貨物輸送、②JR三島の経営、③大部分の新幹線が残ったとしている。①に関しては角本の推測に反して全国1社（運輸省の判断）とされた貨物輸送の線路使用料である回避可能費用基準への葛西の批判の紹介、②では三島会社への「経営安定基金」がやむを得ない現実論であっても、民間企業としての自主性への懸念、③新幹線にもプール制の思想（新幹線鉄道保有機構への賃借料、売却料）が入り込んだことへの負担の公平と競争力対策の必要性を述べている。1987年体制から同書『危機』の執筆時点までの期間（1987〜2001年）を振り返り、日本型政治の欠点はこの15年間で、新幹線投資の強行や完全民営化の遅れ、運賃政策への過去の思想の根強さがみられ、完全民営化は不十分、「第2の国鉄」になる可能性はゼロとはいえない、輸送量次第ではその不安を免れることは出来ないとの警告を発している。このようなことから、2001年は国鉄改革の"五合目"に過ぎないとしているのである。新時代への期待を込めての「ポスト国鉄改革」でなければならないとする覚書を綴った第8章では、50年刻みから今後20年を位置付けている。最初の50年間は1870年の鉄道建設の着手（開業は1872年）から独占時代が続い

た1920年まで、次の50年間は自動車・航空機との競争時代の1920年から1970年まで、第3の50年間は1970年から2020年までとしている。執筆時点では第3の50年間の内、30年が過ぎた段階だが、これからの20年は1970年以来の変化の中で動いていくに違いないと予想している。鉄道経営存続のための定石として、これからの政治に対して①低輸送密度路線の整理、②運賃決定の自由化、③利用効果の小さい投資の中止の3点を提言し、同章（第8章）の最後に2020年以後の角本予想を示している。2020年以後に鉄道への要請が高まるとは考えられない、財政の能力が増えるかは判断し難い、22世紀初めにおいても実用の鉄道は今日とあまり変わらないであろうとしている。鉄道の前途を左右するのは政治の賢愚であることから、日本型政治の欠点はそのまま存続するとは考えられないし、また是正されることを望みたいと結んでいるのである。

⑷　今後の選択論

　21世紀の鉄道三部作の次の著書は2007年6月の『世界の鉄道経営「今後の選択」―わが体験的（21世紀）鉄道論―』（以下、『今後の選択』と略称）で、世界の鉄道動向の中から、わが国の鉄道は自立経営に徹底し、公共助成の最小化が望ましいと説いたものである。先に（本書本章6-3）記したように、同書は角本の出版社、大学の出版局等から公刊された最後の単行本であると推察されるが、筆者（杉山）への私信（2007.5.31付け）で「66年間付き合ってきた鉄道のまとめの1冊で、鉄道への興味はなお続きそうです」とあったことから、87歳の時点でも次への意欲を示していた。事実、その後も小冊子の形ではあるが、10冊強をまとめていたのは本書の第1章1-3で示しておいたとおりである。

　『今後の選択』の構成はこれまでの著作とは幾分趣を異にしている。序章で21世紀の日本と世界を俯瞰し、［各国の状況］として第Ⅰ章「西ヨーロッパ16国」、第Ⅱ章「7大国の特色」、［「限界の時代」に到達］

とする項目で第Ⅲ章「現段階での問題点」、第Ⅳ章「鉄道網は広がる
か」、[日欧旅客鉄道の成果]の具体例で第Ⅴ章「“高速化”競争の半世
紀」、第Ⅵ章「中央駅の設定―東京とベルリン」、第Ⅶ章「都市鉄道に限
界―東京・ロンドン・パリ・ローマ」、[今後の選択]の項目では第Ⅷ章
「交通の広域化と「鉄道離れ」進行」、第Ⅸ章「昨日の夢を捨てよう」、
第Ⅹ章「21世紀の選択」となっている。[各国の状況]等を部と解釈す
れば、4部10章構成となるが、角本自身が『今後の選択』を200ページ
の小型版と位置付けている（筆者（杉山）への2007.5.31付けの私信）こと
から、[各国の状況]等[　]書きの項目をあえて部とは呼ばなかった
ものと推察される。

　序章は鉄道の将来を見る基礎知識として、世界の鉄道を眺めてきた角
本の経験と考え方をまとめたものである。「わが国は世界の中では諸条
件が他とは極端に異なる。他国の高速化などとの競争意識は戒め、自国
の経費負担能力の限度内に支出を抑えることが肝要である」ことが21
世紀への処方箋であるとしている。第Ⅰ章は地形と人口分布がわが国と
似ている西ヨーロッパ16国として、都市鉄道の自立採算を完全にあき
らめている英・仏・独・伊、九州と比較できるスイス・オランダ・ベル
ギー、北海道との対比で北欧4国、さらに余りなじみのないルクセン
ブルク、楽観できないオーストリア、経営困難なアイルランド・ポルト
ガル・スペインを対象に概観している。第Ⅱ章ではアメリカ大陸での大
国としてアメリカ・カナダ・ブラジル、鉄道大国等としての中国・イン
ド・ロシア・オーストラリアの7か国の特色がまとめられている。こ
れらの検討から、角本がベストスリーとして評価しているのはスイスの
連邦鉄道、アメリカの貨物輸送、わが国の多くの旅客輸送である。

　第Ⅲ章では経済合理性の軽視として、上下分離―角本はフィクション
経営と断じている―としてのユーロトンネルの破産など、世界の多くの
鉄道で赤字状態から回復した国が少ないことを挙げ、22世紀の鉄道は

自立採算可能な鉄道と欠損でも国民が公共助成を是認する鉄道とに二分
化するであろうことを、21世紀初頭の段階での判断としている。鉄道
網拡大について論じた第Ⅳ章では中国、インドでその可能性があるとし
ている。

　日欧の旅客鉄道の成果に関しては、まず第Ⅴ章で高速化の追求はすべ
て国民の支払い意思に依存すること、陸海空の交通施設整備はヨーロッ
パも最終段階に来たとの判断を示している。交通ノードとしての中央駅
を論じた第Ⅵ章で、1914年開業の東京駅、2006年開業のベルリン中央
駅を取り上げ、前者では現在の東京駅付近にたまたま公有地があり、そ
れが空き地になるので転用できたという歴史の偶然、鉄道側に幸運が
あったこと、後者の構造では過去の経験からの複合であったこと、都市
の規模を忘れて計画することは問題であること、21世紀において東京
もベルリンも交通体系に変わりようがないし、日本、ドイツともすべて
が成熟段階にあることが述べられている。第Ⅶ章では、東京・ロンド
ン・パリ・ローマは歴史的経緯の違いはあっても、都市鉄道の対策は限
界に達しているとされている。

　今後の選択に関しては、交通用空間不足の解決はほとんど不可能に近
いこと（第Ⅷ章）、21世紀において鉄道の役割は日本や西ヨーロッパで
は狭く限定されていくこと、両地域にはなお鉄道を必要とする需要はあ
るが、鉄道企業はそれに特化すべきこと、少子高齢化の進むわが国では
鉄道は今や転換期にあること（第Ⅸ章）が述べられ、第Ⅹ章につないで
いる。その第Ⅹ章では21世紀の選択として、世界の鉄道を①高速度の
実現、②高速度の普及、③交通における分担率の拡大、④民営体制の存
続、⑤自立経営の達成の5つの観点から眺め、その解として「もはや
20世紀後半のような輝かしい飛躍はない。しかし堅実な運行管理の下
で現在の輸送の多くは存続できる。それには利用者と納税者の責任を明
確にしなければならない。残念なことに過去の教訓は、それを無視し、

それを歪める主張が政治行政に横行することである。そうであれば、鉄道は衰退し、今度は立ち上がるのが難しい。将来は必ずこの方向に進むというのではなく、常に選択なのである。すでに21世紀における選択が始まっている」と強調している。JRの次の20年では新幹線の建設にはもはや効果が望めないこと、万事先送りの精神、過信・慢心では鉄道の将来は先細りとなるだけであること、かつて40年前に陥った愚かさを今一度繰り返さないと認識すべきであることが重要だとしている。これらの上で、『今後の選択』での結論として、人間は経済合理性に逆らうことは出来ないというのが鉄則であるとし、20世紀の経験に学び①21世紀において鉄道をめぐる諸条件は好転しない、②永続できる可能性を賢明に生かしていく経営が望まれる、③何より大切なのは必要な措置を直ちに実施する決断であり、自らを守る態度であるとの認識・実践が同書を書き終わっての願いであるとしているのである。角本の遺言ともいえるものと位置付けるのは果たして筆者（杉山）の独りよがりのことであろうか。

道路公団改革への提案

　公社・公団改革として国鉄改革に次いで、良い意味でも悪い意味でも、社会的に大きな関心を呼んだのは道路公団改革であった。角本は国鉄改革での経験を踏まえて道路公団改革についても積極的に提案を行った。本章では、国鉄改革に比べては短期間で、しかも複雑な駆け引きが繰り返された道路公団改革論議を辿る（7-1）と同時に、角本独自の提案の根拠、内容を紹介したい（7-2）。また、道路公団改革、郵政改革、国鉄改革の3つの改革への角本評価も紹介することとする（7-3）。3つの改革のうち、郵政改革については角本の執筆時期の関係上、手短に扱うこととする。なお道路公団改革についてだけは、筆者（杉山）は角本とはいささか異なった接近をしていたので、付論として自説を示すこととしたい。両者の見解に関する解釈は読者の判断に委ねたい。

7-1　道路公団の先行き論と改革プロセス

⑴　「第2の国鉄論」への懸念
　国鉄改革に心血を注ぎ、改革後の動向を注視していた角本にとって、全国組織で料金プール制（画一料率プール制）をとっている日本道路公団の現行体制での先行きは大きな懸念材料であった。同公団は定義上

ゴーイング・コンサーン（継続企業）ではないため償還終了後は解散とされていることで、永続企業とされた国鉄とは異なるものの、自立採算の見通しが困難という点で国鉄と類似しているというのが角本の道路公団改革研究の出発点であった。なお道路公団改革と言う場合、日本道路公団、首都高速道路公団、阪神高速道路公団、本州四国連絡橋公団の４公団が対象となるが、組織が最も大きいということから往々にして日本道路公団が論じられることが多いことに留意しておく必要がある。本書でも「道路公団」と表記するほとんどの場合が「日本道路公団」のことである。

　角本はすでに1994年６月公刊の『鉄道と自動車　21世紀への提言』の第４章第２節で「"第２の国鉄"にしないために」として、11,520kmの高速道路[1]がプール採算になっていることから、運賃抑制下で全国一律運賃制を採っていた国鉄での経緯に照らし「"第２の国鉄"になる危険性が大きい」との警鐘を鳴らしていた。この危険性は2000年５月の『鉄道経営の21世紀戦略』の第５章第３節「日本道路公団は「第２の国鉄」か」でも論じられ、同書の巻末で先の『鉄道と自動車　21世紀への提言』の前書き「20世紀から21世紀へ」の前半部分の文章を再録し、1994年著の内容は2000年を迎えた時点でも少しも変える必要はないと断じている。

(2)　**道路公団改革のプロセス**

　小泉純一郎首相による道路公団改革には複雑な事情が絡んでいることから、まずその主要な関連事項を時系列的に列記しておこう。

　2001.4　　小泉内閣発足、道路関係四公団の民営化を提唱

（１）　高規格幹線道路網約14,000kmのうち、11,520kmが「国土開発幹線自動車道
　　　等」であり、一般にはこれが高速道路と呼ばれている。

2001.12	道路関係四公団民営化を閣議決定
2002.6.24	道路関係四公団民営化推進委員会発足
8.30	道路関係四公団民営化推進委員会　中間整理
12.6	道路関係四公団民営化推進委員会　意見書
2003.5.16	「幻の財務諸表」の現存記事（「朝日新聞」→公団の確認は8.7）
7.10	片桐幸雄論文「藤井総裁の嘘と専横を暴く」（『文芸春秋』8 月号）（日本道路公団「改革有志」は第 2 弾（8.10）、第 3 弾（9.10）を発表）
10.24	日本道路公団藤井治芳総裁解任
11.19	第 2 次小泉内閣発足（←11.9衆議院選挙）
12.22	政府・与党協議会「民営化の基本的枠組み」
2004.3	改革 4 法案閣議決定
4.27	改革 4 法案　衆議院で可決
6.2	改革 4 法案　参議院で可決
10.1	上下分離新体制発足

　道路関係四公団の民営化を提唱する小泉首相の下で、8 条委員会である道路関係四公団民営化推進委員会（以下、推進委と略称）が発足したのは2002年 6 月末であった。推進委は今井敬委員長以下田中一昭・中村英雄・松田昌士・大宅映子・猪瀬直樹・川本裕子各委員の計 7 名であり、8 月に「中間整理」、12月 6 日に「意見書」を提出した。推進委での議論は紛糾し、意見書提出の段階では「今井敬委員長は、意見の決定に先立ち、委員長を辞任、委員会を退席した。また、中村委員は、意見に反対した」（「意見書」）ことから、意見書そのものは 5：2 の多数決によるものとなった。改革案は翌2003年12月22日に政府・与党協議会で「民営化の基本的枠組み」として決定されたが、推進委の田中委員長

代理と松田委員がこの内容に反発・辞任したことから、12月6日に続く推進委2度目の空中分解となり、猪瀬・大宅委員の改革案への評価（ぎりぎりの及第点）はあったものの、「意見書」は実質的に棚上げされた形となった。道路公団改革論議は極めて異例の経過を辿ったのである。

(3) 角本による道路公団改革論議の整理と提案

　角本は以前から関心を寄せていた道路公団改革を、2003〜2004年に正面から論じた『道路公団民営化―2006年実現のために―』（2003.5 流通経済大学出版会、以下『道路民営化』と略称）、『自滅への道―道路公団民営化Ⅱ―』（2004.4　流通経済大学出版会、以下『自滅への道』と略称）の2冊を著した。この2冊に加え、道路公団改革だけでなく、来るべき郵政改革、過去の国鉄改革を比較検討した『三つの民営化―道路公団改革、郵政改革とJR―』（2005.9 流通経済大学出版会、以下『三つの民営化』と略称）も公にした。戦後のわが国で代表的な3つの改革の評価を試みているのである。

　『道路民営化』は改革に到達した経緯（2003年4月上旬まで）を整理した上で自らの考え方を示したものであり、同書は「障害を突破し改革を実現しよう」とのサブタイトルでの「まえがき」に始まり、「改革は国民の願い」であったとする序章、改革を必要とするに至った経過を振り返る第Ⅰ章「改革の動き」、国鉄改革当時との比較から現状維持そのものが困難になれば改革は必ず実現するとの判断からの第Ⅱ章「改革の先例」を用意する。その上で道路公団改革論議での大きな焦点となり、推進委で妥協の結論に至った第Ⅲ章「漂流の委員会[2]―2002年での攻防」、本来改革の望ましい内容は何であったかを論ずる第Ⅳ章「2006年

（2）　道路関係四公団民営化推進委員会を本書では"推進委"と略称するが、角本は"委員会"と呼称している。

への道」、角本なりの総括と結論である第Ⅴ章「総括と展望」へつなげ
ている。

　国鉄改革を提唱、観察してきた経験から道路公団を「第 2 の国鉄」と
してはならないとの意向から、角本は推進委の改革提案、小泉首相の改
革断行を強く期待していた。結論から言うと、推進委の「意見書」での
民営化論は本質的改革論となっておらず、小泉首相の「丸投げ」による
不決断から、道路公団改革は失敗であったとしている。角本の提案が上
下一体の民営化・永久有料制が唯一の解というものであるのに対し、推
進委はすでに「中間報告」の段階で「永久有料制」、「プール制」の用語
は今後使用しないとして償還主義に踏み込んでおらず、上下分離方式に
より今後の不採算路線に歯止めをかけないという論理を容認しているか
らというのがその論拠であり、しかも半年という短期で結論を出すとい
う点では国鉄改革に比べて論議上の条件面での不利があったことを斟酌
しても、角本には期待外れのものであった。それでも改革という点で、
議論のプロセス、結論においての評価を惜しむものではなかった。推進
委以上に、最初から民営化の検討を指示した小泉首相に、改革論議のプ
ロセスでの事務局への協力要請、意見書の扱いに関する決断力の乏しさ
に失望を隠せなかったのである。

　なお、同書には当初「あとがき」を用意していたものの、実際には収
録されていない。どういう事情があったのかを筆者（杉山）は知る由も
ないが、そのドラフト（2003.5.13の角本原稿）を入手しており、そこで
は同書出版の背景が伝えられていると判断できるので、参考までにこの
際記載しておきたい。

　2002年10月、民営化推進委員会の審議の行方が不明で悲観論が支配
し、楽観論は非現実的と思われていた。その折私には国鉄の経験からす
でに機は熟し、守旧派の行き詰まりが来ていると感じられた。そのこと

を説く必要があると考え、本書（『道路民営化』、このパラグラフでは以下同様）を計画した。

　幸い事態は私の（改革が行われるのは時間の問題との）楽観論を実証する形で進み、小泉首相が改革派に「失礼」とされる態度でも、「金の切れ目が縁の切れ目」となってきた。大上段に計画達成を唱えてきた建設派は崩壊しつつある。本書が2003年4月上旬までの経過を取り上げた後に、さらに数字が明確になった。高速道路整備計画の残り2,141kmのうち、今後15年間に①新会社の建設約300km、②新直轄方式（国3/4、地方1/4の負担）約600kmと伝えられた。国民多数が高速道路作り反対と意思表明したのが2001年1月であり、政・官・業の固執も金の力には勝てなかった、国民の期待は相手側のつまずきで実現しそうである。おそらく建設可能性はさらに縮小されよう。

　私の交通人生60年余りに、国鉄と道路公団と、2つの発展と改革とも経験するのは仕事運であった。ただし改革実現には筆の力不足から、10年以上の月日が無為にすぎたのは残念という外はない。それでも改革の日が近づくのは喜びである。

　本書刊行の直接の動機は、加藤寛、織方弘道両氏との座談会（2002年10月、『Voice』12月号）であり、私は「赤字路線を作り続ければ日本道路公団は必ず行き詰まります。その場合、国鉄改革の経験からいって、政治家はその責任を負いたがりません。すると国土交通省は放り出される。したがって改革を呑まざるを得なくなるでしょう。改革が来年に成功するか、あるいは2、3年後になるか、いずれにしても改革が行われるのは時間の問題です」と述べた。この楽観の説明として書いた次第であり、書き始めた時には半年後に、ここまで事態が進展するとは想像できなかった。すでに4月25日「新直轄」のための「直轄高速道法案」が成立した。政治家たちのパイの奪い合いが見ものとなってきた。しかもパイは膨らむどころか縮まっていく。

　本書は恐らく私には研究書としては最後になる。困難な出版状況の中で刊行を引き受けて下さった流通経済大学出版事業部長加治紀男さんに厚くお礼申し上げたい。

　とはいえ、『道路民営化』は角本最後の研究書となったのではなく、その後の動向（2004年3月まで）の動向を踏まえた『自滅への道』が綴られた。同書は

　まえがき―小泉改革は自滅する　その先を考えよう
　序章　さらに赤字投資20年―「改革」の名の「改悪」
　第Ⅰ章　話の始まり―首相の「民営化」指示
　第Ⅱ章　改革派OB・職員の死闘と言論界の支持（2003年5 〜 9月）
　第Ⅲ章　改造内閣の登場
　第Ⅳ章　ようやく藤井解任
　第Ⅴ章　投資強行の策略
　第Ⅵ章　国破れて道路あり（国交省）
　第Ⅶ章　展望と提言―「永久有料制」こそ唯一の解決

の構成となっている。
　書名に掲げられた刺激的とも思われる「自滅への道」なる言葉は、第Ⅵ章第4節で2003年12月22日の政府・与党協議会を「儀式」と捉え、その内容が小泉改革は自滅するとの懸念から、民営の名に値する実態を作ろうとの意図から用意されたものである。
　小泉改革への期待と失望を綴った序章、進展のなかった2年間の動向を整理した第Ⅰ章に続き、前著（2003.5）では執筆期間中に扱えなかった事柄を第Ⅱ章以下で論じている。日本道路公団内部での改革派の戦い（第Ⅱ章）、政権公約のウソ、政治への不信（第Ⅲ章）、ウソの責任

者とされる藤井総裁の解任（第Ⅳ章）、改革という名の虚構である投資の強行（第Ⅴ章）、2004年前半に行われた改悪の枠組み（第Ⅵ章）、永久有料制による解決の提案（第Ⅶ章）が新たに追加されている。もっとも永久有料制はすでに前書で示されているとおりであり、2003年5月以降の動向をも踏まえ、角本はさらにその思いを強くしたものと解釈される。同書の第Ⅱ章以下は、本章の次節（7-2）で紹介することとして、全体については同書の要旨・結論を示した角本自身の文章を以って代替させたい。

　著者が特に指摘したいのは、政府が一貫して主張し、民営化推進委員会も支持した「将来は無料」とする誤りである。経営の論理として、将来無料の企業に自己責任と自立経営の効果は期待できない。この形態面の対策が基本条件である。

　さらに自己責任と自立経営のためには過去債務（累積負債額）の規模が株式上場を可能とする程度でなければならない。これが実態面の条件である。幸い日本道路公団は自力によって20年以内にその水準に到達できる可能性がある。国民はその可能性を生かせば良い。形態（制度）において永続の民間企業とし、実態においてもその能力を持たせる政策を採れば、公団問題の重要部分は解決する。もちろん上下分離は採用しない。

　今回の小泉改革では高速道路投資と債務返済をめぐり、「責任の空白」が発生し、納税者はさらに大きな負担を課せられる。それだけは避けなければならず、将来に向かっては著者の以上の提言が唯一の解決である。

7-2　2002年の攻防、2003年の死闘

　道路公団改革の焦点は2002年の推進委内部での激しい議論、推進委と政・官・業との攻防と、2003年の改革案をめぐる公団改革派職員と総裁の対立、首相の対応であった。前者は『道路民営化』の第Ⅲ章で、後者は『自滅への道』の第Ⅱ章以降で論じられている。

⑴　2002年での攻防

　2002年の攻防を扱った章は 6 ～ 8 月の「第 1 次」、9 ～11月前半の「第 2 次」、11月後半～12月の「第 3 次」に分け、事実関係の時系列での確認と、推進委の論理への疑念を交え、角本ならではの論評を加えた、いわば改革論議のエッセンスを示したものである。2002年 6 月17日に設置された推進委の第 1 回委員会がスタートしたのは 6 月24日であった。8 月上旬までは大きな波らしい波もなく議論が続けられたが、8 月下旬には「想像もしなかった展開」となり、秋以降は迷走を重ね（第 2 次攻防）12月上旬の多数決による意見書の提出となった。中間整理（8 月30日）の前の段階で上下分離による道路保有機構（後の日本高速道路保有・債務返済機構、以後、高速道路機構と略称）の設立は大筋で一致していたが、高速道路機構のプールから新会社への助成に松田・猪瀬両委員を含む 4 人の委員が賛成したのが角本にとっては想像もしなかった展開であった。資金の還流で政治・行政の支配が及べば新会社の自主性は失われ、改革の意味がなくなるとして、8 月30日の推進委の席上での片桐幸雄推進委事務局次長（日本道路公団での数少ない改革派）が「反対」と発言したものの、片桐は委員ではないことからも中間整理ではこの案（プールからの助成）が基本的に盛り込まれることとなった。さらに角本にとって「不思議なこと」は中間整理で「永久有料制」の可否が抜

けており、この用語が「プール制」とともに「今後使用しない」と記されていたことであった。「奇妙な委員会」という外にないとしているのである。8月までの第1次攻防の経過を「要するに人間社会において供給資金以上の建設は出来ない。資金を前借するにも限界があり、税からの支出もそうである。これら2つの合計額以上の工事は望めない」との角本なりの答え（角本の言葉では単純な答え）でまとめ、中間整理はこの態度をあいまいにしたため、9月以降の迷走を招いてしまったとしている。

推進委は9月から11月半ばまで、中間整理での上下分離をめぐる不毛な議論の後に、ふしぎな妥協表現に達し、直後に再び決裂した。第2次攻防をめぐる改革慎重派と推進委の委員間での対立は激しく、この2か月は

① 上下分離における下部の資金操作、
② 新企業の自立を超長期の先に延期、
③ 不採算路線の投資の疑い

の問題点をそのまま残した。角本が議論は不毛であったとする所以である。11月後半には委員間の対立は決裂となったのである（第2次攻防）。

12月6日の「意見書」発表に至るまでのプロセスも、多くの審議会での例に照らしてみても、いささか複雑であった。11月26日には5分割（東日本、中日本、西日本、拡大首都、拡大阪神）が決定したが、高速道路建設の基準に議論が集中したため、国民の関心は大きく集まらなかった。11月29日には①債務返済方式（貸付料の決め方を含む）、②高速道路機構の存続期間、③株式上場の時期をめぐって、改革派松田案とそれに対抗する事務局案の対立が、新聞の見出しでは「泥試合」の様相に映ったようである。11月30日には委員長解任の動議が出されるまでに

至った。最終報告書となる「意見書」を両論併記とするのか、妥協のものとするのかのやり取りから、12月 6 日は多数決によるものとなった。田中委員長代理の名前を筆頭に、意見の決定に先立ち辞任した今井委員長を「委員」との肩書の形で 7 名の委員の名前で出され、中村委員は意見に反対と記されている。「意見書」とは別に、事務局が「意見参考資料」としてまとめた別冊として

　　資料 1　今井委員長提出案（平成14年12月 6 日）
　　資料 2　事務局作成意見案（平成14年11月29日）（今井委員長の指示と責
　　　　　　任によるもの）
　　資料 3　中村委員意見書（平成14年12月 6 日）
　　資料 4　審議過程における意見集約

が出されている（第 3 次攻防）。推進委での議論の紛糾が覗われるが、角本は「国民の批判と実態の緊迫という状況からみれば、単独にせよ、両論併記にせよ、5 人（田中・松田・大宅・猪瀬・川本）の主張を明確にし、たとえ委員会で採択されなくても、やがて国民の支持を得て趣旨は実現すると考えるべきであった」と論じている。新聞の論評は「読売」以外の全国紙（「日経」、「朝日」、「毎日」、「産経」）は賛成とし、小泉首相の指導力に期待を寄せた。結果として、推進委はこれらの攻防では奇妙な運営だったし、首相の不決断もまた国民の失望の原因となった[3]。2003年以降の具体案には「国民が負担できる資金枠を確定し、投資を

──────────

（3）　多数決による意見書を受けた小泉首相は「基本的に尊重するが、内容を精査
　　し、必要に応じて与党とも協議する」との考え方を示したが、もし推進委全員
　　一致の意見書であれば「最大限尊重する」といっていたかもしれない（『自滅へ
　　の道』）というのが角本の見方であるが、これは国鉄改革での臨調、監理委での
　　経過からの推論であろう。

その枠内に収めればよい」というのが角本案であった。

(2)　2003年の死闘と角本見解

　「意見書」を受けての2003年の動きは『自滅への道』で詳しく扱われている。改革立ち上げの2年間（2001年4月～2003年4月）の進行は緩慢の「序」であったが、2003年4月には政治・行政、公団に動きが出てきた。4月には国交省が高速道路を新直轄方式で建設する法律の準備を行い、次のステップに踏み出すはずであったが、5月には「朝日新聞」が「幻の財務諸表」の存在を報道した（5月16日、21日）。日本道路公団が民間基準で2002年7月に作成したとされる2000年度の貸借対照表では6,200億円の債務超過があったとされるものである。藤井総裁はその存在を否定していた。これに対して6月9日には4公団の2002年度の財務諸表が公表された。日本道路公団は巨額の資産超過であった[4]。このような経過に対し、公団内部の職員を代表して片桐幸雄が『文芸春秋』8月号に「藤井総裁の嘘と専横を暴く」との論文を発表し、大きな反響を呼んだ。片桐論文は「朝日新聞」の5月16日報道の財務諸表の存在を論証し、これを「藤井総裁が知らなかったことはあり得ない」と指摘したものである。片桐の批判に対し、藤井は民事及び刑事告訴するという異例の措置に出た。2003年9月22日の改造内閣では国交大臣が扇千景から、前職が行政改革担当相であった石原伸晃に替わった。石原・藤井会談から紆余曲折を経て藤井総裁解任となったのは10月24日のことであった。後任には民間出身の参議院議員の近藤剛の起用となった。

　2003年12月22日の政府・与党協議会「民営化の基本的枠組み」の大筋は

（4）　同財務諸表は2003年8月末に監査法人の検証（監査ではない！）を経たものと説明されたが、日本公認会計士協会はこれを正式監査とするのには問題ありと批判した。

①　整備計画9,342kmの未開通区間は今後20年間に完成する。資金は
　　13.5兆円。ただし、その約2,000kmの区間のうち 5 区間（143km）
　　はさらに検討する、
②　4 公団の債務約40兆円は45年間に完済する

というもので、首相は経費の削減（当初の20兆円→13.5兆円）を高く評価
し、近藤新総裁は新会社の自主性は不十分でもやむを得ないと反対しな
かった（後には90点と高い評価を与えた）が、田中委員長代理と松田委員
はこれでは新会社の自主性が持てない、高速道路機構から建設のための
資金の還流が防げないとして、反発・委員辞任した。川本委員は以後の
推進委への欠席を表明し、猪瀬・大宅両委員のみが残ることとなった。
「意見書」提出時に続く第 2 次分裂劇である。推進委がこのような経過
を辿ったことを、角本は論旨の進め方として通常であれば「現状把握→
対策の選択→体系化」であるのに対し、推進委では「いきなり各委員が
独自の発想を持ち出し→対策の修復ができず→多数委員間の妥協」と
なったためだと分析している。小泉改革の到達点として2004年 3 月に
道路関係四公団民営化法案が閣議決定され、その内容を角本は

①　達成不可能な計画（20年間に13.5兆円で高速道路2,000km を建設、
　　45年目に負債40兆円の完済）、
②　国の絶対の支配勢力、
③　決定はゼロの疑似「民営化」

とまとめている。
　角本の改革案はすでに前著『道路民営化』で示されているとおりであ
る。小泉改革への評価は首相が 8 割方、猪瀬が69点と高評価している

のに対し、自身の点数こそ示されてはいないものの、民営化だというのに高速道路機構を介在させる「上下分離」とし、かつ公団方式の「償還主義」と「プール制」を温存させたと指摘していることから、合格点には程遠いものであったと推測される。3年間の議論を、不可能な妥協に至った経過を第1幕、法案審議の第2幕、その実施の第3幕に分け、以後の展開は2004年に政・官・業が想定し、国民に説明していたものと全く違った事態を招くことになろうとしている。望ましい民営化に向けて

　　提言1　市場に依存。市場を活用、
　　提言2　永久有料制の堅持、
　　提言3　経営の基礎は財務の数字、
　　提言4　地方にできることは地方で―新会社の体制

の4つを行っている。『自滅への道』での結論を

　　①　国鉄改革の成功と失敗に学ぶ、
　　②　ただちに次の改革を

とまとめ、小泉改革は成功しないので、直ちに次の改革への着手の必要性を説いているのである。

7-3　3つの改革への評価

　公社・公団改革論の仕上げとして、道路公団改革、郵政改革、国鉄改革の3つを比較・検討し、その評価を試みたのが『三つの民営化』であ

る。筆者（杉山）への私信（2005.9.11付け）で「このところ国鉄＝JRの実
績を整理していて、いよいよ整理縮小の段階に来たことを思い、関係者
がそのことを押し隠しているのでは国民に再度負担になると考え、（こ
の）１冊を書きました」とあることから、改革の実態を数字で確認し、
世に問うておかなければならないとの思いからの 執筆であろう。

⑴　道路公団改革批判

　『三つの民営化』は総論ともいえる序章、道路公団改革を扱った第１
章、第Ⅱ章、郵政改革の前途を論じた第Ⅲ章、国鉄改革を振り返った第
Ⅳ章、第Ⅴ章、改革論をまとめた第Ⅵ章から構成されている。執筆時期
の関係で郵政改革は2005年８月８日の参議院での郵政改革法案否決まで
を対象にせざるを得なかった状況下ではあったが、３つの改革への結論
は、国鉄改革がある程度成功したとの評価に対し、小泉改革の道路は失
敗、郵政改革法案は「見掛け倒しの民営化」と厳しい見方を示してい
る。国鉄改革、道路改革はその後の動向をも踏まえた評価である。三つ
の民営化の特徴を

①　国鉄＝JRは国民負担の大膨張に対処の「事後処理型」（しかも手
　　遅れ）、
②　道路公団は負担が浮上し始めたのに対しての「初期処理型」、
③　郵政は負担の出現を予見した「事前処理型」（先憂型）

と分類し、②道路公団＝高速道路株式会社の投資による国民負担はさら
に増加する、③郵政を取り巻く状況は悪化し、その業務量は減少してい
くとの懸念を示している。
　序章では、国鉄改革の全過程を眺めて「改革は失敗の後にくるもの」
との教訓を読者に伝えたい、NEXCO体制は自然に弱体化していくかも

しれない[5]、郵政は郵便貯金と簡易保険の廃止が肝要との要点を絞った上で、民営化の原点は

① 非効率な運営による高コスト体質とサービスの悪さを「市場における競争」原理の下で是正すること、
② 非営利的な全国一組織のために生じる過度の「プール制」とそれによる不採算部門への投資を、自立的経営の下で停止すること

としている。

　道路公団改革では第1章「高速道路6社の発足」で改革への期待が失望に変わったこと、上下分離のスキームは早晩破綻し[6]、真の道路行政の改革に向けての動きが起きると考えられること、高速道路会社は巨大な受託会社になると予想されること、料金政策と料金決定に疑問が拭えないことが述べられている。

　続く第Ⅱ章「道路公団改革の「無力化」の策謀」では、国鉄改革との比較での検証が試みられている。推進委での対立と「意見書」の前代未聞の閣議決定（2002年12月）、幻の財務諸表をめぐる公団内部の対立劇、公団藤井総裁解任劇、2002年12月22日の政府・与党協議会での「意見書」無視での推進委第2次空中分解劇が振り返られ、道路公団改革は形だけで終わったとされている。政策論議が国鉄改革の場合と異なり、正攻法により地道に積み上げられず、ついには経営の全体像が描かれないままであったことは極めて重大との批判を繰り返している。

（5）「自然に弱体化していくかもしれない」との見通しに、前著（2004）のタイトルを『自滅への道』としたことが象徴されていると推察される。
（6）国鉄改革での新幹線保有機構が4年半で解散せざるを得なかったこともその背景にある。

(2)　郵政改革の評価

　「郵政改革の前途」を論じた第Ⅲ章は、「郵政解散」後の動向を論ずる
には同書執筆の時点では把握しえなかったこともあり、比較的簡単にま
とめられている。郵政改革は小泉首相が唱える改革の本丸であり、
2005年8月8日参議院での法案否決後の即日の衆議院解散は「郵政解
散」とも呼ばれたほどである。国の直営から公社へ、さらには民営化を
狙う郵政改革の理由は、約340兆円もの巨額資金を「官」から「民」へ
移すこと、業務量減少を民営化で対処することであった。国の直営（2001
年1月からは総務省の外局郵便事業庁）を2003年に公社化（日本郵政公社）
することは民営化の前段階とされた。郵政事業は①郵便、②郵便貯金、
③簡易保険に大別されるが、それらの業務はすべて郵便局で扱われるの
で「郵政」と一括されるものの、業務の内容は全く異なる。郵政民営化
は②の郵便貯金と③の簡易保険の資金量が巨額であるため、その運用を
公企業に任せるよりも民営企業に委ねた方が国民のために好ましいと判
断された。その限りでは金融改革であったが、その部分の改革を徹底せ
ず、単に郵政業務全体に対し「郵政各社」を作るのでは本来の改革とは
言えないという意味で、道路公団改革のケースと同様、失敗であったと
いうのが角本の解釈である。

　郵政改革法案の概要は日本郵政公社を2007年4月1日に解散し、日
本郵政株式会社（持ち株会社）、郵便事業株式会社（メール事業＋印紙等
の販売）、郵便局株式会社（窓口ネットワーク）、郵便貯金銀行、郵便保険
会社を設立、これらへの移行を2017年3月までに完了するというもの
である。同法案での問題点は①そもそも改革は「何のためか」をめぐり
改革の必要性を国民に説得できなかったこと、②与党（民営化反対勢力）
への譲歩により、金融2社（郵便貯金銀行と郵便保険会社）の株式の完全
売却の事実上の反故と過疎地の金融サービス維持の「地域・社会貢献基
金」の増額の2点を挙げている。①は郵便貯金銀行が歴史的使命を終

えた郵便貯金事業の無理な延命工作であること、②は郵便貯金銀行が永続的に「国営銀行」となる可能性による株式売却への懸念、「地域・社会貢献基金」は政府の保護を従来以上に強化することになるということがその内容とされている。

⑶　3つの改革の対比

　小泉首相が閣僚経験者に「道路公団改革は失敗した」と語ったとされているが、それが事実だとすればこの失敗は反省されたのかが問われる。角本は「道路公団を普通の会社にする」、「借金を増やすことになる不採算の有料道路の建設は止める」の双方が実現しなかったことから、「道路公団改革は失敗」と断定している。角本の推論によれば、小泉首相が「失敗」と思っているのは、失敗の原因としての前記角本断定に加え、族議員（特に旧橋本派）にダメージを与えることができなかったからではないのかということである。ただし、官邸主導で総務省に改革法案を丸投げすることがなかった点に「反省」を見ることができるとしているが、「見掛け倒しの民営化」になったことから「失敗」であったと結論付けている。同書では、国鉄改革を経験した中曽根元首相は「小泉政治はファッション政治」、屋山太郎は「見出しだけで記事のない新聞」と批判したことを紹介して、郵政改革論を閉じている。このような経緯からも、改めて国鉄改革の「成功」とその限界を現時点（同書の執筆時）で診ておく必要性を説いているのである。

　小泉首相の2つの改革が対比された国鉄改革の成功の原因と課題の摘出を行っているのが第Ⅳ章「国鉄改革に苦心の滑り出し─後続の民営化に参考として」、第Ⅴ章「その後のJR─「すきま」産業としての地位」の2つの章である。第Ⅳ章はJR当初の5年間を、国鉄時代最後の数年、とりわけ1985年と1986年での改善効果と折からのバブル景気の追い風に、すべての人々の予想を超えた順調な滑り出しとなったと振り

返っている。旅客輸送においてそれは顕著であり、客貨分離下での貨物
輸送でもアボイダブルコスト・ルール⁽⁷⁾によるものの、自立経営の努
力により1992年度までは黒字が続いた。客貨分離の方針は1984年10月
18日に運輸省から示されたもので、その検討プロセスは角本にも不明
であり、「計算」、「検討」の前に「結論」ありきであったと推察してい
る。順調な滑り出しであったにもかかわらず、第IV章を「苦心の滑り出
し」（傍点は筆者（杉山））としているのは、新幹線の上下分離（新幹線
リース方式）が4年半で終了したことに起因しているものと考えられ
る（筆者（杉山））。同方式では減価償却費の計上がない、リース料によ
る収益調整で経営責任を明確にできない、リース期間終了後の扱いが明
確でない等の問題点が残っていたからである。結果として、本州3社
は1991年10月から新幹線の買取のため、25年半の間毎年7,320億円を、
その後は34年半にわたり毎年724億円を支払うこととなったのである。
国鉄改革の成功は改革派の人たちが一貫して業務を担当し推進したこと
とまとめている。とはいえ、JRも20年近い歴史の中では新時代の諸条
件に合わせることが必要だとしているのである。

　第V章では改革の賞味期限は20年とし、状況の変化があれば次の改
革が必要であると説かれている。鉄道はかつての全国各地を結ぶ動脈と
しての役割ではなく、人口高密度地域、大都市間といった（角本の表現
での）「すき間」で特性が活かされる、「分割民営化」の「分割」はプー
ル制の弊害を避けることであったとしている。旅客輸送では、三島会社
も本州3社もかつて輸送密度が4,000人未満の「特定地方交通線」を転
換廃止したような措置を急ぐべきであること、財務状況では本州3社

（7）　旅客会社の保有する線路を貨物輸送がなければ避けられるという「回避可能
　　経費（avoidable cost）」で利用できるというルール。貨物輸送が旅客輸送のみの
　　場合に対して線路費用を増すという点で、回避可能経費ではなく「増分経費
　　（incremental cost）」とするのが論理的な解釈であろう。

と九州・北海道の5社と四国・貨物の2社では二極分解の方向がみられること、JR本州3社でも金利の上昇があれば現在（2003年度まで）の好成績はたちまち失われること、安全性では事故の経験に基づき安全対策の積み重ねで事故ゼロに向けて努力していくのが唯一の道であること、JR体制に発生している不具合に対応するには新たな体制が必要であること等が示されている。

　3つの改革を論じた第Ⅵ章「成功への道」は角本が同書で主張しておきたかったことのまとめになっている。まず、国鉄改革がある程度成功したと評価されるのに対し、道路はそうではなかった事情が回顧される。首相の「丸投げ」は国鉄、道路でも同じであったが、国鉄では臨調答申、監理委意見書で改革方針が明確にされていたことに加え、企業内の推進者たちが数字の資料と作業能力を持ち、数字による論戦で反対派を論破できた一方、道路改革では反改革側への体制不備と、責任者に不適切な人を配置の二重の誤りがあり、これでは改革成功はあり得なかったとする。より具体的には、国鉄改革での監理委に対し、推進委が置かれていた条件は

①　7人の委員のうち、道路公団に知識を持つ人は限られていた、
②　検討期間が半年と短かった、
③　統計資料、研究者による研究成果が活用できなかった、
④　先行の諮問機関での民間意見が欠けていた、
⑤　企業内部の改革派職員の情報提供ができにくかった、
⑥　与党内の改革派議員が不足していた

と恵まれなかったという現実を指摘、この先例に懲りたのか郵政改革では諮問機関を設けず、担当大臣の「一人芝居」の感となったとしている。角本は改革成功は、責任者の人選、情報特に核心の数字の2つで

あり、この点で国鉄と道路では異なっていたとしている。

　国鉄、道路に対して郵政は、その資金運用の存在が国全体の金融の中で望ましいか、業務が効率よくなされているかに着目した改革であるが、2005年 8 月の段階では成果を収めているとは言えない、形だけの民営化に終わる恐れがあると懸念している。

　以上を総括して「あとがき」で、「一言でいえば、改革には情熱は大切だけれども、その際に「論理」と「数字」が必要である。国鉄の場合は少数劣勢の改革派職員がこれら 2 つの武器で政・官・業の守旧派あるいは利権グループの大勢力に勝つことができた。その前に国民多数の説得に成功し、その支援を受けた。小泉首相の改革には残念ながらこれら 2 つに欠けた」とまとめていることに角本の実体験を通しての核心が象徴されているといってよいであろう。

付論─道路公団改革に寄せて

　国鉄改革への角本の貢献は極めて大きく、筆者（杉山）もそのことを評価するのに人後に落ちるものではない。このような中で、道路公団改革に関してだけは、教えられる点は多いものの、角本とすべて同意見ではなく、むしろスタンスが異なっていたというのが正直なところである。

　国鉄改革に関し、学会の多くのメンバーが傍観者であったという角本の批判に、道路公団改革では、学会の末席に連なる筆者（杉山）自身はいささかなりとも発言者でありたいとの思いから、決して十分ではないものの、改革論議への参加を意識した。その手始めは2001年10月26日に召集された「高速自動車国道の整備のあり方検討委員会」（諸井虔座長）に参加要請されたことである。民営化推進委員会に先立っての諸井

委員会は、諸井座長の下に奥田碩、高木勇三、森地茂の諸氏とともに、筆者（杉山）もその末席に加わった。5人の委員から成る同委員会では11月26日の中間報告まで毎週早朝から識者のヒアリング、冷静な中にも丁々発止とした議論が行われ、扇千景大臣も国会での所要がない限り終始委員会に同席、ただし議論には口を挟まなかった。諸井委員会の結論は

① 日本道路公団は一体のまま民営化して株式会社とする、

② この会社は、種々の変動リスクはあるものの、当初は、税金の支払いを含めて収支はほぼ均衡するものと思われる。また、将来、民営化の効果と債務の減少で漸次増益となる可能性がある、

③ 高速自動車国道の管理・危機管理を行うという公共的性格から、政府からの必要最小限の規制が必要になる、

④ ネットワークとしての効率性、組織・人員の規模等から勘案して、地域分割しない、

⑤ この会社は、公共的性格が強く、残工事2,300kmの一部を負担させる場合、償還期間を短縮させようとする場合には、税の減免・債務の政府保証・政府の株式保有などが必要となる、

⑥ 本四公団を統合することについては、同公団が巨額の債務を抱え、高速自動車国道の採算性に影響を与えるため、各方面のコンセンサスを得ることが困難であり、慎重な対応を要する、

⑦ 首都高速・阪神高速はそれぞれ民営化し、その上で必要があれば統合を検討する

というものであった。高速道路インフラの上下分離、日本道路公団の地域分割を謳った推進委の「意見書」とは異なった考えが含まれ、角本の民営化論とも相容れないものが少なくない。諸井委員会の中間報告書

は、推進委の第 5 回（2002 年 7 月 8 日）でのヒアリングで発表されたもの
の、限られた範囲にしか配布されなかった。角本も『自滅への道』で
手短に触れ「（日本道路公団を）供用後の高速道路の採算も考慮せざるを
得ない組織にして新規建設を抑止する効果を狙った」と述べているにす
ぎず、論評は試みてはいない。諸井委員会の 7 つの結論は細部（文言を
含めて）ではすべてが 5 人の委員の意見一致のものであったとは限らな
いが、大筋では合意された。特に、上下一体説は諸井座長の主張に基づ
くもので「木に竹を繋ぐのは責任をあいまいにするから」とのことから
であり、他の委員にも異論はなかった。上下一体説は角本の主張と矛盾
するものではなかった。

　筆者（杉山）は日本交通政策研究会等で岡野行秀・藤井彌太郎両教授
の指導下で、道路政策の研究を続けてきた。われわれの研究グループは
国鉄改革のアナロジーで道路公団改革を論じえないとの見方をしてい
た。われわれの改革論の出発点は、角本が『道路民営化』で引用してい
る岡野行秀「道路公団民営化問題：正確な理解・分析が必要」（『道路建
設』2002 年 10 月号）での「日本道路公団と旧国鉄とは、まさに「似て非
なる」もの」であることから第 2 の国鉄論ではないとする主張に象徴
されている。この主張はわれわれだけでなく、本書第 4 章 4-1 で引用し
た武田文夫論文でも展開されている。ちなみに、当該武田論文では事後
的に振り返って

　日本道路公団は第 2 の国鉄、民営化が必要とは、当時のマスコミが
好んで使っていたキャッチフレーズだが、まったく誤解である。経営の
実態は危機ではないし（新しい建設の続行こそが問題）、国鉄の民営化は
運行サービス業務が主眼で、運行ダイヤの組み方、速度、車内の快適さ
など、創意工夫によってサービスを改善して需要を増やす余地が大き

い。民営化の狙いはレール、レール敷き等の「下もの」ではない。道路はいわばその「下もの」で、下もののみの民営化はすでに、それを実施したイギリスの悲惨な失敗例もあったのである。

　政治舞台劇としての政治目的は果たしたが、そのための制度設計の拙さによって、わが国の道路政策にかなりの傷跡を残した

と綴られている[8]。推進委の中間報告が発表された段階で、われわれは改革論議が論理的に展開されることを願って小冊子を綴った[9]。同小冊子は

1　道路への基本認識と道路政策検討の手順
2　有料道路制度の導入とその展開
3　公団の特徴
4　公団方式への批判とその問題点
5　民営化の課題

の5項目（5章）を簡潔かつ論理整合的に論じることを目的としたものである。本章の付論としては少々長くなるが、同小冊子はわれわれの考えを集約したものであることから、その要旨を紹介しておきたい。

　第1章では推進委が民営化ありきで議論を進めざるをえなかったのに対し、道路政策は本来政策理念→整備手法→運営手法という手順で検討されるべきであり、このことは高速道路についても同様であるとした。わが国にとって高速道路ネットワークを量的、質的にどのように整

（8）　武田文夫「温故知新　日本の有料道路制度はこれでよいのか？―私の体験的考察―」『高速道路と自動車』2013年5月号
（9）　岡野行秀・藤井彌太郎・杉山雅洋「よりよい有料道路制度のために―道路関係四公団改革に寄せて―」（2002.11　日本交通政策研究会）

備すべきか、そのネットワークを確保するのに有料道路方式、公共事業方式、合併施工方式等をどう活用していくのか、コストの最大限節約を大前提に整備された高速道路を効率的に運営するにはいかなる方式が好ましいのかが検討されるべきであるとした。政策理念の検討なく民営化を論ずるのは疑問であるとする議論の出発点への考え方を示したものである。

　第2章は道路整備特別措置法に基づく有料道路制度の導入の経緯、第3章は特殊法人としての公団の基本的性格を整理し、高規格幹線道路網14,000km 構想は効率と公正双方の価値基準からのものであり、公団方式は社会的便益（消費者余剰、生産者余剰、純外部経済効果の総和）の最大化を目的とし、事業採算性だけで論じるのは適切ではないとした。推進委の「中間整理」では「必要性の乏しい道路を造らない」と強調されているが、「必要性」の内容・定義が問題で、採算性と言わず必要性とした意図が、採算性は消費者余剰にすぎず、これだけで考えているのではないということならば、その内容をより明確に示すべきとの疑問を呈した。償還主義は償還期間を通じた時間間プール制であり、供用初期の利用者の負担の大幅な軽減をもたらし、有料道路施設の利用効率を上げ、開発効果を与えてきたとした。料金プール制は物価上昇と建設時期のずれの関係の調整と負担の公平を考慮したものであるが、いわゆる内部補助を含むので、プール自体の採算性の悪化も懸念される、そこで1985年からは他の好採算路線から充当される内部補助の額を、当該路線の料金収入と国費等を合わせた額までとするいわゆる「2分の1ルール」が歯止め措置として導入されていることを指摘した。

　第4章では、日本道路公団の不健全経営論に対し、借入金の割合が圧倒的に高いことへの批判に、この割合は資金調達上の制約の結果であり、道路資産価値が多額の債務を返済しうる十分な収益力を持っているのかより判断されるべきものと反論した。「第2の国鉄論」との見方に

は、国鉄の償却前の赤字の連続に比し、道路公団の場合は当期の利子を支払った後に借入金返済に充当する余剰が、公団方式への批判者の試算ケースでもプラスの値として残るので、国鉄の状況とは全く異なっているし、経営形態でも公団は施設提供業で国鉄が発生させていた輸送サービスに伴う赤字は無縁のものであること、ネットワークでも国鉄が改革以前の段階ですでに概成、不採算路線の廃止等の縮小が課題であったのに対し、公団では高速自動車国道の整備目標値、整備計画値に達していないなど、まったく問題の本質を見失っているとした[10]。以下、非ゴーイング・コンサーンの公団の減価償却問題、過大交通量予測論にもわれわれなりの基本的見解を示し、過剰投資論・建設凍結論に対しては、先の「2分の1ルール」の制度化はあっても、個別路線の採算性の検討を通じて、その優先度をチェックする必要があること、凍結に対しては国民経済的にはネットワーク効果を考慮に入れて判断すべきことを述べた。

　民営化の課題では、国民負担の最小化、民営化と永久有料制、低料金の実現可能性、独占の問題を取り挙げ、それぞれにわれわれなりの見解を示して、「国民負担の最小化は、推進委の「中間整理」でのもう1つの基本理念であるが、「国民負担」の内容がはっきりせず、「国費支出」であるとすれば負担者が問われ、その対処にはまず国の負担すべき部分を明確にし、その上で財政制約、特に公共部門に課せられるべき制約と併せて、どのように調和的に対処するのかを検討すべきである」とした。「民営化と永久有料制」では、ゴーイング・コンサーンとしての民間企業の場合には永久有料制が前提とされることを基本認識として、永

---

(10)　この点に関しては、焦点の当て方は同様とはいえないが、角本も『三つの民営化』の第Ⅵ章第Ⅱ節第1項「改革を必要とした事情に違い」で認識している。それでも第2の国鉄論としたのは不採算投資を強く懸念したためであったと解釈される。

久有料制は償還後無料開放という従来の大原則を棄却することになるので、制度の大改革には国民の理解・納得が不可欠であり、推進委の「中間整理」で永久有料制の用語を今後使用しないと記されていることに明確さが欠けているとした。われわれは永久有料制は今後の社会における道路体系のあり方として検討されるべきであり、単に特殊法人の民営化の観点から論じられるべきものではないとして、高速道路ネットワークに独占を与えた上で利潤目的の永久有料制は不適切であり、償還後は公共に帰属させる現行制度を支持するものとした。ただし、償還後の有料制をすべて否定するのではなく、維持管理有料制や交通需要管理TDMのための有料制も検討すべきとの立場も明らかにした。「低料金の実現可能性」はコスト削減でできるものなら大いに期待したいが、それに応じて料金も下がるのかを検討すべきであるとした。「独占の問題」に関しては、推進委の「中間整理」での既存路線については新会社に独占的利用権が与えられるとされていることに対し、それは結果として地域独占となることから、価格規制、投資規制が必要となりうるとした。

　以上の内容を綴った小冊子を角本に寄贈したが、常にコメントを寄せてくれる角本からは、これに関してのみ、場合によっては郵便上のトラブルがあったのか、返信はなかった。われわれは守旧派であり、評論の余地なしと判断されたためであろうか、今となっては確かめようがない。

　以後、筆者（杉山）は道路公団改革論議が国土交通相・公団総裁の人事、政治的駆け引きといった生々しい動向になっていったことに個人的関心が持続できず、その後の展開を十分に注視しなかったが、このことは大きな反省点である。自分なりの責任が果たせたとはいえない。この点でも角本の継続的な政策追求には改めて敬意を表する次第である。

第8章

角本交通論 I ―実学の追求

　第8章と第9章では、都市交通という地域を限った分野、あるいは鉄道、自動車（道路）といった個別交通機関に関する通勤新幹線構想、国鉄改革、まぼろしの便益計算、道路公団改革といった分野に限らず、交通全般を対象とした角本の研究足跡を辿ることとする。交通一般を論ずることは、角本の交通研究の核心でもあった。交通一般についても極めて多くの著作を残していることから、8-1ではこれら著作をどのように位置付けるのかの分類を試み、8-2では角本自身が研究の出発点としたモビリティをベースにした成果、8-3では類型学に基づく三部作を紹介することとする。

8-1　角本交通論の輪郭

　交通論と銘打った書籍は数少なくないが、本書であえて角本交通論と称するのは、従来の研究文献では示されてこなかった角本独自の視点から論じられているという見方からである。角本には理論と現実の整合性が大きな関心事であり、何より交通研究が現実遊離となることを避けなければならないことの強調、現実に即した研究の必要性こそが重要であった。このことを一貫して実践した点に角本交通論の大きな特色が見

られる。

　角本は演繹体系の経済学への不信感が非常に強かったが、市場での人々の判断、したがって彼らの選択結果が実態を示すものであるとしてこれを重視した。この点では人々の合理的行動を前提とする経済学の基本的スタンスと変わるものではない。非現実的な仮説から出発する演繹手法こそが角本には問題とされたのである。1990年の論文「20世紀から21世紀へ─私と時代の流れ─」において、大学時代南原繁のゼミで扱われたヘーゲルの『歴史哲学』の中から、「…人間の社会は合理性を欠けば成り立たない。交通の世界をいつの間にかそのように眺めるようになった」と回顧している。ただし、1979年の著書である『交通における合理性の展開』の段階で、その合理性が複雑であり、多様なことに気付いたともしている。角本の交通研究は事実確認を実際のデータと自らの現地確認を通して行い、人々の交通行動がなぜ起こったのか、その結果に至るプロセスはいかなるものであったのかを、常に人間の存在、思考体系にさかのぼって根本から考察するという姿勢に貫かれている。そのためには文化、哲学、宗教、歴史、地理等との関連が追求された。とくに文化、哲学、宗教にまで及ぶ研究はこれまでの交通学者の手には負えなかったといってもよく、この点も角本交通論の特色となっている。

　角本の文化、哲学、宗教、歴史、地理等への造詣には深いものがあったが、それらに論及する際、必ずしも一次文献を活用するとは限らなかった。それらは当該分野の専門家に委ねるとの考え方からであったが、もしこれらの分野でも一次文献に当たっていたとすれば、肝心の交通研究の時間が大幅に削られたのは間違いないので、アカデミック・サークルからのあり得る批判を承知の上での対応であったと考えられる。このことは、経済学の最先端専門研究の扱いに関してもほぼ同様なことがいえる。経済学の専門家からは、引用文献、参照文献等で問題提

起される可能性がないとはいえないであろう。この点で、実務経験の全くない、大学の世界以外の体験のなかった時代の筆者（杉山）とのかつての雑談において、「大学の研究者は大変ですね」と言われたことを思い出すが、大学では極端とも思えるほどの一次文献至上主義・最先端専門文献の活用が要求されるとの観点からであったものと推察している。角本は大学卒業直後から研究活動だけに専念していたのではなかったことから実感しての言でもあろう。

　断るまでもなく、ここで述べた角本の基本姿勢は交通研究すべてを通したものであり、交通論一般に限ってのものではない。その特色が端的に示されたのが交通一般に関してであるとの筆者（杉山）の解釈から、このような事情を本節（8-1）で綴る次第である。

　古希に至るまでの自身の研究等の整理を行った前記論文（1990）の中で、都市交通、鉄道・自動車の研究に対して、交通論一般の研究・整理は最後まで残った部分であるとしている。同論文によれば、1975年に交通を単に交通手段の使用ではなく主体としての人間が発生させる「移動」あるいはそのための「移動能力」（mobility）と把握することで、交通論がまとめられるように感じた、その最初の著作が『人間と移動』であると綴られている。続いて翌年には交通把握の体系と政策批判を示すものとして『現代の交通政策』(1976) を著した。その後、ほぼ毎年独自の研究成果を公刊している。1988年の『交通の風土性と歴史性』に至って「今、私は自分の交通研究がほぼ終わりに近づいてきたように感ずる」と結んでおり、1989年の『交通の未来展望』が自分の目で過去を結論付けたものであるとしているが、それ（古希）以降も筆者（杉山）の知りうる限りの市販の単著としては1999年の『常識の交通学』まで６冊、山田徳彦等の協力による小冊子は10冊強と、研究への情熱は一向に衰えることはなかった。それだけに、交通論一般の研究カテゴリーとされる単著だけでも16冊に及ぶ角本交通論をどのように分類すべき

かは、身近で指導を受ける機会に恵まれた筆者（杉山）であるにもかかわらず、大きな（大きすぎる）難題であった。本書でも明確で論理的な分類基準を見出すことは出来ないものの、試行錯誤の結果としてまず大分類として、実学の追求を全面的に論じた著作群を第8章、政治との関連、次世代の交通研究への指針を示した作品群を第9章に位置付けることとする。

　次に細かな分類として、第8章では角本交通論の輪郭を示す本節（8-1）に続き、8-2ではモビリティからの接近として『人間と移動』（1975）、『乗物はなぜ高い』（1981）、『モビリティと日本』（1982）、『モビリティと異文化接近』（1993）を取り上げる。8-3では日通総研選書[1]としての「比較文化」、「マトリックス」、「類型」の視点での三部作である『交通研究の知識学』（1984）、『新・交通論』（1985）、『交通の風土性と歴史性』（1988）を紹介するが、三部作に先立ち1980年の『マトリックス発想法からの新風土論』を紐解くこととしたい。

　第9章では、9-1で交通政策への批判として『現代の交通政策』（1976）、『交通における合理性の展開』（1979）を、9-2で交通と政治との関連を論じた『交通の政治システム』（1993）、『交通の改革　政治の改革』（1997）を、9-3では角本自身の20世紀の交通を総括した『交通の未来展望』（1989）を眺めた上で、次世代交通研究者への指針を示した『現代交通論』（1991）、『交通学・130年の系譜と展望』（1997）、『常識の交通学』（1999）を扱うこととしたい。本書の第8章、第9章で一連の著作を追うこととするが、交通論一般でこれだけ多くの著作（単著）を残した研究者は他には存在しないといっても決して過言ではないであろう。

　筆者（杉山）のおおまかな理解では、古希までは交通研究の方法論とそれに基づく整理・提案が行われ、古希以降では交通を文化、宗教との

（1）　日通総研選書はこれら三部作に加えて、『交通の未来展望』（1989）、『交通の政治システム』（1993）、編著ではあるが『21世紀の交通』等がある。

関係において理解する方向へという特徴がみられる。もちろん、古希以前でも文化、宗教との関連の追求は行われているが、その傾向は古希を迎えてからより一層強くなっているように見受けられるのである。

8-2　モビリティからの接近

⑴　人間と移動

　交通論一般についての最初の著作は『人間と移動―明日の交通を考える―』（1975.9 中公新書）である。交通の本質を明らかにするためには、輸送サービス供給側の論理ではなく、交通行動を発生させる主体の側に立って「移動」を考えるのが適切であるとの主旨からのものであり、その構成は次のとおりである。

　　まえがき
　　1 章　地球に人間がいっぱい
　　2 章　時間との戦い
　　3 章　自家用車時代の交通産業
　　4 章　希望とその実現
　　結語―移動の自由

　1 ～ 3 章は氷河時代から今日までの長い歴史を辿っているが、それは交通研究での問題点の摘出とその対策のためであり、同時に初心者向けの基本的事項（制度、交通企業・交通産業の実態）を多くのデータの裏付けでの解説も試みられている。1 章では今日われわれは生存のための 2 つの条件である安住と移動に極めて恵まれているものの、すでに「鉄道の時代」は過ぎ去り、自動車時代になっているが、旧市内、中心都市

内の人口、就業人口は増加しなくなったこと、航空機も土地によって使用が制限されることが、今後の交通政策を考える上で極めて重要であるとされている。2章では1960〜75年の15年間に、時間との戦いのために高度の移動能力を獲得したこと、そこには自動車の普及が大きく貢献したこと、3章では公共交通の崩壊の事情がモビリティからの接近という視点で述べられている。4章では「実学のすすめ」、「運賃に理論はない」、「混雑の国際比較」といった項目が主要テーマとなっている。とりわけ、運賃＝原価の原則は一見極めて常識的なようでいて重大な欠陥を持っていること、標準原価、公正報酬は最後は誰かの価値判断であること、限界費用原理は現実の計算に移すことは公共交通では不可能であり、実務に永久にのらないこと等から運賃に理論はないと断じ、今後の方向は①運賃、サービス供給の自由化、②運賃抑制分の公共補助（正確には公共補償）の2つのうちの1つしかないとしている。応用経済学の立場から運賃・料金論を研究する者（筆者（杉山）もその一人）にはいささかショッキングとも思える角本断定であった。国際比較をする際には、比較対象を明確にすること、外国の数字だけを直輸入することは危険であることが説かれている。なお、宇宙開発は国家の威信がかけられていることから民間の採算ベースではできないとされているが、直近ではアメリカでは民間ベースの試みがなされていることを付言しておきたい。時代の変化を先取りするのが難しい1つの事例でもあろう。事実を丹念に追い、問題解決を志向した同書はその角本交通論の基調になっていると解釈されうるのである。

⑵　**乗物はなぜ高い**

　モビリティを高めるためには運賃も高くなることを説いた『乗物はなぜ高い』（1981.4 玉川大学出版部）は、「モビリティが成熟するまで矛盾に気付かなかった」ことの解明で、交通の成人病対策―そのことをまとも

に扱った本は少ないとのこと─、将来展望につながるとの問題意識から
著わされたものである。同書はそのことを勧告した「まえがき」、序「な
ぜこの本を書く」、乗物は高くなるといった過去の発想を転換すべきこ
とを説いた I 章「常識の逆転」、その転換の必要性は先進国共通の課題
であるとする II 章「背景─急進の130年」、転換の遅れから国鉄に発生し
た III 章「赤字"1 兆円"」、鉄道は衰退、自動車・航空・海運も楽観は許
されないとする IV 章『モビリティの成熟』、今後は時間をかけて堅実に
交通の諸施策を進めるべきとする V 章「遅くても堅実に」、運賃は高く
なることを認識すべきであり、そのためにはあきらめの決断の徹底化が
必要であるとする「むすび」から構成されている。

　"これからの乗物は高くなる"のはやむを得ないとする出発点を、ゲー
テの『ヴィルヘルム・マイスター』での「制約を知らざる活動は、それ
がどんな種類のものであれ、結局は破産に陥る」との省察に求めてい
る。角本が40年間（同書執筆の時点までの40年間）交通を眺めてきたこと
の実感でもある。II 章で角本は、自身の国鉄時代の反省から後に「今
後、交通に入る人はまず歴史から始めることを薦めたい」（1990年の論文
「20世紀から21世紀へ」）と記しているが、歴史を正しく見ることの必要
性を自著『今日の都市　明日の都市』（1978）等で触れつつ強調してい
る。III 章は国鉄の赤字対策には、毎年の赤字をヨーロッパ各国（イギリ
ス、西ドイツ、フランス）にみられるように翌年に繰り越さないように
する以外方法なしと警鐘を鳴らしている。IV 章での「自動車王国」の将
来に対し、自動車一般論は空しいものであり、自動車に代わる新しい対
策、自動車のための対策も進みにくいというわが国の特殊事情の中で
は、自動車使用は主として石油輸入量によって左右され、自動車使用の
可能程度によって公共交通の利用が決まるとする角本見解が示されてい
る。実質的な終章である V 章では、陸海空を眺め終わって1980年は日
本の交通政策での重要な転機の年であること、今後の交通政策には"あ

きらめの経済学"で対処可能なこと、1980年の財政危機を在来の交通
体系を反省・整理するのにこの上ない機会とすべきではあるが、建設国
債も収益のない事業では将来の納税者の苦しみになるだけであること、
道路整備五箇年計画（1979～1982年）へは批判が否めないこと、道路公
団を国鉄の二の舞にならないようにすべきこと、地方の時代には地方中
心都市への人口集中と交通への賢明な配慮が望まれることが唱えられて
いる。このうち、道路公団論は本書第7章の付論で筆者（杉山）等の自
説を示しておいたが、建設国債もすべてが納税者の負担とはならない、
むしろプラスにもなりうるという解釈から角本説と同じではない。ま
た、道路整備五箇年計画にも、実証研究に裏付けられた主張もありうる
ことを付記しておきたい。[2]

(3)　モビリティと日本

　現実遊離の在来型交通論批判への自らの対応を試みたのが『モビリ
ティと日本』（1982.4 早稲田大学出版会）である。本来『交通論』とすべ
き書名を『モビリティと日本』としたのは、交通の本質を明確に表現し
たかったことと、このモビリティがわが国の今日までの発展に関与した
経過と今後にもつ重要性を強調したかったからであるとしている。内容
は3部構成であり、第Ⅰ部「モビリティと社会」では交通が文化・経
済・政治に果たす役割を示し、これら3者は交通を通してみるべきこと
が述べられている。第Ⅱ部「資源の投入とモビリティの産出」では交通
需給の仕組み、政治の無理がそのまま国民の重荷になることが取り上げ
られ、第Ⅲ部「交通体系の評価」では今の交通手段・交通体系が満足す
べきものであるか、政策はいかなる責任を負うべきかが論じられてい

（2）　道路整備五箇年計画に関する経済分析には、佐々木公明・国久荘太郎『日本
　　における地域間計量モデル分析の系譜』（2007.5 東北大学出版会）に、理論・実
　　証研究が詳述されている。

る。この構成も確かに従来の交通論、交通経済論にはみられない特色である。

第Ⅰ部に先立つ序論「日本の関係位置」では交通の発達が今後の日本に与えた 4 つの課題として

① 　今後、交通体系をどのように形成していくべきか、
② 　交通がもたらす損失にどのように対処するか、
③ 　国際社会における他の勢力への対応をどうするか、
④ 　外国情報の正確さを確かめるとともに、今後流入する知識をいかに体系付けて受け入れるか

を挙げ、結語「モビリティと未来」で解答を示すといった形が採られている。結論を先取して示せば、課題①へは今後の進歩の可能性は極めて小さく、現在の水準を維持すること自体が大事業であること、②へは現在まで有効な方法は見つかっていないこと、③へは日本の今日のモビリティはもはや大陸内の小国と同じであり、その発達が一国の存立に響くこと、④へは情報発生の根源にさかのぼって、その発生理由、発生させた地理・歴史の事情を確認することであるとしている。

第Ⅰ部での注目すべき論述は、モビリティ増大の経験法則の 1 つの中で、モビリティ増大を支える条件として利用者負担か納税者負担かはその時代・その地域の特殊事情によること、モビリティ発展の 4 段階では現在は交通の停滞・低成長段階にあること、研究者のモビリティが高まった結果として学問の進歩が見られたこと、文化波及の 4 つの力、すなわち押し出す力、通す力、吸い取る力、続ける力の中で、モビリティは通す力の役割を果たしていること、交通体系は長い歴史の所産であり、その修正は不可能に近いこと等に見られる。また、地域社会拡大には 3 つの経験法則が見いだせるとして、その 1 ［モビリティと国土］

では①国家は国力と交通の相関した形で崩壊していくこと（例、古代の
ローマ帝国末期）、②強大な国が内部の交通体系を整備すればますます強
大になること（例、盛時のローマ帝国、ヒトラーのアウトバーン整備）、そ
の2［国土拡大と中心都市の膨張］での100万都市、中でも東京は世界
一の規模（ただし、東京区部でみれば人口減少）であること、その3［地
域構造と交通の歴史性］では高密度地域ほど新技術の採用に困難が大き
いこと等の指摘は、角本独自の研究体験に基づく法則であり、含蓄に富
むものであると言ってよいものである。

　供給組織とその問題点を綴った第Ⅱ部では、「費用と効果」、「供給と
需要」、「費用の回収」の3章から成り、ここでの構成自体は従来型交
通論にみられるものに近い。「費用と効果」の章では、まず1975年の産
業連関表から、13項目から成る運輸部門で大きな特徴として、自家用
旅客自動車輸送が産業部門から購入する額（中間投入）が4.3兆円、貨物
自動車輸送で2.5兆円と大きく、これら2つで全輸送部門合計の半分を
超えることが指摘されている[3]。

　次に効果の測定に関し、交通計画が地域全体としては利用の多いはず
の施設であっても、当該計画付近の人たちはその整備に反対しやすくな
り、地域全体の賛成よりは狭い地区の反対が強く表面に出るので、地域
全体が反対との印象を与えるということになるとしている。また外部経
済に関しては、計画に個々の要因の貢献度を分離することはできないと
している。これらの点に関し、前者では角本は本書第7章7-1で見たよ

（3）　1975（昭和50）年表に先立ち1970（昭和45）年表について、運輸経済研究セ
　　　ンターでは自家用自動車部門を産業部門として取り入れた産業連関表としての
　　　新生産者価格評価表を作成、分析を行っている。（運輸経済研究センター『自家
　　　輸送に関する投入産出調査報告書』(1976.3)）同報告書は内部資料であるにもか
　　　かわらず、筆者（杉山）は当該研究会に委員として参加していた関係上、同報
　　　告書を保有、活用している。

うに道路整備では 6 割が反対であるとの世論調査の結果[4]を尊重している。その内容を問うものとして、高速道路に関してであるが、われわれは「国民の大半が高速道路のこれ以上の整備に反対であるとの世論調査が報告されることがある。しかし、回答者の扱いに留意すべきであり、すでに高速道路を確保した地域の人々とそうでない人々の意見を的確に把握しうる工夫が行われなければならない。高速道路既存地域の既得権に立った調査は公平な民意を示しているとはいえない。100個のパンを入手する計画で90個を手に入れたなら、あとの10個はそれほど値打ちがない（限界効用の逓減）ということはできるかもしれないが、100人にパンを与える計画で90人に渡したから、あとの10人に渡すことには価値が少ないということはできない。両者は全く性格の異なる問題である。水道の普及率が90％に達したからといって、あとの10％は水道がなくてよいといえるだろうか。有料方式であれ、他の方式であれ、効率に加えて公正の理念を実現する高速道路サービスの提供に留意すべきである。その際、資金制約を踏まえ、社会的費用対効果分析を行うべきである」（岡野行秀・藤井彌太郎・杉山雅洋『よりよい有料道理制度のために』(2001)）とした[5]。角本の『モビリティと日本』で示された主張と通じるものがあるのではなかろうか。後者の指摘に関しては、手法的には特定の変数を固定して試算を行う counter—factual simulation があり、その精度を別にすれば対応も可能であることも付記しておきたい。

　「供給と需要」の章では、交通市場は市場財と非市場財が混在していることからも、公共財政の負担能力を準備しないまま、交通政策を進め

（4）　2001年の内閣府の調査で「日本の道路は、全体として、必要に応じて無理なく整備されてきたと思うのか」の問いに肯定派は35％、否定派が62％という結果であった。

（5）　日本交通政策研究会からの同報告書は岡野・藤井・杉山の共同執筆であるが、この引用部分は藤井のかねてよりの主張をほぼそのまま取り入れている。

ることが危険であること、モビリティは即時財であり即地財でもあるので競争は望ましいが、利用者のためには安定供給の必要があり、政府の関与の内容と程度が問われること、費用の回収では所得の再分配を交通を通じて実施すべきかどうかについては疑問が多いこと、費用負担の分担基準は見当たらず、その負担力も確認困難で、実際の制度はおおまかな妥協となっている等の角本持論が示されている。

　わが国の交通の特色と問題点を述べ、その評価を試みた第Ⅲ部では各交通手段の実態を示した上で、全国、低密度地域、都市の順で検討がなされている。道路交通、水運、鉄道、航空輸送の現状、特色、事業、今後の展望についての解説を行った最初の章に続き、「地域と交通体系」が地域別に論じられた章が用意され、そこには角本ならではの構想が示されている。全国の交通網を①利用可能性、②輸送能力の量の適正、③速さ・発着時間の適正、④安さ、⑤負担の公平の相互に関連する、時には矛盾する視点から具体的に論じ、低密度地域の交通確保では公共交通としてはバスを存続せざるを得ないが、バス利用の減少が続けば補助の増額と同時にミニマム基準の必要があること、離島航路は国民多数の合意により解決していくより外にないと述べられている。交通と都市構造では巨大都市の限界を世界で最初に示したのは東京であり、東京区部の就業人口は1970年代において伸び悩みがあることが示されている。「政策の適否」を論じた章では、交通における国や地方自治体の役割の重要性の理由を整理した上で、1971年の"総合交通政策"の追究は価値観の対立する分野では理論から回答が出るはずがなかったものと断じている。

　モビリティと未来についての結語では今が"日本の時代"として、序論での４つの課題への回答が示されている。

(4)　**交通と文化**
　モビリティ論として続く『モビリティと異文化接近─20世紀日本の

経験―』（1993.1 白桃書房）は、前著『モビリティと日本』から10年以上を経てのもので、交通論の書としてはいささか異色の存在である。1964年の海外渡航自由化によりもたらされたモビリティの拡大多様化で異文化との接近が図られたことに起因する「交通と文化」の関係の解明の試みであり、"異色の書"とするのは文化については深く考えてこなかった筆者（杉山）には理解の及ばないことが多いことからの私感でもある。同書を本章の8-2に位置付けるのはもっぱら"モビリティ"を書名[6]としており、さらにはモビリティを軸に論旨を展開している内容となっているからである。

　同書は3部10章構成で、第Ⅰ部「前史」は1964年の海外大量渡航になるまでの前史であり、第Ⅱ部「欧米文化の理解力の飛躍」は同書の本論であり、われわれが経験しつつある"理解力飛躍"の成果が示されている。同書の結論は第Ⅲ部「旅行と文化」でモビリティが文化の理解に果たす効果としてまとめられている。

　なお蛇足ではあるが、角本が使う"旅行"という語のイメージは、単なる観光旅行といった類のものではなく、実質的には外国の諸都市へのいわば検証旅行ともいえるものである。ゲーテ（1749～1832）のItalienische Reiseに『イタリア紀行』の邦訳が与えられていることからの連想では、角本の海外旅行も海外"紀行"とした方がふさわしいと筆者（杉山）には考えられるが、単に語感だけの問題であろうか。とはいえ、角本は自身の著書によってはゲーテ本を『イタリア旅行』とも『イタリア紀行』とも表現しているが…。

　第Ⅰ部では、鷗外・漱石の時代がはるかなるヨーロッパであったし、

（6）　同書は角本が懇意にしていた日通総合研究所の松下緑との討論を重ねた結果での角本自身の考えが示されたものであり、書名は松下案であると記されている。なお、松下は多くの文献に精通した人であり、角本の良き相談相手、議論相手であった。

1930年代までの進歩もなお遠かったとしており、海外渡航が限られた人々のものであった事情と、鷗外・漱石に加えて中村正直、内村鑑三、新渡戸稲造、岡倉天心といった先人の苦心談が綴られている。その中で、内村鑑三がカーライルの40冊の本より彼自身の生涯に価値があったと話したことを紹介しているが、角本の最後の言とされる「わが生涯に悔いはない。やりたいこと、やるべきことはすべてやり遂げた。皆さんありがとう」（2016.2.15 長男角本繁氏の書状）に思いの一部を重ねるのは筆者（杉山）だけであろうか。あるいはいささか強引すぎる憶測であろうか。

　第Ⅱ部は第3〜4章で、同書の時代区分を近代（1789年のフランス革命から）、近世（1492年のコロンブスの大西洋横断から）、中世（476年の西ローマ帝国滅亡以降）とし、ルネサンスは宗教との関係からは近世というより中世に属すること、ルネサンスの作品とされる大部分は中世の枠の中で革新を求めたものと理解されること、都市を構成する原理原則はすでに古代で確立されていたこと、ゲーテの世界を扱った第5章ではゲーテが近世から中世の位置におり、ギリシャ思想とキリスト教のヨーロッパ文化の二大潮流に最大の関心を示し、彼からヨーロッパの全体像がみえてくるという意味でも重要な役割を演じたことがまとめられている。交通との関連でいえば、ゲーテは鉄道が普及する直前の時代に生きたが、ワイマール公国で道路建設監理官として熱心に活動した[7]。なお、ゲーテは上述の内村が評価したカーライルとは37年間在世を共にしたが、両者は文通のみであったと記されている。政治の思想と現実、経済と学問を取り上げた第6〜7章では、政治思想にはタテマエとホンネが一致していたとは限らないこと、外国の実態を知らずに書物を読

（7）　この間の事情は本書第6章6-2での注(4)に示したように、杉山雅洋監修・中田勉訳『アウトバーンの歴史—その前史から21世紀まで—』（2019.2 流通経済大学出版会）を参照されたい。

むのは非常に危険なことであったこと、南原繁の理想である「正義の国」を実現しようと努力しなかった国はなかったが、極端な不公平への体制作りの代表例が1987年の国鉄改革であったこと、独自の主体性をもって研究した高橋亀吉の経済学には賛同できるばかりであったこと、交通には理論はなく、あるのはおおまかな経験法則だけであること、現実自体を正確に把握する上では1980年代の運輸経済研究センターの「交通学説史の研究」への参加は良い機会であったことが綴られている。(「交通学説史の研究」には本書第10章10-1で触れる)東京と欧米巨大都市を扱った第8章では、1950年代の東京対策にはロンドンの復興計画は参考にならなかったこと、ロンドン、パリ、ローマでは都市の道路網が不規則ということでの共通点がみられ、この点でアメリカの大都市のそれとは異なること、東京はロンドン、パリ、ニューヨークより常住人口が2倍であること等の角本自身の長年の観察結果が示されている。

　第Ⅲ部は旅行の効果、交通と文化の展望の2つの章から構成されている。先に言葉としての「旅行」と「紀行」についての雑感を記したが、角本の文化に関する旅行の目的は①事実の正確な理解、②臨場感の体験、③主張の根拠の現地における理解であり、①、②、③は重なり合っているとしていることから、先の筆者(杉山)の「紀行」論への連想と結びつかないものであろうか。第9章では、旅行の機会がなければ文化の創造も理解も不満足なものに終わるという角本の認識で、同書が「文化と交通」を強調する論拠となっている。司馬遷、ヘロドトス、河口慧海、井上瑞、モンテーニュ、モンテスキュー、スミス、ゲーテ、カントの旅行史と共に、近世、近代の実証主義・科学主義の代表としてのダーウィン、さらにはルナン、勝海舟、福沢諭吉が触れられている。同書の終章でもある第10章では、第3次交通革命が起こりうる可能性は小さいこと、用語としての"文化"と"文明"の使われ方を示した上で、高橋亀吉の『経済戦略論』での「科学主義というのは、過去の

知識や他国の学問をそのまま尊重し、信奉することではなく、対象とする現実そのものに着目して、因果の関係を把握し、根本の原因を確認することなのである。この意味で実証主義の徹底に他ならない。それがヨーロッパの精神であった…」の文章で締めくくっている。高橋の主張は角本の持論でもある。

8-3 「比較文化」、「マトリックス」、「類型」での三部作

　角本交通論の方法論上の特徴は、演繹体系批判による類型学である。それが端的に示されたのが日通総研選書での三部作であるが、この三部作の原点ともいえるのが、これらに先立って公刊された『マトリックス発想法からの新風土論』である。ただし同書には既発表論文の引用部分も少なくなく、澄子夫人との共著というべき部分も多いという断り書きからも推察されるが、本書第1章1-2で触れた角本論文「20世紀から21世紀へ」での自身の単著を示した一覧表（別表）では交通論、鉄道・自動車、都市交通の分類での記載には入っておらず、（注）として「（1980年の）ほかに『マトリックス発想法からの新風土論』がある」とされているだけである。

⑴　マトリックス発想論
　1978年の『今日の都市　明日の都市』と同様に玉川選書として出された『マトリックス発想法からの新風土論』（1980.5 玉川大学出版部）は、日本文化の将来を論ずる前に知識体系の整理が必要であるとのことから、同書の筋書きとして3本の糸、すなわち第1の糸は角本自身の半世紀の経験を辿ること、第2の糸は日本文化の評価を行うこと、第3の糸は今後の日本は外国づきあい、あるいは文化形成にあたって、われわれ

はどのような知識体系を用意すべきかを論ずることであり、第 3 の糸が
目的であるとしている。この意味では本章8-2での『モビリティと異文
化接近』の前に扱っておくべきだったのかもしれない。マトリックスは
類型の原点ともなるべきものであり、以下（本章8-3）で紹介する『交通
研究の知識学』との関連が深いとの解釈から、便宜的にここに位置付け
たことを断っておきたい。

　同書の構成は

　まえがき
　 I 　夜明け前—少数専門家の時代
　 II 　大衆接触時代の一体験
　 III 　日本文化の関係位置
　 IV 　情報洪水と地歴の使命
　 V 　古い都市を推理する
　 VI 　新しい大陸の推理
　 VII 　モビリティの将来
　あとがき

であり、IV章、VII章の一部、V章、VI章が既発表のものである。V章、
VI章は同書への書下ろし論文ではないため、本論とは幾分異質とも思わ
れる旅行体験記（紀行）―『世界の都市と交通』(1980) 参照とある―で
あった。

　 I 章は昭和初めまでの学問は極めて不十分であったが、和辻哲郎『風
土』(1935)、坂口昂『世界におけるギリシャ文明の潮流』(1917) が国民
に新しい目を開かせてくれたものとの見解を示している。

　 II 章では18世紀までが徹底した文献主義と思索が基礎となっていた
のに対し、19世紀以前と20世紀ではモビリティとマス・メディアの程

度が極端に違ったという意味での大衆接近の時代とし、各国・各都市の交通体系がその地理・歴史の特徴を反映していることを自らの体験から見出し、日本歴史と西洋歴史の並列は誤りであったとしている。

　木の文化である日本文化を、永久を願う石の文化にはない考え方と位置付けた第Ⅲ章では、多様性は最も尊重すべきことであるが、そこには空間と時間との配分の工夫が必要であること、東洋と西洋の文化を融合するというより、豊富な多様性の中での相互の理解を深めていくべきであることが説かれている。高密度社会の国際比較も角本独自の観察によって行われている。

　Ⅳ章では第3節「マトリックスのすすめ」で、ひとつの物事をタテ・ヨコの座標軸で眺め、歴史と地理との交点におくことを推奨している。ゲーテほど外国旅行から成果を得た人は少ないこと、日本、中国、ギリシャ・中近東、ヨーロッパ（イギリス、フランス、ドイツ、北欧）の物語の地域軸、時間軸で整理している「物語のマトリックス」の表は興味深い。（表-6参照）その上でⅠ〜Ⅳ章を、日本は経済力とモビリティを増大させ、大衆接触の時代に入って、過去の蓄積についても今後の情報についても正確に理解する努力が必要であると要約している。外国旅行は歴史・地理あるいは空間と時間のマトリックスで知識を整理する好機会であるとされていることに角本の主張が集約されている。

　Ⅴ章は1973年のイタリア、スペイン、Ⅵ章は同年アメリカへの旅の体験記である。古い都市と新しい大陸についての角本なりの問題意識と自らの疑問への解答を綴ったものであり、短期での旅行記としては秀逸であるが、マトリックスの手法によるものではない。

　Ⅶ章が同書の核心部分である。第1節「時と所」は『国際交通安全学会誌』1977年第1号（3月）の「交通研究のマトリックス―私の方法論」の引用であり、同論文は1980年に国際交通安全学会賞を受賞したものである。モビリティからみた日本文化論の将来への結論として、交通技

術の進歩は極めて遅い段階に入り、おそらく21世紀までは新しい交通
手段の名に値するものは実現しない、現在の交通能力の拡大はエネル
ギーに制約され、1980年代には若干の増加に止まるという主張である。
交通技術の可能性を道路交通、鉄道、海運、航空の行（ヨコ）と発着地
間での通路、輸送具、動力、運行管理、発着施設内作業の列（タテ）に
よる体系化を行った上でのことである。（表-7参照）交通の需給に関す

表－6　物語のマトリックス

		日本	中国	ギリシア 中近東	ヨーロッパ			
					イギリス	フランス	ドイツ	北欧
古　代		「浦島太郎」 (『万葉集』 などに名が 出る)		「うさぎとかめ」 (『イソップ』) 「シンドバード の冒険」 (『千夜一夜』)				
中　世								
近 世	16世紀		「孫悟空」 (呉承恩) 『西遊記』					
	17世紀					「シンデレラ」 (ペロー)		
	18世紀				「ロビンソン・ クルーソー」 (デフォー)			
	19世紀						「白雪姫」 (グリム)	「人魚姫」 (アンデル セン)

注　作者が創設する以前から物語があった場合が多い
出典：『マトリックス発想法からの新風土論』(1980), p.135

表－7　交通技術の体系づけ（例示）

	発着地間（本線作業）				発着施設内 作　　業
	通路	輸送具	動力	運行管理	
道路交通	建設・舗装			交通規制	パレット利用
鉄　　道	建設・舗装			ATC	
海　　運		大型化 専用化			
航　　空			プロペラ機 ジェット機		空港内の人の移動

出典：『マトリックス発想法からの新風土論』(1980), p.223

る知識のマトリックスで一番太い軸は時と所であることから、同書での節のタイトルを「時と所」としたものと推察される。蛇足ながら、そこで引用されているファラデーの「ろうそく」は昨今のわが国ノーベル賞受賞者にも刺激を与えていたのはわれわれの記憶に新しいことである。第1節に続いて、われわれが通りにくい、あるいは施設を作りにくい「堅い」空間を破る可能性が技術進歩であるが、モビリティは「硬直の時代」に入り、エネルギー制約を受けるようになっていること、硬直の時代の打開策として国際間の交通移動能力を増大すべきこと、具体策として東京、大阪以外の他の空港を国際空港として活用すべきことが説かれている。

(2) 類型化

日通総研選書三部作の最初は『交通研究の知識学—類型化への発展過程—』(1984.9 白桃書房、以下『知識学』と略称）である。日通総研選書自体の第1号であった。現実と理論の遊離を回避するために可能なのは個別の現象についての正確な記述と類似の現象の類型化であり、これら2つ以上に進むのは不可能なので、類型学による知識体系を基礎として、複数の可能性の中から1つの答えを選択する立場に変わることが交通政策を論ずる上では肝要であるとの角本長年の主張からのものである。書名の『知識学』は科学の本質や可能根拠、科学の前提、方法、限界などを明確にするとの意味で使ったものとされている。同書の構成は

まえがき
序章　交通研究への期待と反省
第Ⅰ部　交通の「理論」と現実
　第1章　求められる知識体系の可能性
　第2章　この不可知の世界

　第3章　宗教敗退の教訓と現実社会の特色
　第4章　経済学の非実証性
第Ⅱ部　類型による把握
　第5章　類型学のすすめ
　第6章　都市の構造と交通
　第7章　国土利用と交通
　第8章　費用負担の類型

となっている。第Ⅰ部は類型学が必要とされる背景を論じたものであり、第Ⅱ部が類型による把握と都市交通、全国交通、費用負担に例を求めての検討を行ったものである。同書の主要内容は1983年度の『早稲田商学』に発表した論文「学問における虚と実—その(1)経験科学としての経済学」(1983.7〜8)、「学問における虚と実—その(2)国土と交通の類型」(1984.1)と同論文への批判・回答をベースに単行本として整理したものである。「学問における虚と実」という論文タイトルからしても刺激的な角本見解にはこれらの論文に先立つ「交通研究の展望—学と現実」、『早稲田商学』(1982.10)に対するものを含め、筆者（杉山）が角本と同じ組織に所属していたという関係もあり、当時少なからざる研究者からコメント（感想も含め）を求められた。経済学批判には、ささやかながらも自分なりに経済分析に基づく実証研究に取り組んでいるとのことから、決して十分とはいえないまでも意見（愚見）を披露することはしたものの、宗教（同書第3章）関連には全くといってよい程返答に窮したことを今もって鮮明に覚えている。この意味で『知識学』も本章8-2で紹介した『モビリティと異文化接近』と同様、筆者（杉山）には異色の書と映ったものである。

　序章ではわれわれにとって可能な知識体系を、人間の知る限界、実証に裏付けられた自然科学の進歩、形而上学と宗教の信頼性の低下、法則

性の弱い分野では「類型」を設けるのが有利等の9つの項目に整理し、交通論ないし交通経済学では理論の追究には成功しなかったと断定している。

第Ⅰ部第1章では、研究側と実行側は不幸な断絶状態にあり、学問は事実を正確に把握し、類型によってわかりやすく整理し、国民に実態を示すことが望ましいとする同書の結論を紹介している。その際、交通における法則性の強弱は①地理的条件の差異、②歴史の蓄積、③個人の能力によって判断すべきであるとしている。理論批判の代表的ターゲットは運賃研究に向けられ、J.A.シュンペーターの交通論批判、佐波宣平の業績に対しても、運賃理論は全く不毛であったとしている。現実を正確に知り、類型の立場を強調することが同書の目的であることが繰り返し述べられているのである。不可知論agnosticismの立場からの第2章は、ドイツの哲学者のカント、フィヒテ、ヘーゲル、シェリング、ショーペンハウワーに触れ、哲学も経済学も見捨てられる危険性のあることを指摘している。第3章では非実証性・非収束の知識体系である宗教の敗退（江戸時代に仏教の退潮）を経済学は教訓にすべきであると示唆しているが、「制御困難な社会」を誕生させてしまったこととの関連性は、筆者（杉山）にはその主張をそのまま（無批判に）受け入れざるを得なかったというのが正直なところである。その中で、わが国の都市構造がヨーロッパの中世都市、米国の都市と異なるとの指摘には実感としても同意できた。

経済学批判の第4章の基幹を非実証性に求め、規範的経済学normative economicsへの評価にほとんど触れられていないのは、社会的合意のベースとなるべき実証分析への不信からのものであろう。経済学の本質的な進化への危惧を示した理論経済学者稲田献一が引用されているのは、後の稲田・角本対談（本書第10章10-2で紹介）への1つの黎明となったのではなかろうか。その一方で、費用曲線等の計測不能性、予測の困難性、換算の難点（費用／便益分析）などに関しては、経済学者からは一家言

もありうると考えるのは筆者（杉山）だけの推論に過ぎないのであろうか。経済学の現実への接近方法として①実態と経済学との結びつきの現状の調査、②理論の実用化による障害の発見、③実用可能の観念のみによる経済学の設定、④この（現実と結びつく―杉山の推論）経済学の適用模範例の提示としていることは、今日でも傾聴に値するものであろう。

　以上の主張を具体的に論じたのが第Ⅱ部である。第 5 章での論述が角本流類型学の骨子である。類型学を「現実を類型によって把握し、あるいは現実に存在する類型を明確にすることによって成立する知識体系」とし、この意味で交通企業の推移において教科書の運賃理論からの主張は全く役に立たなかったこと、国鉄の前例からみれば日本道路公団の1972年の全国料金プール制は企業経営を困難に陥れる改悪であった[8]ことを例示する。類型の設定には①主観からの産物の類型化は社会判断に委ねるしかないこと、②類型に入れられない部分が残るのですべてを説明し尽くせないという 2 つの問題点はあるが、それでも類型は有効な手法であると説く。その際類型の留意点として、①対象が含むすべての事項を類型の中で説明するのは誤りになりやすい、②対象に内在する成長力あるいは変化していく力を見落としてはならない、③類型は理想とは異なる、④新規の試みを既存の類型がないからといって押しつぶしてはならないとまとめられいる。

　第 5 章が第Ⅱ部での類型学についてのいわば総論であるのに対し、第 6 〜 8 章が類型学の各論、具体論であると位置付けられる。第 5 章

（8）　日本道路公団の全国料金プール制への変更は、国鉄の全国一律運賃制との対比で改悪とされているが、筆者（杉山）は理論的には画一料率制は路線別料率制より経済厚生では劣っているものの、ネットワークの形成が国鉄のように全国に行き渡っていない段階では、政策上の意義はあったと解釈している。ネットワーク整備の目標値（角本はそのこと自体を問題視していると推測される）に対する達成度という点で、両者を同じ類型とはみなしえないというのが筆者（杉山）の解釈である。類型の対象範囲の差であるともいうべきなのかもしれない。

は都市交通版であり、日本の都市の特色、東京の高密度を示した上で、地球上すべての地域を通じて、都市の規模や都心部の比重により交通体系は類似点を示し、それに着目した類型が可能になるとしている。ヨーロッパではパリ型とロンドン型があり、東京、大阪の鉄道網はロンドン型であること、「過去の支配」という類型では交通体系が過去のものである都市と過去の施設の累積が今日の都市構造を拘束している都市の2つがあることが示されている。自動車時代の都市の類型ではJ.M.トムソン5類型の紹介、論評が行われている。巨大都市の膨張、自動車の利用に関しては、それが有利と判断される限り抑制困難であり、不利であれば規制がなくても止まるし、東京はトムソンのC型（鉄道網に依存）のままほぼ現状維持というのが角本の予想である。

続く第7章は全国交通版である。交通体系の日本型と西ドイツ型（第2節）、都市配置の周縁型と中心型（第3節）、地域への影響（第4節）、メガロポリス論（第5節）が検討されている。第2節では内陸水路の可能性の大きい西ドイツとわが国は全く異なる類型であること、第3節では周縁型に四国、スイス、中心型に北海道、フランスが挙げられること、第4節では地域の経済活動の命運は交通費用、所要時間の大小によって左右されること、第5節ではJ.ゴットマンの定義と逆説（交通市場では最大の集積でも、資金調達が困難）を紹介し、東海道メガロポリスも将来新幹線の追加による地価高騰、公害への反対という意味でのゴットマンの逆説はすでに実証されうるが、その段階でのメガロポリスの人口増加が弱まっているのであれば、この逆説を内在させたまま、交通手段の分担率も現状のまま推移するかもしれないと推察している。

同書の終章でもある第8章は費用負担の類型を論じた興味深い内容である。交通は費用「押しつけ」（内部補助、外部補助という意味で）の世界であり、利用者がその負担をしようとはしない場合の名目として「公共性」、「ミニマム」、「地域開発」が掲げられるが、これらはあいま

いな概念であり、社会の浪費につながることから、どのような類型が存在してきたのかの解明が必要であるとしている。その手掛かりにA.スミスの『諸国民の富』（『国富論』）が採り上げられている。18世紀の先進国が産業革命のもとにとりつつあった交通の類型を含んだ貴重な記述をしていることを評価した上で、運河、有料道路は料金収入による自立採算が好ましいとしたことに、料金収入プール制が政治によって強制されれば自立採算は望めないのではないか、運河と道路について公私の組織を使い分け、道路は公の機関に委ねるのがよいとしたことに、公共部門の非効率性（X非効率）は全世界で非難されているのではないかとの今日的視点からの疑問が寄せられている。また、費用負担は交通手段の発展過程、他手段との関係などによって違ってくるとの観点から、フェアとウィリアムスのライフ・サイクル論を改めて紹介した上で、交通手段の新旧交代は成熟期までの進展はその手段として生ずることであるのに対し、衰退期は主として後発手段の追い上げによってもたらされるとし、交通量と費用負担の変化を論ずるべきだとしている。わが国ではすでに衰退期に入った交通手段として乗合バス、旅客船と共に国鉄の旅客、貨物を挙げ、国鉄は採算不能な設備投資、運賃抑制が補償なしに強制されてきたという点では、国鉄のための類型設定は困難であるとしているが、需要減少部門でのサービス継続強制、放漫経営という特色を持つ世界の多くの国鉄と共に、これらの公共交通の極端な類型の代表に位置付けられるとしている。都市の公共交通にはこの国鉄を区別する理由が存在するとして、ヨーロッパのそれは「公有公共交通」であり、わが国では最近建設された地下鉄はこれに入るとする。「国鉄型」と「公有公共交通型」は財政負担、供給組織に非効率が発生しやすいとの意味で、1つの類型に含まれることになるというのである。現代の類型は「価格機構喪失型」であると同時に「公共部門主導型」であるとしている。最後に「再び経済学の有効性」（第7節）を問い、「学問が事実を正確

に把握し、類型によってわかりやすく整理して、国民に実態を示すことが望ましい。それ以上は国民の側の政治判断による。学問に可能なのはこの範囲までである」と結んでいる。学問における虚と実の結論である。

(3) 新・交通論

『知識学』がその必要性を強調した実学の体系化を試みたのが『新・交通論─実学体系─』（1985.7 白桃書房）である。新・交通論としたのは21世紀を論ずる時代に入り、交通学は新しくならねばならないとの視点からのものである。そのためには①現実の改善に役立つ研究であること、②従来のいわゆる「交通機関」に限定せず、徒歩や自家用車などすべての移動を対象とすべきであること、③交通は地域社会を位置付け、域内に機能を配置するための支持機構としてみるべきこと、④研究は古い方法の限界を認め、可能な方法に頼るべきであることという４点の必要性が説かれている。交通研究は「交通機関論」、「応用経済論」から脱し、「類型学」にとどまらねばならないとしている。従来の交通論のわかりにくさへの対処として、同書は４部構成をとっている。中目次は

まえがき─移動能力と社会形成─
序論　基本の予備知識
第1部　「交通」とその役割
　第1章　交通能力の成立
　第2章　交通能力増大とその影響─歴史の教訓─
第Ⅱ部　現代の実態
　第1章　交通体系
　第2章　現代に対する評価
第Ⅲ部　「理論」の系列
　第1章　研究の蓄積と整理の必要

　　第 2 章　　経済理論の応用
　第IV部　展望と課題
　　第 1 章　　総論
　　第 2 章　　各論

　というものである。各章には関連部門の項目を補足・解説する［付論］
が用意されており、語順での辞書風よりは初学者の理解促進には有用で
ある。
　本論に入る前に明らかにしておくべきこと、すなわち①今交通を研究
する意味、②地域による特殊性、③理想と現実の差、④価値判断の多様
性を踏まえるべきことを示した序章に続き、第 I 部は交通とは何かにつ
いての本質論を展開し、第 II 部では現代の交通の仕組みとその地域社会
との関係、現状の評価を行っている。第III部は実学の必要性から用意さ
れたもので、交通研究のこれまでの経過を振り返った内容であり、第IV
部では将来のための対策として何が必要であり、何が可能であるかの解
明が試みられている。前著『知識学』の趣旨に基づき、交通全体の把握
に必要な知識体系を示した同書の構成も、従来の教科書には見られない
ものとなっているのである。
　第 I 部第 1 章は交通及び交通空間（第 1 節）、技術の開発と合成（第 2
節）、各交通手段の長短と選択（第 3 節）についての角本なりの解説であ
る。第 2 章は歴史の教訓として、1960年代は世界の交通発達史におい
て記録すべき期間であったこと（第 1 節）、わが国では1970年代末から
「地方の時代」に入ったこと（第 2 節）、政治都市と経済都市の動向を見
極めるべきであること（第 3 節）、文化の普及には押し出す力、通す力、
吸い取る力、続ける力の 4 つが働き、それらの組み合わせが地域に
よって異なること（第 4 節）が挙げられている。
　第 II 部第 1 章では今後の交通計画には交通手段の選択の実態を把握

することが肝要であり（第1節）、交通手段を需要量と距離で判断すべきこと（第2節）が指摘されている。第3節では交通能力の所有管理に関連する制度と実態が多くの項目で解説されている。第2章では、わが国は高能率の交通体系を発達させてきたのは評価できるが、不満がないわけではないこと、国鉄の経営は経済学が用いてきた前提とは程遠いこと（第1節）が述べられ、第2節では「われわれが"理論"によって説明できることはあまり多くなく、現実はあまりに多様という外はない。事実の把握自体が困難である以上、演繹、帰納いずれの方法も障害が多い。…現状ではどのような類型が存在するのかの程度にとどまる。それ以上の説明はなお現実から遊離している」との角本見解が示されており、そこでは角本交通論の背景が要約されている。

　第Ⅲ部は角本の批判対象となっているこれまでの研究自体は、その評価とは別に筆者（杉山）には興味を惹かれる内容である。第1章第1節ではA.スミスからドイツ歴史学派（リスト、クニース、シュモラー）、鉄道経済学で名を残したデュピュイ、ラードナー、ラウンハルト等の業績が採り上げられている。なお、1870年代に成立したとされる「一般的交通理論」の代表者であるザックスに関し、筆者（杉山）は角本からザックスと島田孝一『交通経済学研究』の関係を調べるように依頼され、ザックスの大著 Die Verkehrsmittel を大学図書館から借りだし、解読を試みた。しかし、ザックス著は大著であることに加え、第1版が1878〜1879 Wien、第2版が1918〜1922 Berlin と旧く、使われていたいわゆる花文字交じりの文体は筆者（杉山）には何とも難解で、解読するには至らなかったという苦い体験がある。すでに富永祐治が『交通学の生成─交通学説史研究』（1943.3）で行っていた成果に委ねざるを得なかったのである。第2節はわが国の交通学の回顧であり、福沢諭吉、関一、小島昌太郎、増井幸雄、島田孝一に着目し、すべての時代を通じて運賃論が重視されたが、その結果は複数の可能性と価値判断を示すに

とどまり、判断は政治に任されることになったと総括している。海外旅行の自由化による国民の直体験が可能となった今日、大切なのは過去1世紀以上の研究のうち、何がどのように役立つのかの取捨選択を行い、残すべきものを整理して1つの知識体系を設定することと提唱しているのである。

　第2章が経済理論の応用についてであり、輸送サービスの財としての性質をまとめた（第1節）上で、価格理論に限界があったことからも、運賃の決定基準（収入基準、経済厚生基準、所得分配の公正基準など）にも研究者の主張が分かれ、そのいずれかの選択であるという記述のみであったことに物足りなさを示し（第2節）、新しい試みである費用便益分析、混雑税、ピークロード・プライシング等に関しては、理論や提案を時と所の条件を十分配慮してなされるべきことを提案している（第3節）。学界でのその後の研究成果に照らし、角本の提案を再吟味することが必要とされよう。

　第Ⅳ部は総論（第1章）と各論（第2章）という構成になっているが、一般に想定されるように総論で示す大要を各論で交通機関別に論ずるという形ではない。総論では、現代のわが国が解決すべき課題（第1節）、規制と助成の政策の手段（第2節）、総合交通政策の限界（第3節）を述べた上で、政策の誤りとして国鉄欠損の例が挙げられている（第4節）。第2章は通常のスタイルでの各論に相当するものが展開されるのではと予想されるのに対し、同書の各論では交通施設整備（第1節）、都市と都市交通（第2節）、国際化時代（第3節）となっている。角本の意図は総論での整理に照らし、交通計画、都市交通、国際交通を論ずべきだということであろう。次世代に託した結語として、交通部門においては法則性の発見は困難であることを認識すべきこと、かつての国鉄問題への研究者の消極的（傍観者的─筆者（杉山）補足）取り組みを教訓とすべきこと、交通への自然科学的接近態度を今後の研究者は改めるべきこと

を伝えている。

⑷　全国総合開発計画批判

　日通総研選書の3作目は『交通の風土性と歴史性─四全総から規制緩和まで─』(1988.1 白桃書房、以下『風土性と歴史性』と略称) である。前2著の類型学を提唱した『知識学』、類型学での制度、政策の説明を行った『新・交通論』では、地域の性質の解明が不十分であったとのことから、地域の性質の堀り下げを試みたものである。同書の「あとがき」で「今、私は自分の交通研究がほぼ終わりに近づいたように感ずる」と記しているが、筆者 (杉山) の推察するところでは、この一文は地域交通の代表である都市交通を念頭においたものであり、海外諸都市の歴訪が一巡したこと、さらには都市の職場・住居を交通の視点から考察してきたが、これまでの都市交通の著書、初期の『都市交通の基本政策』(1961)、直近の『都市交通』(1987) を振り返り、自らの疑問を解消したことによるものであろう。しかし、本書第9章でも示すことからも明らかなように、角本の交通研究は決してこれで"終わり"ではなかったのである。

　同書は、人間がそれぞれの風土の中で交通を発展させてきた経過と各地域に成立した交通体系の特色を論じた第1章、第2章と、その応用編として、最近のいくつかの課題についての角本の見解を示した第3章、第4章の4つの章で構成されている。

　第1章「総論」で、はじめに書名について、国土の諸計画や都市対策は風土 (自然の条件) と発展段階を考慮して設定されねばならない、交通の企業経営もそうであるとの視点によるものとの説明をした上で、交通地理学、交通史学の成果を活用すべきであると説く。角本は地理と歴史は本来一体であるべきと考えていたからである。交通地理学は19世紀前半、鉄道の普及とともに始まり、20世紀後半にかけていくつかの

一般法則を明らかにしたとあり、角本はその中から8つの法則を抽出している。『新・交通論』でも示した交通史に対する角本観は①交通手段の新旧交代は主として時間と費用による、②技術開発は技術者、起業家の利益追求と結び付くことが多かった、③通る者と通られる者の利害が対立する、④交通は権力者の態度に依存するというものである。地理と歴史を統合した中で一般法則を体系化し、現実理解の方法とすることが望ましいとするのである。

　第1章を受けて持続性と変化という観念を出発点にして行った第2章「発展段階の国際比較」では、成長がある段階で成熟に転ずる理由、成長から成熟への過程と成果が風土の諸条件に結び付いている事情、先進地域における現代の状況、わが国もまたヨーロッパに次いで成熟しつつある過程の説明が示されている。国際比較の対象としてまずアメリカを、次にヨーロッパ各国をフランス、イギリス、西ドイツ、イタリアを中心に取り上げ、ヨーロッパ人の基本原理として①行動は掠奪主義から階級支配、奴隷制、植民地支配へ、②組織は個が全体に先行する契約主義、③宗教では終末観であると整理している。ヨーロッパを模範として追いかけてきた日本は今日では人口高密度のゆえにそれ以上の硬直状態にあり、その中での全国総合開発計画（全総）に論評を加えている。

　1960年の全総は1969年の新全総、1977年の三全総、1987年の四全総と続いた。第3章「国土計画と都市政策」でこれらへの痛烈な批判が展開されている。そもそも1950年制定の「国土総合開発法」自体が「開発」と「保全」の矛盾を含んでいること、「産業立地の適正化」があいまいなままに使われていることを指摘し、全総は地域の特殊性を捨象すなわち風土と歴史を無視していること、新全総・三全総は客貨交通量を過大に予測していること（ただし、新全総での人口の予測値は評価できるとしている）、四全総は分散を至上命題としたが交通の改善が必ずしも分散に有利ではないことが問題であったとしている。全総・新全総では①交通が

大都市からの機能分散を促進すると期待されているのに、東京圏への集中がさらに進行した、②予定されていたほどの交通量が発生しなかったと振り返っており、四全総での「全国1日交通圏」構想は地域性を無視したものであったとしている。第3章では四全総が新全総・三全総でも強調された多極分散による東京対策であったのに対し、角本独自の「東京論」を現状分析、対策の発見に分けて示しているが、その基本的考えは「人口の分布や機能の配置は自由主義国では国民各自の判断によることで、政治行政がそれを修正するのが難しい」というものである。

　多極分散を目指した四全総の期間にも東京集中はさらに進行したが、その内容が問題であった。1960年代後半から東京区部での就業者の増加数（率）が小さくなり、周辺15区では1970年代に微減となった。1980年代前半に久し振りに増大に転じたが、第3次産業の増加が主たる要因であった。四全総が制定された1987年時点で、東京区部でオフィス増加を肯定し、しかも地価を抑制せよというのは不可能を要求する政策でしかなかった。オフィス計画には住宅と交通の両方の計画を同時に実行することが必要だとの立場からの批判である。世界の大都市との比較から、東京区部の特色は都心部においても周辺部においても利用密度が高いことであり、巨大化した東京区部の就業者数は伸び続けるのかの問題に対しては、1980〜1985年の5年間で増加の反転はあったが、都心4区と周辺15区では傾向が違い、周辺15区では減少傾向にある、産業構造の変化による増加は続くものとしても、地価の高さ、交通能力の限界により増加は困難との回答を用意している。続いて、角本自身の長年の疑問であった「東京の電車はなぜ混雑するのか」に対しては、鉄道需要が極端に大きいためであること、以前の『人間と移動』（1975）でも用いた表現でもある「空間への敗北・時間への敗北」の項では、東京の事態は改善されるのか悪化するのかに関しては、局地では改善も悪化も起こりうるが全体としては大きく変化しないこと、通勤新幹線構想は提

唱後20年以上経った今日、東京ではもはや不可能であること、東京圏の唯一の可能性は30km圏より外方に職場を新設し、住宅をさらに追加して、両者を既存の鉄道、道路で結ぶこと等の分析がなされている。

　現状分析を受けての東京論では対策が論じられている。副都心構想には副都心の位置と規模が重要であること、とりわけ「臨海副都心」構想（1987.6）は東京対策としては問題があること、「多心化」論は誤りであること等の見方から、提唱されている東京対策は①全体像を捉えようとしていない、②定性の議論にとどまり定量の試みを怠っているとの批判を行っている。第3章の四全総との関連での結論として、東京区部内の就業者数を10〜20％程度区部外への機能分散を通じて実現させることが重要であり、区部内の多心化には実益が少ないとまとめている。

　第4章「経営と政策の地域性」では、交通業の経営は交通手段の地域性に基づくべきであり、さらに交通政策は交通手段と交通経営の地域性に立脚しなければならないとし、前者では鉄道貨物輸送の将来、後者では国鉄分割への賛否が具体的に論じられている。本書第5章5-3で扱った「鉄道貨物輸送安楽死」論（1975.8）を、「日本貨物鉄道会社」（JR貨物会社）が誕生した後（提唱の12年後）に振り返っている。ヨーロッパ、アメリカといった地域（国）と比較して同社の将来を論じた第1節では、その将来性に関して集配・積み下ろしの費用、戸口から戸口までの所要時間、発送到着の時間（時間帯）に留意すべきであり、鉄道は中距離輸送という一般常識を改めることが必要であるとしている。国鉄時代の1984年度において不利な輸送の整理、コンテナ輸送の拡大の経営改善策に転じたが遅すぎたとの見方も示している。角本が「鉄道貨物輸送安楽死」と名付けたのは、貨物輸送のための固有経費（個別費）を償うだけの運賃収入のあるもの以外は、規模縮小での人員整理の苦痛がない時期に廃止した方がよいとの意味からのものであった。この点からも推測されるように、鉄道貨物輸送の即時全廃を主張したのではなかったの

である。今後のためには①収支、②GNPと貨物トンキロとの関係、③新技術の貢献度、④外国との経営比較が課題であるとしている。国鉄改革への角本見解はすでに『鉄道と自動車』（1968）、『高速化時代の終わり』（1975）、『この国鉄をどうするか』（1977）に示されているが、1985年の時点で「国鉄分割への賛否」に関し日経新聞の経済教室で角本の「国鉄分割民営化を急げ―経営管理の徹底を　避けられぬ運賃地域格差」（5月23日）と岡田清「国鉄の地域分割に疑問―有機的連結を損なう輸送網重視した効率化を」（6月7日）を同書（第4章）に再録し、岡田論文の趣旨は国鉄の1985年1月案に似ており、角本の1968年の主張に通ずるものであるが、両者の主張が異なるのは1968年と1985年では状況の判断が異なるからだとしている。角本の考えはその時期の地域状況に適応させていくことであり、どのような組織にも長短があり、将来のある時期に今の体制もまた改変が必要になるというものである。

　第4章の最後に「政策の選択」として、交通政策に根拠を与えるべき「理論」は存在しないこと、規制政策も規制緩和政策も、各地域の風土と歴史の中で理解されるべきと結んでいる。同書での主張を要約したものである。

第**9**章

角本交通論Ⅱ─交通体系論

　角本交通論の主軸が実学であることの大要を第8章で眺めてきたが、この点では現実の社会に立脚すべき政治との関連が極めて深くなってくる。角本は政治抜きに交通を語ることは一面的になるので、これに正面から取り組むべきだとしてきた。本章では交通体系論として、交通政策と政治に関する一連の著書を紐解くこととする。現代の交通政策への批判、「合理性」の検討（9-1）から始めて、交通の政治システム、交通の改革と政治の改革の考察（9-2）に歩を進める。その上で、これら長年の研究を通して、次世代の交通研究に訴えた指針（9-3）に触れることにしたい。

9-1　交通政策への批判

⑴　交通政策批判

　角本自身の著作分類での［交通論］のジャンルにおける第2作目は1976年に出版された『現代の交通政策』である。同書は、交通は政策に依存するにもかかわらず、現実の政策には疑問が多いとの認識から、交通把握の体系と政策批判を示すとの意図で執筆されたものである。角本の数多い著書の中で書名自体に「政策」の文字が使われているのは、自

身の分類による［鉄道・自動車］での『鉄道政策の検証』(1989)、同［都市交通］での『都市交通の基本政策』(1961)、『都市交通政策論』(1975)にみられるものの、「交通政策」と銘打って独自の交通政策論を1つの書物を通して全面的に展開したのは同書だけであるといってよい。同書の構成は

　まえがき
　1　序論
　2　現代の位置─何がわれわれの課題か
　3　移動の本質
　4　欲求充足の組織制度
　5　交通政策
　6　補論　国鉄没落の教訓

であり、現代の政策課題を時代の流れの中で整理（第2章）した上で、交通サービスの需要と供給に関する基本的事項の解説（第3章）、制度・実態を時代に即して把握すべきこと、費用負担を論じ（第4章）、現実遊離であってはならないとする交通政策論（第5章）という展開のもので、この限りでは従来の「交通政策論」で示されてきた枠組み、流れと本質的に差はない。岡田清による同書の書評（1977.1.30 日経新聞）では、その特色を「「人と物の位置の変更としての移動」の視点から、それをできる限り容易にすることを以って政策の価値前提としていること、歴史的状況証拠を重視していること」と指摘されているが、同書の存在価値はこの岡田書評に象徴されていると言えよう。
　序論では、交通に関する立案の出発点は事実の確認にあるが、その把握は意外に困難であり、理解するための段階（他との比較、平均値の算出、時系列化）、理解をする際の留意事項（比較の背景の実態把握、交通だ

けの数字で考えてはならないこと、新しい情報の断片性・不完全性)を認識しておかねばならないと読者への注意を喚起し、理論の適用可能性は検証のための数字が得られないことから抽象の段階にとどまらざるを得ないとの角本見解が示されている。

第2章は移動と定住の歴史的発展、交通飽和社会の出現が論じられ、前者では交通に不利な所が永続的に繁栄した例はないこと、後者では交通飽和社会ではGNPほど輸送量は伸びないこと、現実の交通問題として交通事故、交通公害、輸送力不足、エネルギー問題が摘出されている。

第3章ではまず、移動の意識として、物理的制約としての空間と時間が対象となり、これらをめぐる基本的事項(交通圏、グラビティ・モデル、交通需要の弾力性、公共性と企業性等)の説明が行われている。所要時間の短さが選ばれる理由の1つに節約時間の転用が挙げられているが、その転用可能性はかつて「まぼろしの便益計算」(本書第4章4-1で紹介済み)で角本自身が指摘していたことである。交通政策は人々の希望が相互に矛盾することに対し、多数の国民が支持する妥協点を求めること、公共性と企業性の矛盾を救う道は企業の収支均衡が意味されれば存在しないとするのは角本の一貫した主張である。蛇足ながら、本源的需要にelemental demandの言葉を用いていること、弾力値が1の基準弾力的を不弾力的(unelastic)という言葉で説明していること、弾力性の計測には困難が大きいとしていること等には、本質的な問題ではないものの、応用経済学の立場からは幾分の違和感が拭えない。次に技術的可能性の選択ではその可能性がないこと、ライフ・サイクル説は興味深いがそこで展開されている5段階説はアメリカの鉄道の経過を説明するには有効でも、すべての手段が一様に衰退期に入るはずと考えるのは誤りであることが指摘されている。交通市場の解釈を「交通の需給は「交通市場」として捉えられるけれども、価格による競争的均衡がある程度

にしか実現できない分野である。公共交通において利用者負担が敗退し始めた今日、このことはさらに明確となった。この意味で交通は「市場の失敗」が指摘される。しかし本来、交通は他商品と同一の意味で「市場」が存在しなかった分野なのであり、一度成功した市場が途中で失敗したと解してはならない」としているが、これは第3章での主張のまとめでもある。

　第4章は制度、実態のデータを綿密に駆使した詳細な解説と、教科書的な運賃・料金論への痛烈な批判を行った2つの節から構成されている。前段の「自家用車時代の交通産業」では自家用車が普及している状況での公共交通論であり、変わりゆく時代の流れの中で論ずべきことが強調されている。「多くの制度、交通企業についても絶対に特定の形態でなければならないという場合は少ない」との一文にここでの記述内容が集約されている。後段の「費用の負担」には角本交通論の真骨頂がみられる。具体的には、イコール・フッティング論は考え方としては適切であっても、その具体的展開には困難のあること、限界費用価格形成原理は理論を厳密にするほど現実遊離を免れないこと、鉄道運賃での費用積み上げ方式、レートベース方式にも難点のあること、価格を決める前提の費用は価格が決まらないと決まらないという循環論法に陥ること、価格の決定は現実の企業の行動を追認するものでしかなかったこと等の主張にみられるのである。なお、老人のバス利用無料化、通勤・通学の割引になぜ所得再分配政策を実施しなければならないのかの根拠は疑わしく、歴史的に存在する制度の説明であったり、安易な福祉政策の感がないわけではないとの見解に筆者（杉山）も全く同意見である。

　第5章の交通政策には、これまでを振り返って「交通政策の展開」と、今後をも視点に入れた「交通計画」の節が用意されている。交通政策の展開では、大規模企業の弊害から東京の旅客交通企業が一元化されなかったのは今日的にみて利用者には幸いであったこと、1960年代に

はアメリカや西ヨーロッパにおよそ30年遅れて自家用と公共用という
異質の手段を調整しなければならない段階に入ったこと、自動車抑制論
は国民の多数の声とはいえないこと、交通政策の課題としていずれの時
代にも国力の限界の中で国民の公平な分担により国民の要求を調整しな
がらその実現を図っていかなければならないことが述べられている。ま
た総合交通政策に関して、「総合交通」という言葉が明確にされないま
ま使用されていることが多く、価値判断を含むものである以上、客観的
あるいは純理論的に決定できる性質ではないこと、総合交通政策が困難
だとすれば個々の課題を他の政策との関連を配慮しながら取り上げてい
くより外に道はなく、その際、輸送力の確保、輸送の効率化、安全の確
保、環境保全、負担の公平、国際関係等に留意すべきことが角本見解と
して示されている。

　「交通計画」の節では、交通計画そのものを東海道新幹線のケースを
事後的評価も含めて説明し、全国計画、地域計画への留意点と責任者へ
の戒めが説かれている。最後に交通政策に関し、国民全体で考えておく
べき項目として計画と自由、移動能力の確保を指摘して終章を閉じてい
る。

　補論「国鉄没落の教訓」は同書での発想を具体的に展開した場合の事
例研究として綴られたものである。新生JRの発足のほぼ10年前のもの
であるが、角本の国鉄改革論についてはすでに本書の第5章、第6章
で紹介しておいたので、ここでは同書の見解に基づく対策として、「運
賃に自由性を持ち、かつ採算可能な範囲だけに企業の責任を限定するこ
と」、「経営規模は巨大に過ぎるので、管理を容易にするためには地域分
割を検討すべきこと」の主張を示すにとどめておきたい。この補論は第
1〜5章を通読後改めて解読すると説得力が増すものである。それは
以前の章で国鉄改革の前段ともなる分析用具、分析結果が詳細なデータ
を用いて用意されているので、ケース・スタディーとしての補論だけを

単独で読むよりはるかに効果的だからである。

⑵　合理性の展開

　本書第 5 章5-3の注⑷でも触れておいたように、交通及び交通政策を研究する上で角本は鉄道院、国鉄の先輩の著作として

　　鉄道院『本邦鉄道の社会及経済に及ぼせる影響』(1916)
　　中山隆吉『鉄道運送施設綱要』(1928)
　　大槻信二『交通統制論』(1943)

を高く評価した。鉄道院著、中山著は国鉄の10年先輩の石井昭正の推奨によるものであったが（本書第 1 章1-2）、角本が旧い本だと早合点していた鉄道院著を手にしたのは国鉄退職後であったことを悔み、この教訓として今後交通に入る人はまず歴史から始めることを薦めている。角本に大きな刺激を与えたこの鉄道院著の検討対象を鉄道だけでなく自動車、航空機についても拡大したのが『交通における合理性の展開―現代の評価』(1979.8 りくえつ、以下『合理性の展開』と略称）である。広範囲な対象を扱ったものであるが、同書では不合理の代表例として国鉄が採り上げられ、国鉄政策が合理的な展開ではなかったとしていることから、本書ではこの『合理性の展開』を交通政策批判の書として第 9 章9-1に分類するものである。

　当時の運輸局長であった木下淑夫が中心となってまとめた鉄道院著を『合理性の展開』のⅢ章で、鉄道の社会経済に及ぼした影響の事実関係の資料が存在しない時代に、仙谷貢総裁の命により1916年 1 月に調査を開始、 9 月に脱稿、 9 か月間に上中下 3 冊、1,689ページ、付図 1 冊の大調査を成し遂げたものとして、角本は驚くべき努力であったと評している。この限りでは、本書第 4 章4-1で触れた後年のワトキンス調査

団の報告書の短期間での完成は筆者（杉山）には驚異と受けとめられたが、角本には別段驚くに値しなかったのかもしれない。『合理性の展開』では鉄道院著の全15章の目次と概要を示し、主要部分を漢字、仮名づかいを新字に改め読みやすくして引用した上で角本なりの解説を付していることから、旧字体に不慣れな後学の者には極めてありがたい配慮である。鉄道院著を「この報告書に書かれた姿は交通サービス供給側と利用者側の合理性の展開として理解できる」、「現代の目から見ても優れた業績であり、現代の経過を整理するのにもよい教訓になる」と高く評価しているのである。

　『合理性の展開』は合理性そのものの考え方を整理したⅠ章「合理性の理解」、全国交通体系が利用者の選択の結果として今日の姿となった過程を示したⅡ章「交通手段の選択(Ⅰ)—展開の流れ」、Ⅲ章「交通手段の選択(Ⅱ)—事例」、その都市交通版のⅣ章「都市をめぐる多様な合理性」、不合理な方向付けがいかに困難と負担をもたらすかを最近（執筆当時）の国鉄経営について論じたⅤ章「国鉄における転換の遅れ」、交通論議において迷信とタブーがはびこっているのかを取り上げたⅥ章「合理性を妨げるもの—迷信とタブー」、合理性の展開が行き詰った現代の評価を試み、交通体系は固定化していると展望したⅦ章「政策の展開と現代の評価」から構成されている。

　角本は常々現実の交通はモデル化するのに最も困難な、あまりに多様な現象であるにもかかわらず、このことからはるかに遊離した研究を行ってきた従来の書物に疑問を呈しており、①現代における合理性の展開を事実によって読者に伝える、②将来の読者に現代の事情を伝えるという2つの目的で同書を綴ったとしている。Ⅰ章では合理性に「合法則」、「合目的」、「合正義」の3つの場合があり、絶対唯一の妥当を主張できるのは「合法則」だけで、他の2つは相対の世界に属することと整理し、人間が理性（物事の道理を考える能力）を働かせて目的を実現し

ていく過程が合理性の展開であると説明している。その場合も多様な展開がありうるとする。「人間の欲望は非合理的なものであっても実現に役立つという意味での合目的な手段を追究、その手段は技術や経済の法則に忠実でなければならず、合法則性を持つ応用技術と制度が開発された。その際、制度において正義公正への配慮が求められた。これらがすべての分野における合理性の展開であり、交通はそのような分野の1つである」というのが角本のまとめである。合理性の展開の実行過程における着眼点として

① 交通にわれわれが望む要件の充足をどう理解するか、
② 交通が発地から着地まで行われるどの段階において改善努力がなされるか、
③ 各交通手段の構成要素としての通路・輸送具・動力・運行管理の相互関係をどう把握するか、
④ これら4要素の管理の責任主体の分立、相互協力をどう整理するか、
⑤ 費用と価格の関係のあいまいさを十分明確にできるのか

を挙げ、その追究が必要であると説く。なお、同書での現代の範囲は1950年からの30年間と設定されている。

　交通手段の選択を論じたⅡ章とⅢ章は、角本が主体的に関与した運輸経済研究センター『交通手段と交通政策に関する研究』（1979）での成果の引用をベースにしたものである。展開の流れを扱ったⅡ章での中心となるものは、鉄道、自動車、航空の輸送実績（旅客、貨物）の変化をデータで確認、利用者の交通手段の選択結果こそが合理性の展開であるとまとめている。事例研究のⅢ章では国鉄、自動車（乗用車、トラック）、航空、内航海運の距離帯別、地域別の時系列分析（貨物輸送では品

目別）が行われている。国鉄については前記鉄道院著の紹介と評価がなされており、貨物輸送での国鉄からトラックへの転換も利用者の経済計算によるものとのまとめがなされている。

　Ⅳ章はこれまで公刊した自著『都市交通・その現状と対策』（1956）、『通勤革命』（1966）、『都市交通論』（1970）、『都市交通政策論』（1975）、『今日の都市　明日の都市』（1978）等での研究成果、主張を活用して綴られている。第1節「合理・不合理の共存」は都市自体の性質、都市交通論の前提としての都市論であり、都市交通の合理・不合理は都市自体の合理・不合理の議論になるとして、具体的にはブラジリア、札幌を取り上げ、わが国の都市体系（1か国あるいは数か国を1地域とみた場合―例、地中海沿岸―の都市立地の分布、都市の機能分担、都市規模の大小など）はドイツ型と英仏型の中間であると捉えている。東京への機能集中は日本の国土にとって望ましくないものだけれどもやむを得ない現実であること、都市は多様な合理性の1つを実現したものであると主張している。第2節「百出した議論と現実の東京」では、東京を例に議論百出でありながら現実遊離の主張が実を結ばなかった経緯を振り返り、自身が過去20年間主張してきたのは、合理性による自動調節作用に期待し、弊害防止と供給能力増強に可能な限りの対策を講ずればよいというものであったとしている。巨大化を肯定する立場に立って1960年代後半以降を、角本電車ともいわれた通勤新幹線の構想をその批判への反論も含めて紹介しているのは興味深い。第3節「交通体系の都市構造への即応」では、各都市それぞれの都市構造に即して形成されてきた姿がロンドン、パリ、東京での具体例を通して確認されている。第4節「路面利用の多彩な展開」は自動車対策が路面利用について複数の回答を生み出しつつある過程を考察し、「混雑によって混雑を防止するというくらい、巧妙な合理性の展開はない」との角本独自の表現で結んでいる。

　Ⅴ章は『鉄道と自動車』（1968）、『この国鉄をどうするか』（1977）で

の見解、その後の状況をも加味して、最近10年間の国鉄では赤字不可避の新線建設への合意の欠如、合目的の意味での合理性が容易に展開しなかったことを具体的に綴っている。1977年12月の国鉄再建の基本方針でも、国鉄の発想がようやく現実味を帯びてきたことは認めたものの、現実認識は甘く、なお再建の亡霊に悩まされていたとの批判を行っている。「構造的欠損」の確定の方法は価値判断を離れてはあり得ず、この意味でも価値判断を嫌う学問には現実の解釈に無力が多いと嘆く。W.M.アクワースが1904年の段階で示した運賃論は現代の鉄道にそのままあてはまるとしているのは、現実遊離の運賃論を展開してきたとする学会への角本批判でもある。ちなみに、アクワースの運賃論はその後の土光臨調での口述（1981年）の際でも活用されている。国鉄改革に経営刷新がいわれるが、それは期待できないと判断しているのは、角本の国鉄時代の体験に基づくものであろう。刷新の出発点は政治と国鉄の関係を改めることだと指摘する。Ⅴ章での考察から、国鉄が転落してきた過程は合理性の展開とはとても言えない、それは国民に対する合目的性への判断基準がなく、不可能を強制する政治は経済合理性を欠き、不合理そのものであったからだと結論付けている（『現代の交通政策』（1976）Ⅰ章2節参照）。

　Ⅵ章は、合理性の展開を妨げるのは迷信とタブーであるとする、1976年発表の日本経済調査会の『50年代における交通政策の基本問題─交通論議における迷信とタブー』の引用、紹介である。公刊されたわけではない報告書だが、関係者には大きな反響を呼んだものである。角本に直接指導を受けた者はこの『迷信とタブー』は同調査会の主査をつとめた角本の執筆であると理解しており、たとえば運輸経済研究センター『交通学説史の研究（そのⅡ）』では、『合理性の展開』に同報告書が"再録"されていると記されているが、"再録"ではなかったことを認識している。このことは本質的な事柄ではないが、正確にいえば同報告書と『合理性の展開』のⅥ章とでは目次構成自体も異なっており、そのままの再

録というより主旨の引用、内容の紹介というべきであろう[1]。第 1 節
「手探りの中での意見対立と迷信」では、国鉄の貨物輸送の現状維持論と
縮小論（元国鉄常務理事の大塚茂の主張）を例に、1975年の閣議了解の現
状維持型が1978年縮小型に転じたものの、徹底したものではなかった、
現状維持論は誤りであり、この種の誤りを一括してタブー（禁忌）と呼
び、その打破の必要性を訴える。第 2 節「外国情報にも誤り」は外国信
仰から脱すべきこと、第 3 節「人間能力の過信」では、イコール・フッ
ティング論は価値判断であって理論ではないこと、総合交通体系論は存
在せず、これが存在するとするのは迷信であり、その限りではここから
永久に脱却できないこと、実現不可能な目標を掲げれば学問への過大期
待となり、迷信はさらに拡大されることとの警鐘が鳴らされている。第
4 節「迷信発生とその克服」では、迷信を改めて「ある目的に対して有
効ではないことを有効と信ずる状態」と説明し、その発生の原因と克服
の可能性が取り上げられている。目的と手段の関係は①事実の理解、②
知識体系の設定（理論）、③価値判断（目的、評価基準の設定）、④将来予
測　のいずれかの過程に間違いが入るためであり、①の具体例として西
ドイツのレーバープランへのわが国の理解不足[2]、②では運賃の理論研
究の現実遊離、③では一部専門家と大衆の判断の相違、④では将来予測
そのものが極めて困難で誤りが入るのは不可避であることが挙げられて
いる。今後の交通を考えるにあたっては"一面識"に陥らないことが肝
要であるとの指摘は、現代の人にとっても傾聴に値するものである。
　最終章のⅦ章では、「政策の展開」（第 1 節）において合理・不合理の

（ 1 ）　筆者（杉山）が『運輸政策研究』2016年春号での追悼「知の巨人　角本良平
　　先生を悼む」で「…、ご自身の名前では発表されなかったものの、まさしく角
　　本先生の手による『交通論議における迷信とタブー』…」と綴ったのは、この
　　ような事情による。
（ 2 ）　レーバープランの評価については　杉山雅洋『西ドイツ交通政策研究』（1985.4
　　成分堂）を参照されたい。

混在であったこと、政策と合理性の関連で重要なのは、その制度自体の可否と同時に適用が合理性を持つこと等を1945年以降5年刻みで振り返り、「現代の評価」（第2節）では合理性の展開は交通において行き着くところまで来たとされ、1970年代後半においては合正義、合目的、合法則の3つの合理性から評価し、合正義、合目的の点では次第に国民の判断が分裂してきたこと、合法則の面では合理性の支配が強いことが理解できるとまとめている。「合理性展開の力」（第3節）としての例を国鉄に求め、国民の要求も国の政策も可能と不可能を識別せず、人間の能力を超える要求をする不合理は失望を招くだけであったとの持論を展開している。その上で、21世紀に向かっての交通は「退歩を覚悟すべきであり、その際退歩の過程においては経済合理性（配給制よりは価格の活用）を特に重視することが望ましい」としているのである。

9-2 交通、政治の一体的研究—政治の責任と交通政策—

(1) 交通と政治

　角本は国鉄での現業、大学・研究機関での教育と調査・研究と交通の世界で縦横無尽の大活躍をしたが、大学時代は法学部政治学科に学び、政治学、政治哲学には精通していた。政治学史の泰斗である南原繁のゼミ生であり、自身の卒業後は南原の本来の学問領域とは縁遠くなっても、やはり政策論の最奥の部分は繋がっていると回顧している（「20世紀から21世紀へ」）。深い師弟関係は1974年の南原の逝去まで続いた[3]。

（3）　角本の身近で学んだ少なからざる人達（筆者（杉山）もその末席の一人）は、角本が学問の師として尊敬していた人物をあえて絞れば、南原繁、富永祐治、島田孝一ではなかったかと推測している。角本との対話の中からの推論に過ぎないものであるが…。

　角本は交通政策における政治、政治家の役割が機能しなかったことに直面しつつも、政治の役割の重要性を訴え続けてきた。政治を取り上げた代表作が1993年の『交通の政治システム』、1997年の『交通の改革　政治の改革』である。書名にも「政治」の文字が組み込まれていることからも、その意向がうかがえる。本書本章ではこの２冊を取り上げるが、これに先立ち1991年の『現代交通論』を紐解いておきたい。同書は自身のこれまでの著作（1975年の『人間と移動』から1989年の『鉄道政策の検証』まで）の要約であり、かつて自分自身が交通の世界に入ろうとした時、交通の世界を展望させてくれる本が見当たらなかったことへの不満とそれに対する自身の手による試み（回答といってもよい）である。本章でも次世代への指針を論ずる次節（9-3）に回すべき性質のものでもあるが、角本の交通政策論を政治との関係で理解する上では『現代交通論』を先に紹介する方が有用であると判断するからである。

(2)　臨床の知

　『現代交通論』（1991.6 白桃書房）の執筆意図として、自身の体験から読者に

① 　交通は種々の側面を持つ。個々の学問がそれぞれに解明する結果を合成して全体像を把握するのが交通学である、
② 　交通の実態は地域ごとに異なる。現状は長い歴史の中で選択されたものであり、その変更は成熟した社会では著しい困難を伴なう、
③ 　交通の改善は各地域社会の特色に配慮し、かつ地域の容量を足掛かりとして計画すべきである。そのために臨床医の態度と知識が望まれる

という３点を伝えたいからだとする。交通学を交通経済学の狭い範囲

にとどまるのではなく、各種学問の合成したものと捉えるべきこと、地域の実態を正確に把握し、空間容量の中で全体像を解釈すべきとする実学（「臨床の知」）追究の態度で臨むべきだとしている。

　同書は過去、現在、将来を扱う３部構成で、各部に４章ずつが割り当てられる（計12章）という骨組みになっている。交通に関連する主要な歴史と研究を振り返り、現在なされつつある活動を解説し、本来取るべき対策には「臨床の知」が必要であるという流れである。第Ⅰ部「現代に到達するまで」は、「交通の性質」（第１章）、「施設と制度は並行して発展」（第２章）、「経済面の議論」（第３章）、「時代の流れ」（第４章）から成っている。第１章は交通の性質を多面的に見るべきことから世間一般、専門家の発言、提言には合成が必要であり、合成の責任者としての政治の判断が要請されるが、政治が筋の通った行動をするとは限らないこと、理論と法則に固執して実態を直視しようとはしなかった学問自体にも責任があるとしている。交通政策への提言が採用、実施されるのには①種々の角度から探求したもの、②交通の性質を十分理解したもの、③実行可能性の根拠を示したものでなければならないとする角本年来の主張は後学の者への期待を込めた教えでもある。第２章では、明治以来の施設整備を港湾、鉄道、空港の順に地域の自然と社会の諸条件に左右されてきたことを辿った上で、交通計画の主要な問題点を①需要予測の可能性、②交通手段の選択の予測可能性、③建設費と収支の予測であるとまとめている。経済面からの検討を行った第３章は、前段で交通（経済）学は1880年ごろドイツで「一般的交通理論」を成立させていたこと、わが国の1940年ごろまでの研究は「交通機関」の創設・経営を中心とする実務型であったこと、経済学の進歩が交通経済学を通じて現実の政策や企業に貢献しているかと言えばまだそうではないこと、マルクス経済学の歴史解釈は現実を説明できなかったこと、近代経済学による理想追究は結局政治の判断となったとの整理がなされている。後

段の規制・調整の可否では「総合交通」は空疎な議論であったこと、競争か独占かをめぐっては実態に応ずる戦略以外に特別の理論があるわけではないことを指摘している。経済学による一般化は成功していないという批判でもある。第1章から第3章までで現代の課題と学問との距離を示してきたが、第4章では課題は時代とともに変化、初めの諸条件は1970年代の初めに似てきたが、学問が相変わらず解決策を示していないことが具体的実例を示すことによって述べられている。その最後に、能力不足の最大の問題とされた東京区部への通勤輸送では東京区部の就業者を1965年の規模に、あるいはその中間ステップとして1975～1980年に戻す必要があるとの角本提案を示している。

　いわば現状編の第Ⅱ部「交通の現実・研究の現実」は空理空論を避けるためにとの意図から、地域ごとに異なる実態、現在の体系を決める事情、不可能であった総合交通体系論、日独を中心とする国際比較、大都市での交通機関選択の実情、実態解明の方法、バラ色の提案には要注意について具体的に説明している。第5章では、運賃は地域の諸条件や交通手段ごとの特色を反映するので、画一化した価格理論で解ける性質ではないこと、費用と費用負担（価格としての運賃、納税者負担等）とを地域に関連付けて理解すれば空論を避けられることが説かれ、第6章では、資金配分は国民の大多数が困ることのないように行うべきこと、交通投資の目的は①各地域のミニマム交通の確保、②地域開発、③能力不足の解消だが、おのおのに吟味が必要であることが述べられている。1971年の総合交通体系論議は空疎であり、その失敗の後この種の議論がほとんどなされなくなったこと、さらに国内も国際も交通手段の選択はその地域に依存すること、大都市交通も利用者に評価される手段が選択されていくという意味での「引き算」によって決まることが指摘されている。第7章では対策が進まない理由が解明されている。専門家の発言にも疑問があるという事例は他の要因を考慮しないゆえに生ずるこ

と、学際協力の問題点として①方法論の異なる個別部門の協力がいかな
る意味において可能か、それには相互に他方の成果に依存し、利用しあ
うべきであること、②工学・法学・地理学・史学・社会学及び経済学の
合成である「交通学」の成果がどのように記述されるのか、何らかの主
張や提言を持ちうるのかを注視すべきであることが挙げられている。第
７章で興味深いのは10の設問として①交通事故、②タクシーの規制緩
和、③道路混雑、④通勤混雑、⑤物流、⑥道路整備、⑦新幹線、⑧コ
ミューター航空、⑨超音速機、⑩国際輸送に関し、そこでなされる主張
に他の視点がないのかをみていく必要があるとしている点である。そこ
には「常識はデータ、根拠に裏付けられたものなのかを常に問うべし」
という角本の真骨頂がある。第８章は「バラ色の提案には要注意」との
章題の下に、バラ色の提案が実現困難な理由は①目的意識が社会全体と
して、あるいは各個人において必ずしも強くないこと、②提案内容に整
合性や合理性が欠け、説得力が十分でないこと、③種々の障害（空間入
手難、環境保全の困難、需要が十分でなく資金調達が困難、技術における難
点の未解決、労働力不足、人間の能力の限界、エネルギーの入手難等）の克
服が困難であるとした上で、多極分散の交通体系、「第二国土軸」論、
「未来学」を批判的に取り上げている。バラ色に輝くのは難しいとの見
方からである。その上で、1990年代への過去からの重圧として①国全
体が1980年代までの欠損処理を負わされていること、②人口集中地区
の輸送力不足、③低密度地区での公共交通、有料道路の欠損の増大、④
1990年代での交通投資及び運営に基づく欠損の国民負担の４点とまと
めているのである。

　未来に対して持つべき態度を論述した第Ⅲ部「未来への足がかり」で
は臨床の知、情報の主体性、地域の変化、交通の人間関係が扱われてい
る。角本が常に必要であるとしていた「臨床の知」は「交通問題の解決
に当たっては実存主義の態度、すなわち地域の現実に密着し、かつ物事

の全体を把握する態度」の別の表現である。より具体的には中村雄二郎
『西田幾多郎』(1983 岩波書店) により①相互依存的かつ相互作用的に物
事を捉えること、②個々の事例や場合を重視し、したがってまた、物事
の置かれている場所を重視すること、③総合的、直感的に直截的であ
り、共通感覚であることとしている。そのためには机上の抽象論であっ
てはならないとした福沢諭吉、二宮尊徳の先人の主張と立場、近年に
至っては川喜田二郎、今西錦司の体験談を評価している (第 9 章)。次
に情報に対しては、①要点について知識を持つこと、②情報源の性格を
捉えること、③時系列的に地域ごとに整理しておくことが必要であると
する。まさに角本が実践してきたことである (第10章)。地域の変化、
将来を知るには、当該地域の地理と現代史の理解が求められるが、専門
家の交通地理学と交通史学はこの必要を満たす段階ではなく、各人が自
分で工夫しなければならないと手厳しい。その上で「類型化を経て、そ
の事象の一般的特性」に到達できるかは、ある事象の数と性質によるこ
と、近代経済学は計量的手法になじみやすいけれども、臨床の知を身に
付ける立場には社会経済的地理学が大切なこととしている。前者は都市
部付近で鉄道投資が不可能なのは現在 (執筆当時) のところ東京だけの
経験であり、後者は川喜田二郎の示唆からのものであると付け加えてい
る (第11章)。同書の最後で、すべての交通研究は「社会と交通」の相
互関係の中でなされねばならない、今後の交通対策と研究も交通が社会
に及ぼす作用、社会が交通に及ぼす作用の歴史を十分に認識した上でな
されなければならないと要約している (第12章)。角本交通論の骨格で
ある。

　なお、同書の刊行直後の1991年 7 月11日に、角本は日本交通学会関
東部会で「90年代の交通政策のあり方」と題して、同書の大要を報告
している。同書を紐解く上での参考までに当日の配布メモを紹介してお
きたい。

1　交通を見る図式

2　とるべき態度

　　臨床の知

　　情報の理解整理

　　地域容量に着目

　　交通と社会のプラス・マイナス関係の評価

　　交通計画への反省

3　「90年代」論

　　90年代の交通問題

　　90年代の枠

　　90年代への重圧

　　需要対策の必要

4　トピックス

　　多極分散と交通体系

　　第二国土軸

　　10の設問

　　物の見方

(3)　**交通と政治**

　角本交通論の大要を知った上で、政治とのかかわりを論じた2つの著書に歩を進めよう。これまで技術及び経済との関係で『新・交通論』(1985)、技術・経済との関係であるがそれ以前の著書の要約である『現代交通論』(1991)、文化との関係で『モビリティと異文化接近』(1993)を世に問うてきたが、最後に残ったものとして政治との関係での政策論が『交通の政治システム―需給コントロールの責任と能力』(1993.10 白桃書房、以下『政治システム』と略称)である。同書は以下に示すように角本

の政治への憂慮を綴った序章に続き、III部10章構成である。

序章　「交通と政治」に新時代を

第 I 部　過大な期待はやめよう

　　第 1 章　「政治」とは何か─機能不全になりやすいシステム

　　第 2 章　交通における政治の役割

　　第 3 章　長期計画は人間の能力を超える

第 II 部　政策運営への要望

　　第 4 章　技術合理性・経済合理性に立脚

　　第 5 章　市場原理の採用とその限界への配慮

　　第 6 章　国土の容量をベースに─ミクロとマクロの均衡

　　第 7 章　世論の尊重

第 III 部　現行政策を見直そう

　　第 8 章　鉄道復権論の危険

　　第 9 章　道路政策は熟年期

　　第10章　東京一極集中との対決

あとがき

　同書は1990年前後の数年間の動きを対象に、マスコミ報道、論評などを活用して検討を試みたものではあるが、そこでの論旨は今後も長く妥当するものとしている。用いられた論評はアカデミックな専門書ではないことからも、角本は現実に即した啓蒙書を意識したものと推察される。序章は交通にとり政治は不可欠の機能であり、基本の前提であるものの、環境基準無視の交通計画、資金調達が重い負担の中での整備新幹線の拡大などの無理をやめること、それを戒め説得することが望ましいのが政治本来の姿勢ではなかろうかとの期待から論を説き始めている。政治の交通への主張は①外国に比べてわが国が劣る、②混雑で困ってい

るから解決せよとの要求の2つの理由付けからなされることが多い
が、その論拠は明確ではないとする。政治への心配は①交通をめぐる利
権あさり、②国民相互の利害対立、③政治のロジックのおかしさ等にあ
り、政治はシステムとして機能しているとはいえず、むしろその能力が
急速に低下する心配があると憂いている。従来の交通の議論が技術か経
済かの立場でなされてきたのに、政治の立場を加えるべきというのが同
書の趣旨としているのである。その際技術合理性（自然科学の法則に合
致、人間の工事能力の範囲、環境基準の範囲）、経済合理性（費用負担可
能、費用最小に努力する組織の設定）の重なる中での政治合理性（費用負
担及び空間提供の合意、国民が納得できる政治行政組織の設定）を考えるべ
きであるが、これを地域に応じて検討すべきとの基本認識の必要性を説
いている。（図-3参照）

　政治とはどのような性質のもので、いかに判断能力の限られたものか
を取り上げる第Ⅰ部では、政治はその権力集中ゆえに腐敗しやすいこ
と（第1章）、交通は政治による利権行為が入り込みやすい性質を持つ
こと（第2章）、フィードバックの利く弾力性が大切であること（第3章）
が綴られている。第1章は政治の性質とその限界を政治学者矢部貞治
の整理を示した上で、民主主義政治は条理と道義によって国民の利害を
調整する相対主義になるべきものであること、官吏制度は民主主義下で
も民主的統制を排除する官僚制となり、政治は硬直しやすいこと、政策
提言は合理性からの逸脱に対する警告と実行可能な選択案の提示を行う
べきことを具体的に述べている。第2章では、政治は交通に重要な役
割を果たすが、鈍重であり、かつ時には間違いも違法もあること、交通
は技術・経済・政治を組み合わせたシステムであり、どう選択しても不
満足が残ること、可能性がないのに政治は安易に約束するが、事情が変
われば転換せざるを得ないこと、政治は責任者不明のままムードに支配
され、結果からのフィードバックが利きにくいこと、鈍重な政治にも改

図－3　三つの合理性

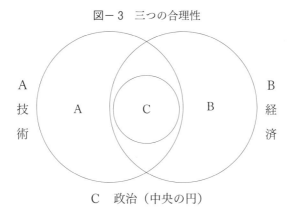

A
技
術

A　　C　　B

B
経
済

C　政治（中央の円）

A：技術合理性
　・自然科学の法則に合致
　・人間の工事能力の範囲
　・環境基準の範囲
B：経済合理性
　・費用負担可能
　・費用最小に努力する組織の設定
C：政治合理性
　・費用負担及び空間提供の合意
　・国民が納得できる政治行政組織の設定

出典：『交通の政治システム』(1993)，p.6

革と反改革があり、過去40年の経緯を受けた1990年代は困難な課題を
背負うこと等が内容とされている。第3章では、交通においても長期
予測は困難であり、1980年代からの規制緩和の結果はその好例といえ
ること、交通には市場原理が働かない部分もあるが、政策が成功すると
は限らず、政治の決断も遅いこと、20世紀前半に国鉄は路線延長に偏
り、幹線とくに東海道の輸送力不足を招いたこと、20世紀後半では国
鉄は営業範囲、費用負担、供給組織の判断を誤り分割民営されたことが
回顧されている。

　これらを受け、今後の政策運営にどのように要望すべきかを論ずるの
が第II部である。政治に対しどのような態度を要求すべきかについて、

政治は技術と経済の合理性、因果の関係を尊重すべきであること（第4章、第5章）、需要を交通能力に適合させる方向に発想を転換すべきであること（第6章）、事実の正確な説明が大切であること（第7章）が主張されている。第4章での論点は、政府は技術開発を支援するが、実験が成功しても経済性のない技術は採用されない、通路を作る土木技術の成否は建設費と需要量による、モーダルシフトの技術・空間の確保の大深度地下利用なども建設費と運営費が制約となる、『運輸白書』[4]は技術開発が試行錯誤であった経過を伝えるのが限度であったなどを踏まえるべきであるとされている。第5章は今後の政策運営への要望での経済政策とくに規制緩和の可否を論じている。そこでの角本のまとめは、制度・政策は地域ごとの需給の状況に対応すべきであり、固定すれば不都合を生ずること、法律の「適正」の判断は現実の多様な選択可能性に対し不可能に近く、論争は永久に続くこと、世界は現状改革（アメリカの航空など）と現状追認（わが国のトラック運送）の規制緩和を進めていること、交通事業は寡占、独占を発生させ、事後の規制を必要とするが、その際も判断の困難が大きいこととなっている。総じて政治の技術への関与はしばしば不成功であり（第4章）、経済についても同様（第5章）との見解である。第6章では、ミクロの活動集積はマクロの枠を超えて生活条件を悪化させ[5]、また逆に前者の能力不足も起こること、国土に残る最後の空間を奈良などは利用できても、東京、石垣島などにはもはやないこと、四全総による東京一極集中の促進は官庁計画にフィードバックが利きにくいこと、生活大国の理念は理解しにくく、かつ計画目標は明らかに達成不可能で「愚民政策」といえること、空間・

（4）　『運輸白書』はその後の省庁再編により2001年から『国土交通白書』に衣替えされた。

（5）　角本も指摘しているように、経済学で使われる「合成の誤謬」のことであろう。

環境・労働力・資金などの枠の中で供給可能な範囲に需要量を対応させるべきであること等が示されている。第 7 章では、マスメディアは意見の対立や「人」による偏向はあっても、政治への国民の意思表示と期待されること、リニア、タクシー、四全総などの例からみてマスメディアにも先見性の困難が感じられること、国鉄改革にはマスメディアの対立が続き、国民過半数の支持が先行し、推進力となったこと、道路交通安全対策のようにすでに手詰まりの場合にはマスメディアの努力も効果が限られること、キャンペーンは政治の場合も目的・手段が支持され、効果が得られた時初めて成功となること等とまとめている。

　『政治システム』での第 I 部、第 II 部での整理から、第 III 部では政府の推進している政策を鉄道（第 8 章）、道路（第 9 章）、大都市（第10章）ごとにどのように評価するのかの検討が行われている。鉄道復権論、新幹線を扱った第 8 章では、鉄道斜陽論も復権論も各路線の特色を見落としたという点で誤りを犯したこと、整備新幹線への1988年の提言（フル規格、ミニ新幹線、スーパー特急方式の 3 方式での決定、及び角本の1988年 5 月24日の日経新聞での主張[6]は社会全体の利益から今後もそのまま妥当すること、この 3 方式は妥協の産物であるが、それでさえ納税者には重圧であること、鉄道の役割は需給両面で狭められてきたことを認識すべきだとしているのである。道路政策の第 9 章は、20世紀後半での道路整備が国民の空間・時間の配分（スペース・シェアリング、タイム・シェアリング）に与えた影響は一般の想像を超えていたこと、道路整備が無限に増殖する[7]仕組のもとに、道路整備だけが異常に突出していく恐れが大きいこと、混雑・渋滞への経済学の提言は実施

（6）　1988年 5 月24日の日経新聞での角本の主張は、『政治システム』の第 8 章第 2
　　　節に再録されている。
（7）　道路財源を構成する制度と内容からは、"無限に増殖"というのは筆者（杉山）
　　　には納得しえないことである。

方法や費用対効果を市民が納得できるまでは支持されない等の見方を示すものである。東京を中心とする大都市を論じた第10章では、交通には能力増加に限界があるのに、政治はこの限界を無視し、拡張政策を改めようとはしないとの警告の下に、東京区部の就業規模（就業者はすでに1980年の段階で極端に大きくなっていた）はニューヨーク市の2倍という現実への認識がすべての政策の出発点であること、首都移転の効果と可能性には疑問が多く、その実現はあるとしてもはるかに先であろうということ、東京集中の傾向は政治が無謀な集中策を講じない限り今後は弱まる可能性があることという見解を示し、同書で述べられた経験に基づき、供給対応型政策への転換、需要発生源への対策を急ぐべきと提唱している。「あとがき」では、政治のあり方として①ただ1つ今現在でも確かなのは、単に高速化するだけの目的で需要の少ない地域に投資すれば、納税者への負担を将来数十年にわたって残すことである、②政治が投資拡大の方向転換の指導力を持つかどうか、③政治の鈍重さを市民、国民から追い詰めるべきと結んでいる。

(4) 交通の改革、政治の改革

　1996年の整備新幹線、鉄道運賃への角本自身の問題提起に対し、全く新しい、すなわち角本の希望に叶う解釈が示されたのが1997年であったことから執筆されたのが『交通の改革　政治の改革—閉塞を打破しよう—』（1997.7 流通経済大学出版会）である。前著『政治システム』に引き続き、交通と政治との関係のいわば国鉄版として論じようとしたものである。同書は

　まえがき
　序章　20世紀を脱却して21世紀へ
　第Ⅰ部　20世紀からの転換

　第1章　100年の軌跡

　第2章　「新幹線」をめぐる攻防

　第3章　運賃適正への模索

第Ⅱ部　次の世代へ

　第4章　経験法則に基づく展望

　第5章　JR貨物の将来

　第6章　JR旅客の将来

エピローグ　「説明責任」の時代

というⅡ部6章構成である。「まえがき」では、政治には状況変化に対応する能力あるいは自己管理能力が欠落してしまったことによる閉塞感を克服するために改革案を示すべく、同書が用意されたとの執筆動機が綴られている。

　序章では政治の交通への関与の主な理由、政治の特殊な性質、「整備新幹線」に代表される20世紀を一貫して続いてきた構想への改革の必要性、1997年1月20日の橋本龍太郎首相の施政方針演説、政治への国民の信頼関係の最悪の状態からのスタートによる改善方向が述べられ、実態把握が基礎であることが強調されている。

　20世紀における交通と政治の流れ、JRの最近の問題を扱った第Ⅰ部では100年の軌跡を振り返った上で、21世紀に向かって閉塞感をさらに高めることのないようにとの具体例として、新幹線、運賃が取上げられている。第1章では、これからは投資の拡大から縮小へ、規制の続行から撤廃へと変革すべき段階にあるとして、数年先を見通すのは困難であるという「視界ゼロ」は今後も避けられないことを前提に、事態の変化に柔軟に対応していくよりほかにないとして、いくつかの見解と事例を提示している。交通の閉塞感の理由として①投資先が見当たらない、②既存の運輸業の多くが需要停滞か減少に陥り、成長の夢がなくなった

ことを挙げ、道具（交通の機能は社会の道具）と目的のバランスを保つことが一般国民、政治家にも大切であるとしている。政治関与に公正と合理性の欠如として、1969年の新全総以来の政治の楽観論が国鉄の破滅を招いたこと、新幹線、高速道路の建設・促進には旧体制に利益を求める人たちがなお改革を拒んでいるという構図になっていること、20世紀の政治での技術進歩、需要予測、施設整備計画、投資効果、費用負担への対応は評価し難いこと、課題解決の体制として国際競争力の低下、過去の浪費の後始末、再び浪費が発生する危険、市場参入と価格への規制の弊害への対策が必要であるとしている。第2章と第3章は21世紀に向かって閉塞感をさらに高めることのないようにとの警戒のための具体例として新幹線、運賃を扱っている。これらについては角本自身がこれまでの著書ですでに綴ってきたことでもあり、「その問題点を熟知の方は第4章に進まれたい」との断り書きから、本書では『交通の改革 政治の改革』での骨格となっている節のタイトルを示すにとどめておきたい。第2章「新幹線をめぐる攻防」でのそれは

第1節　着工をめぐる新旧対立
第2節　全国総合開発計画は信用失墜
第3節　財源作成の対立
第4節　路線選定は先送り
第5節　新幹線推進のアナクロニズム
第6節　「政治」自体が危機
第7節　結実しない机上論
第8節　（補論）道路にも今や投資は重圧

であり、第3章「運賃の適正への模索」でのそれは

第 1 節　三島運賃の不可解

第 2 節　大手民鉄運賃の経過と斎藤、森谷の批判[8]

第 3 節　運賃算定の新方式

第 4 節　新方式の枠組み

第 5 節　算定方式にも疑問

第 6 節　規制を必要としなくなった現実

第 7 節　運賃への政府の態度と責任感

となっている。

　次世代のために用意された第III部は20世紀の経験法則の摘出、それに基づく具体例として今後のJRの可能な選択の提示を行っている。第4章では冒頭に2020年にJRは存在するのであろうかの問題提起として、鉄道機能は存在しても企業の形態は柔軟に発想すべきと、固定的に捉えることを戒めている。JRが2020年に存在するのかに関しては、本書の第6章6-3で紹介したように、このテーマに関する角本自身の見解を後に2001年の著書『JRは2020年に存在するか』で示すことになる。20世紀を振り返り、今後の交通に特に重要と思われる経験法則として、①歴史に短・中・長期の波、②意思決定の重層性、③政治行政の特別の予測能力への疑念、④交通政策への結果からのフィードバックの不存在、⑤資源の有効利用の観念の欠如、⑥政治行政の権力支配と企業の衰退、⑦成功は失敗の母、⑧欠損連続により企業は政治と癒着の8点を挙げている。①では短期は景気の好不況に左右されること、中期では2020年までは自動車との競争は大都市圏では安定、三島会社では輸送

（8）　批判の当該文献は
　　　斎藤峻彦『私鉄産業—日本型鉄道経営の展開—』（1993.12 晃洋書房）
　　　森谷英樹『私鉄運賃の研究』（1996.1 日本経済評論社）
　　　である。

量の減少が避けられないこと、長期では21世紀を通じて鉄道は存続することという見通しを示している。⑦は国鉄は1963年には史上最大の利益を出したが、翌1964年1月の池田内閣の公共料金凍結で足をすくわれたという状況からのものであり、⑧は「国鉄改革」が単に企業内部の改革ではなく、政治との癒着の解消を狙ったものであったとのことからであるとしている。経験法則による展望と提言として①1970年以降は政治の関与の必要はなくなった、②政治関与の能力に問題がある、③能力を欠く主体が不必要の業務を行えば弊害が大きい等の整理から、経済面においてはすべての規制を撤廃した方がよいとしている。この場合、「経済面において」という限定付きで、無条件に「社会面において」を含むものではないと解釈すべきと筆者（杉山）は理解している。行政改革への期待として、橋本龍太郎首相の1997年1月の施政方針で、1997年3月に公的規制の緩和策（経済的規制の原則廃止、社会的規制の白紙からの見直し）に望みを託している。

　JRの将来に対し、第5章でJR貨物、第6章でJR旅客の先行きが論じられている。JR貨物に関しては、まず角本の主張は1974年秋の地域分割・特殊会社化であったが、1984年10月運輸省が分割民営化に支持を表明した際の客貨分離案にはほとんどの人が意表をつかれたとしている。その上で、1985～1995年度の貨物会社の収入、欠損、設備投資額からみて、企業の前途をどう考えたら良いのかについての問題提起を行っている。民営化当初の黒字化は輸送量や収入の増加ではなく、経費の大幅削減であったと見立て、その限りでは1965年段階で貨物部門の縮小をいうべきであったとしている。かつての国鉄の縮小再建論と同様の考え方である。「個別費さえも償わない貨物輸送は中止すべきである」との角本の安楽死論は業務の縮小であり、貨物輸送そのものの廃止ではなかったと解釈すべきこと（筆者（杉山））は、本書第5章5-3で述べたとおりである。ちなみに『交通の改革　政治の改革』でも、「貨物会社

の存続を図るには、業務に有利な部門に縮小し、同時に投資は老朽取り換えだけに限定すべきである」と述べられているのである。旅客会社との関係では、客貨分離は国鉄貨物人にとっては満足すべきことであったろうとの推測と共に、1960年代以降続いていた貨物部門の収支悪化を知っての決断であったから、分離案は関係者には「背水の陣」であり、貨物人の奮起を期待していたものと想定している。分離決断の背景には角本自身の安楽死論への反発があったのかもしれないとしているのである。旅客会社との関係では線路使用料についての通称アボイダブルコスト・ルール[9]は客貨同一企業であれば採用可能だが、相互の独立の場合は通用しない、整備新幹線開通に伴う貨物輸送区間の扱いに答は出ていないとしている。鉄道貨物運賃の新方式として運輸省鉄道局から提示された上限価格制は、上限運賃に基づく総収入≦総原価、上限運賃の認可対象等が疑問であるとしている。運賃は自ら決めるべきだとの主張である。このことはJR旅客会社の将来にとっても必要であるとしている。

　JR旅客でも輸送量・運賃・設備の組み合わせを誤れば崩壊の可能性があるとして、改革後5年での整備新幹線推進、運賃認可制に懸念を示している。JRの将来が依存する原則として

① 　輸送量は伸びない。地域によっては減少する、
② 　運賃は少なくとも物価相当に上げなければ破産する、
③ 　投資は自力では、老朽投資以上にはできない。他人に負担であっても、それによって運営による欠損を生じてはならない

──────────

（9）　本書第7章の注(7)でもその用語についての解釈を示しておいたとおり、線路使用料に関して用いられるアボイダブルコストは正確にはインクレメンタルというべきであり、JR貨物経営調査会『線路使用料基準としてのインクレメンタルコスト・ルールの妥当性』（2003.2）では同ルールが「通用する」との主張をしたものである。

の3点を挙げ、このことを十分認識すべきだと警告している。21世紀の展望として、レールの使命が変化していることをこれまでの実績データが示しているように、旅客鉄道はJR、民鉄とも主として都市圏用あるいは数百キロまでの区間に使用されると述べている。本州及び三島会社の戦略では自主性の確保が必要（これは貨物会社にも共通）、今後の経営に特に考慮が必要なのは需要の停滞と物価の上昇であり、国鉄時代の政府の判断の誤りを繰り返してはならないこと、鉄道について今以上に競争が増加することはあり得ないとしている。

　同書の最後にエピローグとして、交通と政治を辿ってきて、手順を踏んで進めば成功の可能性があるという今後への希望を綴っている。その手順の第1は状況の正確な確認であり、第2が思考の合理性、第3が目的に対する手段の有効性である。過去の成功例（国鉄改革）によって自信を深めようとの狙いと同時に将来への警告（政治にあまり多くを期待してはならない）が同書を綴った狙いであると結んでいるのである。

9-3　次世代の交通研究への指針

　角本は次世代研究者への期待、そのためにしておかなければならない研究上の配慮を人一倍心掛けてきた。研究の継続・発展のために現世代がまとめておくべきことに極力留意したのである。その試みは本書第10章10-1で示すような交通学説史研究のまとめに典型的に示されている。21世紀に学ぶ次世代の人のためにと銘打った著書が1998年の『交通学130年の系譜と展望』であり、翌1999年の『常識の交通学』は交通学説の展開とその評価について、その姉妹編として用意されたものである。ここではその2著を紹介することを主とするが、その前にこれら2著に10年先立つ1989年に執筆された『交通の未来展望』を紐解いて

おくことが両著の理解につながるものと考え、1989年著から始めることとしたい。

(1)　交通の20世紀論

　日通総研選書として書かれた『交通の未来展望─21世紀は始まっている─』（1989.6 白桃書房、以下『未来展望』と略称）は、①交通研究が余りにも経済学に左右され、社会との結びつきが忘れられやすい、②全総以来、国土と交通について現実離れの楽観論、技術論が多いことという2つの懸念から、21世紀を迎える前に「交通の20世紀」論が大切であるとして用意されたものである。半世紀近く（執筆時点まで）交通を眺めてきた角本が次々に抱いた疑問への自らの回答─それは今後大きく修正することはないとしている─を示すもので、自身にとっても1つの区切りとしていることから、次世代の研究者にとっても参考になる部分が多いものと考えられる。同書は交通を技術・経済・社会の三脚に支えられるものとして捉え、それらの発展により「地球社会」が実現し、かつて福沢諭吉が願っていた以上の水準に到達できたことを示す第1章「総論─現代の捉え方」、発展を続け限界までに辿り着き、エネルギー多消費型の体系を21世紀に引き継ごうとしている姿をまとめる第2章「20世紀の飛躍─発展から限界へ」、経済運営の面では特別の進歩はなく、鉄道と自動車の調整も成功しないまま推移してきた様子を伝える第3章「経済面の推移」、モータリゼーションのマイナス拡大に社会が態度を硬直化させたことを論ずる第4章「社会の変化」、節度と分度をわきまえて行動することが大切であると説く第5章「21世紀をひかえて」から構成されている。さらに補論として3つのテーマが扱われている。

　第1章では、交通発展のための①費用の負担、②空間の充当の2条件が、交通能力の拡大と国土利用の進展に伴い困難となってきたため将来は楽観できず、20世紀の交通進歩の影響を新しい目で評価すべきで

あることが3つの節に分けて主張されている。第1節「交通の仕組み
―技術・社会・経済」では交通を支える3条件を挙げた上で、資金制
約、空間入手の工夫、社会の硬直、能力低下の恐れがそれぞれSST、常
磐新線、ニューヨーク市のウェストウェイ、地下鉄の事例を通して論じ
られている。利害不一致の拡大が示されたケースでもある。第2節「地
球社会への到達」は鉄道を事例に、福沢諭吉の『民情一新』(1879)、
1905年当時の13歳の少年の目での汽車旅、ネットワークの拡大と高速
化等を述べ、福沢の偉大さを交通と通信とを併行して発展させる必要性
を認めていたことだと讃えている。その福沢の交通・通信(インフォル
メーション)論は第3節「福沢の描いた未来」で改めてまとめられてい
る。なお第1～2節の要約として、「交通の進歩には①技術の開発、②
その成果の採用に必要な費用負担能力、③同じく空間の充当が必要であ
る。20世紀はそれらに努力して大きな成果を上げた。ただしそれは試
行錯誤の連続であった。20世紀後半には陸海空の交通体系が整備され、
交通量が増加し、ついには結節点において施設能力が不足するに至っ
た」とまとめている。交通研究は実態に即したもの、地域に立脚したも
のでなければならないとする由縁である。

　第2章は第1節「時空の変容」、第2節「進歩への努力」、第3節「21
世紀への引継ぎ」から構成されている。その大要は、21世紀は交通飽
和の国土とエネルギー多消費型の交通体系を引き継ぐ、対策は講じられ
ても実現に困難は大きい、技術開発は試行錯誤を続けるだけで結実しな
い、現実の交通体系は不満足のままで存在するとまとめられ、角本の交
通での21世紀論の大筋と解釈される。

　演繹体系の経済学の応用としての交通経済学は現実遊離を免れなかっ
たことを指摘する第3章は、2つの課題である費用負担と成果の確保
の視点から、当事者の行動を第1節で、政治行政による運用を第2節
で、経済学における研究を第3節で論ずる。各節での特徴的な点をい

くつかピックアップしてみれば、第 1 節では無償（官業）と自立採算（民業）の選択は理論で決められるものではないこと、どのような制度をとるかに理論があるわけではないこと、第 2 節では利用者と納税者の分担にはいくつかの組み合わせが可能であるが、その選択は政治の課題であること、交通関係の法律での「適正」とはどの程度のことをいうのかを決める判断基準は20世紀において少しも具体化できなかったこと、規制と規制緩和はいずれにも功罪のあること、第 3 節では経済学（交通経済学）の提言は具体性を持つようにみえても抽象に過ぎたこと、初期の交通経済学は実態を重視していたが、20世紀後半では経済学の動向が反映してしまったこと等が挙げられる。経済学に依存することの多くなった交通経済学の非現実性を憂いたものである。

　その経済学研究を「A　経済学の世界」と「B　交通経済学の世界」に分けて論じたのが第 3 節である。もとより「経済学の世界」についてはこの分野での専門的立場からのものではなく（ということは、経済学者の中からは角本の著述に異論もありうる）、第 3 節を通して経済学―交通経済学―制度運用（行政と企業）の 3 者を対比して20世紀の経過を説明するものである。Aでは、抽象論に立たないガルブレイス、リカード批判のジイド、リスト、ヴェブレンを取り上げ、角本は彼らの現実性を評価する。演繹法による仮説が検証を経ないまま現実の解明であるかのように横行するのは実務家には迷惑なことであるとまで言い切る。Bでは負担力主義に基づく運賃制度は維持困難であること、限界費用価格形成原理に対しては企業の実態はフルコスト原理であること、1960年代に登場した公共経済学も試行錯誤の段階であり、現実との結びつきが弱いこと等が綴られている。実態を重視していた初期の交通経済学が敬遠されがちな風潮への批判でもあろう。

　社会の変化を第 1 節「再び「技術・経済・社会」」、第 2 節「モータリゼーションへの賛否」、第 3 節「「交通と社会」の研究」の 3 つの節

から論じた第4章では、交通と社会の相互間関連での変化の研究が大切であることを訴える。第1節は福沢の『民情一新』から110年目での青函トンネル、瀬戸大橋は計画当初の交通量を下回り、建設費は公的助成に委ねられたことの例から、プラスの減衰、マイナスの増大を挙げ、プラス・マイナスの類型を①交通施設の設定による変化とそれへの対応、②輸送具の通行、③輸送能力の効果、④交通による事故の多発の4つに整理し、これらに対して経済学の貨幣換算による判断は被害者を説得できないとする。第2節では、マイカー時代に1980年以降も事故防止、混雑緩和へのこれといった知恵や工夫は残されていないとの認識から、英、西独、仏、伊、米の5か国と日本の28項目にわたる比較、モータリゼーション告発の3つの理由（直接の被害、アメリカの二の舞、エネルギー）を検討し、自動車の社会的費用論、交通社会学からの自動車支持論、都市大改造の思想が紹介されている。モータリゼーション告発の第1の理由に関し、角本自身の1962年論文「都市生活の敵」（『朝日ジャーナル』）が同書に再録されているのも興味深い。第3節では、交通を理解する根本は輸送具と通路の性格の違い——通路能力追加のルールが輸送具と全く異なる——であること、混雑緩和策としての経済学からの混雑税、ピークロード・プライシングの採用には社会の実態からは採用が難しいこと、客貨輸送に関するライフスタイルに変化の余地がなくなってきたこと、社会学による研究はすでに増井幸雄、富永祐治にも影響を与えていたこと、今後の研究は経済学とか社会学とかの個別の科学に捉われないで、交通の実態を正確に把握しなければならないことが説かれている。

　第5章は21世紀を直近にしての心得を示す章である。21世紀においても資源使用の「節度」、技術における負担能力を超えない「分度」が大切であるとする。第1節「現実の直視」では現実遊離に関する3つの点、すなわち①高速交通体系が人口・産業の分散に役立つという発

想、②客貨の需要の見通し、③リニアエクスプレスを取り上げ、その対策として今西錦司の「森全体をとらえる見方」、中村雄二郎の「臨床の知」が必要であるという。臨床の知を得るためには歴史の現実から学ぶべきであり、類似の実例からの類推（analogy）、類型（type）を作ることが必要であるとする。その主張は角本論文「交通学への提言」（『交通学研究／1998年年報』）、本章9-2で扱ってきた『現代交通論』で強調してきたことである。第 2 節「これからの選択」では、資源の使用に「節度」を持つこと、二宮尊徳のいう「分度」が大切であると提唱する。2012年の小冊子『二宮の農村改革・国鉄改革』において、国鉄改革で問題とされた尊徳の「分度」は「経済面で自分の実力を知り、それに応じて生活の限度を定めること」であり、分度を守らなかった失敗例が国鉄であったとする。21世紀に予測される特色と課題はすでに20世紀の最後の四半世紀に始まっているとの指摘に、21世紀に生きるわれわれは改めてその分析に当たることが必要であろう。

　以下、補論 I「交通研究の拡散と集中――一面性と多面性、特化と集約」、補論 2「第 1 次交通革命の実証―水運から鉄道に転移した米輸送」、補論 3「第 2 次交通革命の実証―鉄道と自動車・航空機の交代」が用意されている。いずれも角本交通論を象徴するデータに裏付けられた解説・提案であり、示唆に富む内容である。特に、補論 2 と 3 はわれわれが知りにくい事実が示されていることからも、学ぶべき点が多いものである。

⑵　交通学の130年

　これまでの交通研究を振り返り、将来の展望を示した『交通学130年の系譜と展望―21世紀に学ぶ人のために―』（1998.1 流通経済大学出版会、以下『交通学130年』と略称）は、次世代の研究者のためにまとめておかねばならないとの認識（使命感といってもよい）の下に作成された

ものである。1977年の『交通と改革　政治の改革』に、従来の研究が
現在までに責任がなかったかを問う一面を加味したものである。『交通
学130年』にはこれまで角本が発表した論文「交通学の展開⑴〜⑸」(『早
稲田商学』第311号（1985.7）〜第322号（1987.3))、「交通学への提言」(『交
通学研究／1988年年報』)、さらには1997年の有識者へのアンケート結果
である「交通研究のあり方を考える―61人の問題意識」(『運輸と経済』
第57巻第6〜7号）が改めて再録されている。蛇足ながら、筆者（杉山）
個人は当該既発表のものを『交通学130年』が公刊される前にあらかじ
め目にすることはできたが、これらの文献に接する機会のない研究者、
特に若い世代の方々には交通学説史の文献としても貴重なものであると
考える。

　同書はⅡ部10章構成となっており、目次は以下のとおりである。

　まえがき
　第Ⅰ部　わが国における交通学の展開
　　第1章　鉄道論・海運論の時代
　　第2章　交通論の成立（交通機関論の始まり）
　　第3章　交通論の充実（交通機関論盛期）
　　第4章　経済学からの出発（富永祐治の役割）
　　第5章　交通市場論の時代
　　第6章　交通学の功罪
　第Ⅱ部　交通学の将来
　　第1章　2010年には消滅？
　　第2章　各論の時代
　　第3章　交通研究の目的と体系
　　第4章　要約と提言―木を見、森を見る

　第 I 部は今日までの経過を辿ったものである。第 1 章は交通学の原
点の地位を占める福沢諭吉の『民情一新』（1879）、鉄道研究の先駆者、
明治・大正の鉄道論・海運論の文献リストを扱った 3 つの章から成っ
ている。福沢は蒸気、電信の効果を期待しており、交通能力の増強拡大
の方向を教えたことを紹介する。鉄道研究の先駆者としては、角本が直
接見ることができた鉄道論の 3 冊、すなわち

　榊原造逸『欧米鉄道経済論』（1885 博文堂）

　片山 潜『鉄道新論』（1896 博文館）

　茂木英雄『實踐鉄道通論』（1902 同文館）

の著書がこれに相当するとしている。榊原、片山の両著は外国の事情を
実地に調べた水準の高い報告書であり、茂木著は優れた実務指導書であ
ると評価している。ちなみに、片山は後に政治家として社会党内閣の首
相となった人である。『交通学130年』は運輸経済研究センターの『交
通学説史の研究』全 4 巻（本書第10章10-1で触れる）も多いに活用して
いるが、その中で前田義信の整理した明治・大正における鉄道論・海運
論の文献リストが再録されている。
　第 2 章は明治・大正前期に体系づくりに尽力された 3 人の研究者の
著書を紹介している。それらは

　加藤晴比古『交通論』（1902）

　関 一『コルソン氏交通政策』（1903）

　伊藤重治郎『交通論』（1916）

であるが、加藤著はドイツの交通論を日本人向けに取捨して紹介したも
の、関著はフランスその他の諸国における道路交通、水運、鉄道の実態

を主とする制度についてコルソン著を紹介、補足、解説したもの、伊藤著は加藤以来再びドイツ文献重視型の交通論（総論だけであり、各論は未刊）であるとしている。体系化は「交通機関」（20世紀半ばまでは個々の交通手段の意）を主軸に形成され、当時の研究は100年近く経っても変わりようがなかったというのが角本説である。ただし、加藤著では不十分な個所もあること、伊藤著には経済理論に当たるものが欠けていた、論じた範囲が鉄道にとらわれすぎていたことを指摘している。なお、学界から大阪市の助役、市長に転じた関を富永祐治は「私たちは関先生を日本交通学の源流と考える」と評価していたことも伝えている。

　第3章は小島昌太郎、増井幸雄、島田孝一の業績を中心に10節にわたって述べている。自動車、航空機に関心を払わざるを得なくなった1930年代に「総論」が成立して交通論と呼ばれるようになったが、代表作として小島昌太郎『交通経済論』（1930）、増井幸雄『交通経済総論』（1937）、若干時代を下って島田孝一『交通経済論』（1956）を挙げ、島田著を1930年以前の交通経済学から1950年以降の研究への橋渡しとなるものであったと位置付けている。島田は従来の学説を代表する最後の人であり、当時すでに近代経済学の表現による説明がなされ始めていたが、新しい学説も現実に接近できないままであったことから、島田の研究の説明力を多としている。これら研究者の半世紀の苦心に角本は思いを寄せ、伊藤、増井、島田の3者には共通の原本が存在せず、したがって3者の交通論構成がわが国独自の工夫であったとしている。

　第4章は1970年代前半までを富永祐治の活動を中心に扱ったものである。富永の従来の交通論への批判は方法論的自覚を欠いていること、日本の交通の現実の地盤に立っていないことにあり、交通機関、交通企業の研究から交通用役を対象に据えてその解明、その供給力の確立等の追跡という進め方に転換したというのが角本の見方である。富永に関しては、筆者（杉山）が大学院生時代、その『交通学の生成─交通学説史

研究—』(1943.3 日本評論社) を古本屋で探し出し、紐解いた時の知的興奮を禁じえなかったことを今でも忘れることは出来ない。角本が「1940年前後の時期において、19世紀及びその前の文献を英独仏にわたって集め、現実の変化に対応させてそれらを読みこなすのは恐ろしく困難なことであった。わが国ではもちろん、ヨーロッパにおいてさえそうであっただろう。それだからこそ「この種の著作は、極めて簡単で断片的なものあるいは特殊なものを除くと、わが国にも外国にも存在しない…（富永の序文)」とされたのである。残念ながら富永のこの著作に比べられる業績はその後わが国には現われていないし、おそらく外国にも存在しない」と綴っているが、いつかは"生成以後の交通学"なるものに挑戦しようとして全く果たせていないわが身（杉山)をあたかも見通していたようにも感じられる。『交通学の生成』は

第一篇　18世紀イギリスの交通と作家—デフォウ、ヤング、スミス—
第二篇　ドイツ国民的交通組織論の先駆　フリードリッヒ・リスト
第三篇　歴史派経済学における交通研究
第四篇　鉄道経済学の創始者　ラードナー
第五篇　一般的交通理論の確立
第六篇　交通社会学への道—クーリー交通理論に因んで—

と多岐にわたる。第三篇ではクニース、ロッシャー、コーン、シュモラーが、第五篇ではテューネン、デューリング、ケアリ、シェフレ、ザックスが論じられている。『交通学の生成』の序で予告されていた「現状分析」は、『交通における資本主義の発展—日本交通業の近代化過程—』(1953.1岩波書店) で結実し、角本によれば富永の長期にわたった研究は

①　知識の蓄積、整理、体系化の過程を歴史の中で、現実の実態と対

応させて捉えた、

②　現実に密着し、交通の発展過程を経済の歴史の中で明らかにした、

③　交通用役（輸送サービス）を経済財のひとつと見、その生産消費を資本の蓄積として扱った、

④　運賃を労働価値説により説明しようとした

と要約されている。ただし、運賃についてだけは研究者として満足できる成果を収められなかったとしているのである。富永の鉄道経営研究に関しては、資本の循環の論理にしたがって展開された石井昭正共編著である『鉄道経営論』（1956.8 有斐閣）、編著である『鉄道経営ハンドブック』（1980.2 清文社）に示されている。関西鉄道協会都市交通研究所編の同書には富永の序文が記されている。『交通学130年』の第4章の終節（第5節「価値と価格」）では、1965年、富永が所長の地位にあった大阪市立大学経済研究所の編集した『経済学辞典』（増訂版）での「価格」と「価値」、両者の関係の説明等を角本なりに検討した上で、運賃の説明にあくまで単一の原理を求めるとなれば、交通論は永久に不可能な課題を背負うことになる、しかも運賃水準（あるいは運賃収入総額）でさえ費用などに関連することができない場合があり、公共助成が入る時、運賃収入の望ましい組み合わせを決定することは不可能であると結んでいる。

　なお、富永の一連の研究成果は富永祐治著作集刊行会編『富永祐治著作集〈全3巻〉』として、1989年11月から1990年3月にやしま書房から刊行されている。その第1巻が『交通学の生成』（刊行年月は1989.11）、第2巻が『交通における資本主義の発展』（同、1990.3）、第3巻が『交通研究ノート抄』（同、1990.3）である。第3巻には付編として「対談—富永先生と共に　角本良平」が再録[10]されており、この面でも全3巻

（10）　同対談は日本交通学会の『交通学研究／1980年研究年報』に収録されていたものである。

は後学の者にとっても便宜が図られている。

　第 5 章は戦後の研究、交通経済・交通政策の教科書での構成が辿られている。同章を「交通市場論の時代」と命名したのは、1950年代以降に数10冊の交通論が書かれており、その特色はそれまで以上に経済学への接触を深め、理論であろうとしたものであるからだとしている。1940年代までの交通学が主として鉄道を中心とした交通機関論であったのに対し、経済学の強い刺激を受け新たな展開をしたと見る。その展開は

①　マルクス経済学に基づき、交通企業を資本の循環として捉える試み、
②　近代経済学により運賃を解明しようという方向

であるとし、①では独自の運賃論を立てることができなかった、②ではその運賃論は難解な議論のまま現実への適用には至っていないと把握している。交通研究での50年を回顧した角本の結論は「本来不可能な課題を設定して挑戦したという感じが強い。種々の可能性を挙げ、それ以上には進まないという態度をとるべきであったし、またその方がかえって現実と結びつきやすい。交通学が不可能に挑戦してその成果への幻想を国民に持たせた「罪」は重い」とまとめられている。以下、代表的な教科書の単著として

　麻生平八郎『交通および交通政策』（1954 白桃書房）と『交通経営論（増補版）』（1966 白桃書房）
　秋山一郎『交通論』（1964 有斐閣）
　榊原胖夫『交通の経済理論』（1967 大明堂）
　佐波宣平『交通概論（ 3 版)』（1954 有斐閣）

前田義信『交通経済要論』(1982 晃洋書房)

増井健一『交通経済学』(1973 東洋経済新報社)

斎藤峻彦『交通経済の理論と政策』(1978 ぺんぎん出版)

また、編著として

大島藤太郎編『現代の交通』(1962 法政大学出版局)

今野源八郎編『交通経済学、4訂』(1973 青林書院新社)

岡野行秀・山田浩之編『交通経済学講義』(1974 青林書院新社)

廣岡治哉・雨宮義直編『現代の交通経済』(1977 有斐閣)

岡野行秀編『交通の経済学』(1977 有斐閣)

中西健一・平井都士夫編『交通概論、新版』(1983 有斐閣)

を挙げ、単著を中心にその特徴を述べている。麻生の両著は構成こそ著
しく異なるが、基本の部分・見解は一致、秋山著は独自の工夫あり、榊
原著は「交通市場」の章が入ったことと交通用役中心の前半と交通計画
の後半に分かれることに特色、佐波・前田著は思想、意見、情報を対象
に含む概念を設定しているが、本論にはそれ以上の説明、政策論の章なな
し、増井著は「交通市場」の概念を前面に出すと同時に「自己交通」と
「公共交通」を加えていることに特色、斎藤著は総論部分と都市交通政
策、農山村交通政策、物流政策、航空・空港政策の各論に時代の反映と
評している。これらの著者に一貫していたのは単なる制度論や事実の記
述から「理論」に転換しようとした態度であったが、最も重大なことは
運賃理論が現実の制度を説明していないことであり、理論により現実を
説明しようとする態度の前に、どの程度まで説明できるのかをまず説明
すべきではなかったのではなかろうかとして、角本自身の『新・交通
論』(1985)はそのような試みであったと述べている。

　『交通学130年』で角本がまず読んでほしい章とした第6章は、130年

の総括として「罪」が発生したこと（第 1 節）、運賃論、価格論には経済学の誘惑が多かったこと（第 2 節）、学問の限界としての富永の指摘は貴重であったこと（第 3 節）に言及したものである。わが国の交通学は福沢諭吉以来130年の歴史を重ねてきたが、交通研究は

①　交通には特に広い空間を必要とする、
②　交通空間は一般に共用される、
③　交通空間の配置が地域社会の関係位置と内部構造を決定する、
④　交通では固定施設が硬直しやすい、
⑤　移動は通られる地域に種々の影響を及ぼす、
⑥　移動はそれが要求する発着区間に、またはその時刻になされなければならない（即地制、即時性）、
⑦　供給に公共主体が関与する、
⑧　自家生産の比重が高い、
⑨　利用量増加は通常費用逓減をもたらすけれども、混雑現象を生ずる

といった性質に対応すべきであったとする。これらの特色について

a　安くて良いものが選ばれる、
b　費用は誰かが負担しなければならない、
c　空間の配分にも、空間効率にも限界がある、
d　需要の大小、支払い能力が供給に影響する、
e　技術進歩は利益の有無による、
f　交通は手段であり、効果以上の費用を生ずる浪費に陥ってはならない、
g　受益と費用負担について公平が求められる、

h　供給主体の公有か私有かの決定を要する場合がある、

　　i　競争か独占かの決定を要する場合がある

に関する特別の研究の必要があると説く。a〜iの考察から交通について一般理論を試みるとしても極端に抽象化した「定性」の記述に終わる、20世紀前半では研究者は研究に可能な限界を心得ていたように思われるが、後半では何らかの経済学に準拠し、理論を組み立てようとして可能な限界を超えたというのが角本の総括である。学問研究の限界を忘れる時、交通学の「罪」が生じ、それは世間に過剰の期待を寄せる罪であり、その具体例が「総合交通」であったという。これらへの反省から「類型学」の提唱となっていくのである。

　運賃論、価格論に関してロードプライシングを取り上げているが、『交通学130年』執筆の時点ではロンドンでの導入が行われていなかったため、角本の見方と現実は異なった方向を辿っている。また、J.A.シュンペーターの交通関係者批判（『理論経済学の本質と主要内容』1908）への佐波宣平の対応（『交通概論』初版1948）も一般均衡論に到達した形で終わったとの角本評価から、運賃の理論的研究の問題点が覗える。学問の限界についての富永祐治の見解は1970年の論文「鉄道業における費用に関する若干の基本的論点について」[11]において改めて指摘されていることにみられ、これが極めて重要であることを指していると解釈される。長年マルクス経済学の労働価値説と近代経済学の限界費用価格形成原理を研究してきた富永の結論であるだけに、その指摘の重みは大きい

---

(11)　同論文は前述の『富永祐治著作集』の第3巻の第3部に収録されている。同論文が書かれたのは富永が68歳の1970年であったが、その時点では未発表であったと記されている。同論文には検討の余地を残すため、1987年に一部文字を修正したものが、著作集の公刊（1990年）である20年後の発表になったのであろうというのが角本の推察である。

というのである。

　交通学の将来を論じた第Ⅱ部は、現在の姿の交通学が2010年には消滅するのではないか、各論の時代への論究、これらを交通研究の目的と体系で整理し、提言に結び付けるという４つの章から構成されている。第１章では、交通（経済）についての一般論、あるいは交通に対する経済学に基づく解明といった意味の交通学はその存続が危ぶまれ過去の学問になる、それに代わって新たな研究が進行するのではないかとの角本予想が示されている。その交代時期が2010年頃とされているのである。この予想の背景として、1930年代の交通統制・交通調整、限界費用価格形成原理の非現実性、国鉄改革への消極性、運賃政策と投資政策での無計画性、1970年代以降の実態変化への研究の遅れ等により、これまでの交通学の地位の低下等があることを挙げている。ただし、だからといって交通の研究は不要になるというのではなく、若い世代の研究に期待しているのである（同書第Ⅱ部第３章）。そのプロセスに対して交通学の無力化に研究者の反省がみられるとして、1996年に運輸調査局（同局は2017年９月に交通経済研究所に改組）の50周年記念行事として行った有識者等61名へのアンケートの結果を紹介し、角本自身の論評を付している。アンケートの設問は

　A　専門の分野、あるいは広く専門以外の分野についても、これからとくに重要性を増してくると思われる問題、または重視していくべき研究調査上の課題、

　B　これらの研究について、研究体制や研究組織、あるいは研究手法などの面でどのような見直しや新しい発想が必要か、

　C　現在取り組んでいる、あるいは取り組みたいと考えている研究テーマ（学究・研究者のみ）

とされた。伊勢田穆、岡田清、澤喜四郎、石谷久、屋井鉄雄、越正毅、寺田一薫、野尻俊明、井上信昭、中村良平、松澤俊雄等の回答を紹介した後、角本はわれわれが実態または研究において自信を失うのは①解決策があるのにそれが実行されていない、また発見されていない、②解決策はないのに、そのことが認識されていない、この①、②のいずれかであり、わが国が「交通研究の限界」にあるとの指摘への解釈には①わが国の経済学全体、あるいは交通学全体の水準が低く、外からなお多くを学ばなければならない、②交通の現実は経済学あるいはそれ以外の理論が入りうるような分野ではないので、世界のどこにもその種の「理論」は存在せず、日本だけが限界であるというのは誤りである、という2つの場合がありうるとしている。ちなみに角本自身の回答は、Bに対しては「研究者、研究組織は「汝自身を知る」べきである」、Cに対しては「現状を後世に伝えること」であった。

　第2章では引き続き同アンケート結果の紹介、解説が行われている。新しい課題と消え去った課題について、61人の回答において最も印象に深いのは「総合交通政策の終焉」の文字と「輸送力過剰の時代」という指摘だったとする。続いて岡野行秀、岡田清、太田和博、中村実男、香川正俊の見解を紹介した上で、今回の回答においてほとんど意識されなかったのは鉄道経営とか鉄道運賃のあり方であり、その輸送方式の議論もない、他面近代経済学への言及も目立たなかった、関心が薄れた今1つは交通と地域開発・国土計画などとの関連であったとまとめている。共同研究については、榊原胖夫、中村実男、加藤晃、松井寛、岡野行秀、宮下國生、細田繁雄、藤井彌太郎、須田義大、香川正俊、高寄昇三、中村良平、井口典夫、宮城俊彦等の提言を紹介し、他の研究との角本私見として①「机上の空論」に陥らないこと、②情報の扱いと「フィードバック」の重要性、③研究の費用の不足、時間の不足の改善、④情報の大切な扱い、⑤「先進国」という用語の広い意味での使用

等に共通の事情に配慮すべきであるとしている。研究の難点、障害としては①価値の多様化、②「両論併記」となりやすいこと、調整不能に陥ること、③政治が国民、市民の支持を気にして集票に好都合な結論を喜ぶこと等を挙げている。課題が解決しない事情には、研究への過信、自己批判の欠けること、研究の国際比較の少ないこと等であるとしている。さらに私見として、研究者個人あるいは少数グループの研究が将来の方向付けに大切であり、それらの人たちが自由に、すなわち先輩たちの拘束を受けずに発表できる場のあることが望まれると付け加えている。この点に関し、角本が日頃筆者（杉山）たちとの雑談の中で、学術誌のレフリー制度は独創的研究の発掘には好ましくない面もあるとの発言を繰り返していたことが思い出される。学問の可能性に関し、「硬直状態」すなわち新しい発想が生まれないあるいは妨害される状況をいかに打破すべきかは、目的と手段のかみ合いを計ることにあるとする。第2章の末尾で、交通研究は経済学・工学・政治学・法学などのような科学部門の知識を基礎とするにせよ、徹底して事実の解明に当たるべきであり、そのためには「類型学」が成り立つとしている。交通研究には、経験法則を見つけるのが可能な限界であるというのである。

　「交通研究の目的と体系」と題して第1〜2章をまとめた第3章では、まず今日のわが国になぜ交通研究が必要なのかについて

① 研究はそれ自体として価値があり、「真理」のためにという立場、

② わが国の交通能力は先進国になお劣っているという立場、

③ ②とは逆に、これ以上の投資続行は国民の負担能力を超えるので、次世代に負債を残してはならないとの立場、

④ 投資による浪費が望ましくないと同時に、国鉄の運賃の決め方に誤りがあったのではないかとの追究する立場、

⑤ 可住地面積当たりの人口密度が非常に高く、世界に例のない人口

規模に対して交通対策の研究が必要との立場、

⑥　高齢化に伴う対策が必要との立場

があるとし、③〜⑥までの事情は1970年代から特に深刻になってきた経過であり、対策はなお模索中、すなわちその研究が必要だとする。次に隣接科学との融合に当たっては

①　「交通計画」は当初に「インプット」の内容と金額を決定できるか、

②　「アウトプット」の数量と金額を予想できるか、

③　「社会公正」とはどのような状態なのか、

④　利用者と納税者の負担の割合、公害を受忍する限度など、価値判断を誰がどのように行うのか

の問題があり、これらはなお未解決であるとする。角本は予測の的中は絶望であり、価値判断は時代とともに変化する、それが交通の実態であると説明している。交通研究には演繹の手法はなじまず、日常の常識以上の「理論」はどこにも存在せず、研究者は類型を把握できても、個々の根拠への是非を判定するのは不可能であり、それは「学問を超える」ものだとしているのである。

　第4章で同書の要約と提言がなされている。要約は①交通研究の必要性、②交通学への反省、③各論は類型学の3点に絞られるとして、それに基づく今後の交通学は個別の課題を併記した形の体系になるとしている。過去の観念の「交通学」とは似ておらず、むしろ全く別のものであるから交通学という命名が望ましくないかもしれないとまで推論するのである。結論として、帰納法による経験法則の方が現実と結びつきやすいはずではあるが、交通においては帰納により結論を出せるほどには対象例は多くなく、実例の収集は大切でもその数は類推と類型に役立

つ程度と考えればよいとしている。演繹による精密な手法が現実遊離を
招き、帰納による実証が対象数が少なくて困難である場合にもわれわれ
は類推 analogy によって多くのことを習得できるというのである。角本
の提言が若い世代の研究者にどう映るのであろうか。

⑶　次世代への訴え

　角本は筆者（杉山）が自分の考えを整理しないまま「常識」という言
葉を口にするたびに、「それは本当に常識ですか、客観的に（データに
裏付けられて）証明されたものですか」と正された。角本自身による、
誤植を書物自体に訂正書きした『常識の交通学─政策と学問の日本型思
考を打破─』（1999.10 流通経済大学出版会）を寄贈していただいた時、
「常識論」の本格的展開とそれによる交通学の解明がその内容であると
予想した。しかし、同書は角本の一連の著作とは構成そのものも変えた
ものであり、読み進んでいくうちに、筆者（杉山）の想定とはいささか
違うイメージとなっていったことを思い出す。方法論の展開というより
は、数字に裏付けられた、現実に即した無理のない社会慣行の実践が提
唱されていたと感じられていったのである。

　そもそも同書は 3 編構成とされ、従来の著作が部構成、章構成であっ
たのに対して、そのくくりが上位概念である編構成となっている。その
上で第 3 編だけが 3 部構成とされている。また扉表紙に

　交通の政策も研究も不可能に踏み込んではならない
　国民も国家も交通に不可能なことを要求してはならない
　物事には限界のあることをここで明らかにしたい

と記述されていることも、これまでの著書ではみられなかった特色であ
る。角本がどうしても強調しておきたかったための記述であるものと思

われる。序説、第1編、第2編がわが国の学問及び政治に関する一般論で、第3編が交通学のあり方を示したものであることから、読者は西郷隆盛の教訓（第1編第1章3～4）、福沢諭吉の文明論（第2編第2章）、長谷川如是閑の学問論（第1編第3章）を読み第3編に進むか、あるいは第3編から始められたいとの断り書きがなされている。この観点からは第1編、第2編は常識の交通学への前提とされるもので、第3編が本論であると解釈される。したがって、第3編だけが部構成とされているのであろう。同書の目次は

まえがき─政策と研究に改革を─

序説　日本型思考の功罪

第1編　わが国の政治・学問を貫く日本型思考と打破の試み

　　第1章　台本としての儒教の存在

　　第2章　知識の根源を求めた清沢・西田

　　第3章　常識を提唱─長谷川如是閑（1955年）

第2編　国家を上位とする思想の克服

　　第1章　政治における日本型思考

　　第2章　福沢「文明論」の意味─国民と政府が対立の国家論（1875年）

　　第3章　西田の「日本」論─国家上位の主張（1941年）

　　第4章　福沢・西田・ヘーゲル

第3編　常識の交通学

　　序　収支均衡という常識の確立を

　　第Ⅰ部　交通と経済

　　　第1章　交通における西洋からの「接ぎ木」

　　　第2章　60年代以降の政策に見る在来思想の拘束

　　　第3章　交通投資の不良債権化

　　第Ⅱ部　欠損増大のプロジェクト群

第4章　「目標値」を欧米に求める道路整備

第5章　鉄道高速化の光と影

第6章　全通後の本四連絡橋

第7章　欠損が続くJR貨物

第8章　都市交通政策の重圧

第9章　プロジェクト群の時代背景

第Ⅲ部　提言─「常識の交通学」

第10章　「学界の常識」「私の常識」

第11章　交通研究への期待と反省

であるが、　角本の長年の主張、したがって角本交通論を貫く実学の真髄は第3編第Ⅲ部の冒頭に

今日わが国の交通政策には日本型思考が強く内在する。すなわち外国の学説に学ぼうとする態度が強く、日本の実情がしばしば無視される。また理論追究の余りに現実への適用方法のない机上論に陥ることもある。現実の交通問題はもっと常識の次元で対処すべきであり、その際施策が国民の費用負担能力を超えないことが基本の条件と私（角本）は考える

と綴られていることに集約される。ここで日本型思考とは「責任を負うべき主体が自主性を持たず、何事も他人任せとする態度」（まえがき）、「可能と不可能を識別しない発想」（序説）であり、「常識」とされる交通学は「現実を直視してわれわれの知識の中で何が有用で何が無用かの識別に基づくもの」（第1編第3章）であり、学問を常識の次元におくことを提唱した長谷川如是閑に学ぶべきだという。「賢慮」が有用であるとしているのである。

序説での要点は、20世紀初めの交通学が述べている趣旨に数字を加えるべきであった、それは社会常識の範囲であり、このような「常識の交通学」が求められるということとされている。

　第1編、第2編はその重要性にもかかわらず、筆者（杉山）には理解の及ばないところが多く、恥ずかしながらかつて『風土性と歴史性』(1988) を読んだ時の思いを重ねることとなった。このような認識状況ではあるが、誤解を恐れず角本の論述の要点を辿ってみたい。第1編第1章では、儒教はもはや民主制の国家や国民には縁がないが、その古典とされる始祖の孔子の『論語』だけは読まれることから論を始めている。『論語』の精神は西郷隆盛、中村敬宇の「敬天愛人」に受け継がれ、西郷後は儒教に交代する西洋思想への「接ぎ木」が問われるとしている。儒教と西洋思想の共通部分は①人間を超える絶対者（天、神）を前提としていたこと、②人間と絶対者、並びに人間相互の関係において「誠」、「信」といった基本条件を設定していたこと、③民主主義が採用されつつあっても、君主の権力が大きかったこと、異なる部分は①実証に基づく追究の強弱（儒教では科学精神が育たなかったこと）、②論理に基づく思想の強弱、③契約思想の強弱あるいは有無と整理し、これらのことから「接ぎ木」の成否を判断すべきとしている。第2章はヘーゲルの弁証法を批判し、自己の主体性を当初から強く打ち出していた清沢満之、最初から「日本型思考」の外にいて思索し続けた西田幾多郎の紹介を通して、「哲学と社会科学においては、結論を出せなかった部分についてはそれが不可能とあきらめ、社会のために各人が常識で納得できる範囲の努力体制を作ればよい。学問を常識の次元におくことである」とまとめている。その重要性を第3章で長谷川如是閑を通じて確認している。長谷川の言う「賢慮」はそれを具体化する方法が伴わなければ人間の有用な知恵とはなりえない、「生活の倫理」は個々の規律ではなく、ルールが守られている生活の姿であるということから、この生活の倫理を日常の交通にお

いて確保するのが交通政策に他ならないとしているのである。

　第 2 編では、第 1 章で日本型思考の政治には自主性が欠如していたこと、それに対して福沢諭吉は早くから日本型思考の打破を唱えていたことを紹介し、第 2 章の福沢論につなげている。福沢の解説を行った丸山真男によれば、福沢の実務的処理の仕方は「中庸」、「賢慮」の精神に通じるものであり、「価値判断の相対性」こそ『文明論之概略』を貫く思惟方法であり、福沢の全著作に共通のものであったとされている。「価値判断の相対性」は各時代の人々の気風に依存するものであり、この気風が沈滞するようであってはならないし、自由な議論による進歩が大切であることから、今日の交通政策を考える上でも教訓になると角本は解釈している。福沢は歴史を重視し、既存の宗教への信仰のなさでは西田と全く異なる観点を有していたとのことである。西田の「日本」論は第 3 章で扱われ、国家上位の学説は現実の施策に結び付くことはなかったとされている。角本は西田より先に活躍した福沢をより高く評価している。第 4 章では福沢・西田・ヘーゲルの 3 者を回顧している。ヘーゲル（1770〜1831）は福沢（1835〜1901）を飛び越えて西田（1870〜1945）に影響したと捉えている。ヘーゲルと西田を繋ぐのは「哲学」であり、両者とも形而上学・唯心論の共通性を持ち、思考方法は弁証法であったのに対し、福沢は現実直視の思想家であり、その核心は政治研究であったと位置付けている。福沢は徹底して常識の世界に住んでおり、唯物論者であったと角本はみている。20 世紀末の今日（同書の執筆時）、わが国は福沢の態度に戻らねばならないと重ねて主張しているのである[12]。

---

(12)　福沢は『文明論之概略』をはじめとした著作によりわが国に実に多くの示唆を与えたが、筆者（杉山）は不明にもその概略書、解説書の類しか読んでいなかった。慶應義塾で福沢の学問の血を引く増井健一の「福沢の鉄道論」（『トランスポート』1979 年 9 月号）に啓発されたにもかかわらず、福沢の原著に当たってもいなかったことを恥じるのみである。

第3編が交通学論である。序では第1編が学問に限界のあること、すなわち交通を含むすべての施策は将来予測が不可能であること、価値判断の客観性が望めないことの2つの前提に立って実行すべきとの教えであったこと、第2編が国家はその権力と財力にまかせて、不合理・不道徳な行動を極端に進めやすく、結果として財政窮乏を招いたことと要約し、改めて「中庸」、「賢慮」の必要性を確認している。その上での最近の事例について日本型思考の弊害を指摘し、その是正の必要性を論じるための第Ⅰ部、第Ⅱ部を用意している。交通投資が財政窮乏を招いた経過と具体例が示され、交通に関して是正すべき提言として第Ⅲ部でまとめている。そこには角本実学交通論が集約されており、特に若い世代の研究者への訴えとなっている。次世代の交通学徒がこれをどう受け止めるのかは彼らの判断であるが、筆者（杉山）はそのための判断材料として是非活用して欲しいと願うものである。

　第Ⅰ部第1章では、わが国が学んだ西洋との関係を整理する。西洋が「接ぐ技」で、わが国を受け入れ側の台本と見立て、交通能力の不足は台本に当たる地域の諸条件によるべきだとしている。わが国鉄道の狭軌の選択は経済力と地形の関係から正解であったこと、上下分離方式は列車回数の多い大都市圏、新幹線のような高速鉄道には疑問であるとの角本見解が示される。第1編、第2編との照合では、学問の接ぎ木が適切になされきたのかでは福沢の方法を見習うべきこと、学問と現実が対応していたかに関しては西田の「国家理由」は実態と遊離していたこととしている。制度や政策には常識が大切としているのである。第2章では大投資が行われた1960年代の発想が支配していることを危惧し、現実を直視し、現在無効の政策はすべて破棄して収支可能な範囲（国民が支払いうる限度）に施策を縮小することが大切であると説く。交通投資の不良債権化を論じた第3章では、資金の流れの実態を『週刊東洋経済』1999年1月30日号の特集「焦げつく個人金融資産　幻想の

1,200兆円」で示されたデータを基に、交通の実態から対策のタイムリミットが2001年と指摘している。

　第Ⅱ部は道路整備（第4章）、鉄道高速化（第5章）、全通後の本四架橋（第6章）、JR貨物（第7章）、都市交通（第8章）を欠損増大のプロジェクト群として摘出し、その原因の多くが日本型思考に基づくものとして、角本なりの対応策を示している。各章を具体的に紹介することは、若い世代の方々にこの『常識の交通学』を直接紐解いてほしいとの観点から控えることとするが、興味を引くのは第5章で、東海道新幹線生みの親とされている十河信二が「パンドラの箱」を開いたと角本が考えていたことだけは記しておきたい。東海道新幹線後の政治が輸送量の少ない区間に新幹線を次々に開設し、その経費負担が無責任に先送りされつつある状況をみてのことである。角本は鉄道がもはや利用者にとっては第2次選択であり、これに該当する新幹線路線はわが国にはないことの認識の大切さを説いていた。そのことからあえて「パンドラの箱」の表現を使ったのであろう。第9章でこれらプロジェクト群の時代的背景を論究し、利用者ないしは納税者の支払い能力を超える措置であったことを批判している。全体のバランスを保つこと、すなわちここでも「中庸」、「賢慮」の重要性を繰り返している。交通研究は実現可能な限界の発見、あるいは交通における「賢慮」の基づく判断を提供することであろうとしているのである。

　第Ⅲ部が「常識の交通学」の提言である。先に角本交通論が第Ⅲ部の冒頭に集約されていることを紹介しておいたが、第10章で費用・効果分析の有効性、「米国貨物鉄道」の再生の読み方、自動車対策の閉塞—TDMの成否について、学界の常識と角本の常識の異なることが示されている。そこで挙げられた事例での共通項は①人間は将来を知ることはできない、②人間は社会の管理を徹底することはできないの2点であるとして、これらを忘れると研究の常識も世間には通用しないとしてい

る。ちなみに①は厚生経済学の始祖A.C.ピグウの述べた人間には将来を見通す能力（telescopic faculty）が欠けていることを確認したものであろう。終章となる第11章では、今日までの交通研究が現実遊離となった基調を整理した上で、過去の研究成果のチェックを欠いたままでは現状のマンネリズムは打破できないとして、交通研究が直面している難問を①将来の需要を予測できるか、②将来の技術を予測できるか、③目的と手段の選択は価値判断を伴うが、その価値判断が科学から出てくるのか、④可能な対策が複数ある場合に優劣を判定できるかの４つを挙げている。角本はこれらの難問は科学の領域を超えるとし、対策の効果はそれぞれの地域の事情によって異なるのであり、その風土性を無視して同一の対策を主張しても通用しない、グローバルの時代であるだけにこの理解が肝要であると結んでいる。一般理論が期待できない以上、地道な実学の重要性を説いているのである。

第10章

単著以外での学会貢献と自身の回顧

　これまで角本の単行本を中心にその業績を辿ってきたが、単行本には収録されていない重要な論文、主体的にかかわってきた調査・研究の成果も数多い。それらすべてを追跡することは現在の筆者（杉山）には不可能に近いことから、代表的と思われるものについていくつかをピックアップすることで対応したい。運輸経済研究センターでの多くの調査・研究の中で、特筆すべきものは『交通学説史の研究』であり、角本が中心となってこの時代にまとめておいてくれた意義は交通学会、後学の人達のためにも極めて大きい。本章では膨大な分量に達する同研究成果の目次と執筆者名を示すにとどめざるを得ない（10-1）が、若い世代の方々に同研究成果をこれからの研究に有効に役立ててほしいと願うものである。また、わが国を代表する理論経済学者である稲田献一との対談も興味深いものであることから、角本の結論ともいうべき交通学への提言とともに、ここで着目することとしたい（10-2）。これらを紹介した上で、角本自身の回顧を示すこと（10-3）で本書のまとめとする次第である。

10-1　交通学説史研究の企画・運営と成果

　角本は国鉄退職後（財）運輸経済研究センターに移り、1970年度から2年間理事長、1972～1990年度に常勤理事として調査・研究、同センターの研究員等の指導に当たった。理事長から理事になった（下りた）のは、行政を担当せざるを得ない理事長職では研究時間が制約されるため、自らの希望で理事職に専念したいという、いかにも角本らしい選択であった。その間、数多くの著書、同センターから発行の少なからざる報告書・小冊子等を残し、広く日本交通学会でも多大の貢献をした。運輸経済研究センター時代、自ら調査・研究の陣頭指揮に立ってのプロジェクトの推進、委員会に委員としての参加、時には事務方として主体的にかかわったものは数知れない。そこでの業績・成果は、現在は運輸総合研究所の名称になっている新組織の資料室に保管されているので、個々については同資料室に委ねることとしたい。中でも筆者（杉山）が特筆すべきと位置付けているのは、諸大学における交通論の展開、交通学説の様相、近隣分野での研究展開と系譜を克明に調べ上げた交通学説史の研究である。

　数々の斬新的なアイディアに基づく著書を刊行してきた角本は、それと共に研究自体の継続性を大切にした。その代表的な成果が1978年に同センターに設置された交通学説史研究会によるものである。同研究会は各分野での専門家をいわば総動員する形で学説をまとめ、成果物として『交通学説史の研究（そのⅠ～Ⅳ）』を刊行している[1]。委員会の委員長はそのⅠでは島田孝一、そのⅡ～Ⅳでは増井健一であった。なお、そのⅡでは顧問に今野源八郎を迎えている。多分野にわたり長期での研

（1）　そのⅠは1982年、そのⅡは1985年、そのⅢは1988年、そのⅣは1991年に同センターにより公刊されている。

252

究期間であることから、委員には入れ替えがあったが、角本は一貫して委員であり、しかも主体的に参加した。膨大な全4巻をここで紹介するのは筆者（杉山）には手に余ることであるので、ここではその大目次、執筆担当者と若干の補足を記すにとどめたい。蛇足ながら、筆者（杉山）はドイツ留学から帰国後、そのⅡ、そのⅢに参加する機会があり、自らの執筆担当分にこそ不満が残るものの、同研究会から裨益するところは極めて大きかったことを付言しておきたい。

『交通学説史の研究　そのⅠ』（1982.3）

序説	角本良平
第1部　五大学における交通論の展開	
第1章　京都大学	斎藤峻彦
第2章　慶應義塾大学	中条　潮
第3章　東京大学	中村　清
第4章　一橋大学	杉山武彦
第5章　早稲田大学	角本良平
第2部　交通学説の様相	
第1章　日本における限界費用価格形成原理の動向	前田義信
第2章　ピークロード・プライシングと混雑税	中村　清
第3章　交通費用研究	杉山武彦
第4章　マルクス主義交通経済の生成	伊勢田穆
第5章　交通調整論	斎藤峻彦
第6章　交通に対する公共補助	片山邦雄
第7章　都市交通論の展開	山田浩之
第8章　地方交通研究	中条　潮
第9章　物的流通（物流）	角本良平
第10章　交通論と交通工学の接点	近藤勝直

『交通学説史の研究　そのⅡ』(1985.3)

序　　　　　　　　　　　　　　　　　　　　　　　　　増井健一

第1部　諸大学における交通論の展開

　第1章　神戸大学　　　　　　　　　　　　　　　　　秋山一郎

　第2章　大阪市立大学　　　　　　　　　　　　　　　伊勢田穆

　第3章　明治大学　　　　　　　　　　　　　　　　　石井常夫

　第4章　旧制官立高等商業学校　　　　　　　　　　　和平好弘

第2部　交通学説の様相

　第1章　明治・大正期の海運及び鉄道論の展開　　　　前田義信

　第2章　海運論の展開　　　　　　　　　　　　　　　山岸　寛

　第3章　海運理論の形成と展開　　　　　　　　　　　山岸　寛

　第4章　戦後における鉄道政策論の展開　　　　　　　斎藤峻彦

　第5章　戦後における鉄道経営論の展開　　　　　　　細田繁雄

　第6章　道路運送論の展開　　　　　　　　　　　　　杉山雅洋

　第7章　道路経済論の展開　　　　　　　　　　　　　杉山武彦

　第8章　航空経済・政策論の展開　　　　　　　　　　増井健一

　第9章　海上（船員）労働論の展開　　　　　　　　　山本泰督

　第10章　交通（陸運）労働論の展開　　　　　　　　　佐竹義昌

『交通学説史の研究　そのⅢ』(1988.3)

序　　　　　　　　　　　　　　　　　　　　　　　　　増井健一

第1部　諸大学における交通論の展開

　第1章　総論　　　　　　　　　　　　　　　　　　　増井健一

　第2章　各論(1)

　　第1節　関西学院大学　　　　　　　　　　　　　　丸茂　新

　　第2節　拓殖大学　　　　　　　　　　　　　　　　芦田　誠

　　　第 3 節　中央大学　　　　　　　　　　　　塩見英治

　　　第 4 節　同志社大学　　　　　　　　　　　榊原胖夫

　　　第 5 節　日本大学　　　　　　　　　　　　山上　徹

　　　第 6 節　法政大学　　　　　　　　　　　　廣岡治哉

　　第 3 章　各論⑵　　　　　　　　　　　　　　和平好弘

　第 2 部　交通学説の様相

　　第 1 章　わが国における交通学の展開

　　　第 1 節　明治から昭和戦前までの研究　　　角本良平

　　　第 2 節　近代経済学に基づく研究の展開　　藤井彌太郎

　　　第 3 節　戦後におけるマルクス経済学の展開　廣岡治哉

　　第 2 章　ドイツにおける交通学の展開　　　　杉山雅洋

　　第 3 章　フランスにおける交通学の展開　　　丸茂　新

　　第 4 章　イギリスにおける交通学の展開

　　　第 1 節～第 4 節　　　　　　　　　　　　伊勢田穆

　　　第 5 節　戦後の交通経済学　　　　　　　　廣岡治哉

　　第 5 章　アメリカにおける交通学の展開

　　　第 1 節～第 6 節　　　　　　　　　　　　榊原胖夫

　　　第 7 節　戦後における交通経済学の展開　　岡野行秀

　　第 6 章　ソ連における交通学の展開　　　　　池田博行

　　第 7 章　諸外国における海運論の展開　　　　宮下國生

　　第 8 章　わが国における昭和前期（1926～1945）の陸運論

　　　　　　　　　　　　　　　　　　　　　　　角本良平

　　第 9 章　わが国におけるマルクス主義交通経済学の展開　雨宮義直

『交通学説史の研究　そのⅣ』（1991.3）

　序　　　　　　　　　　　　　　　　　　　　増井健一

　第 1 部　交通に関する工学の展開とその系譜

第1章　道路工学

　第1節　概説　　　　　　　　　　　　　　　柴田正雄

　第2節　道路の幾何構造　　　　　　　　　　山田晴利

　第3節　交通調査　　　　　　　　　　　　　谷口栄一

　第4節　道路舗装　　　　　　　　　　　　　安崎　裕

　第5節　道路土工　　　　　　　　　　　　　古賀泰之

　第6節　橋梁　　　　　　　　　　　　　　　藤原　稔

　第7節　道路トンネル　　　　　　　　　　　猪熊　明

第2章　鉄道工学

　第1節　鉄道工学1-1〜1-2，1-4〜1-8　　　椎名公一

　同　　　1-3　　　　　　　　　　　　　　　松本嘉司

　第2節　線路2-1〜2-5　　　　　　　　　　　三浦　重

　同　　　2-6　　　　　　　　　　　　　　　内田雅夫

　第3節　橋梁3-1　　　　　　　　　　　　　阪本謙二

　同　　　3-2　　　　　　　　　　　　　　　宮本征夫

　第4節　トンネル　　　　　　　　　　　　　吉川恵也

　同　　　　　　　　　　　　　　　　　　　　小野田滋

第3章　港湾工学

　第1節　わが国における近代港湾の進展と計画・技術課題

　　　I-1，1-4　　　　　　　　　　　　　　　須田　熈

　　　I-2　　　　　　　　　　　　　　　　　稲村　肇

　　　I-3　　　　　　　　　　　　　　　　　合田良美

　第2節　港湾計画研究史　　　　　　　　　　稲村　肇

　第3節　港湾の水行・水理・研究史　　　　　合田良美

　第4節　港湾建設技術研究史　　　　　　　　須田　熈

第4章　空港工学

　第1節　わが国における空港の発展と技術課題　平井磨磋夫

　　　第 2 節　空港建設技術（土木工学）の研究　　　　　佐藤勝久

　　第 5 章　交通計画学　　　　　　　　　　　　　　　松本嘉司

　第 2 部　交通法学の展開とその系譜　　　　　　　　　山口真弘

　第 3 部　交通地理学の展開とその系譜

　　はじめに　　　　　　　　　　　　　　　　　　　　青木栄一

　　第 1 章　近代地理学の成立と交通地理学〜

　　第 7 章　社会経済的視点に立つ交通地理学の展開　　青木栄一

　　第 8 章　計量的交通地理学の展開　　　　　　　　　村山祐司

　　第 9 章　交通地理学に関する体系的な教科書著作について

　　　　　　　　　　　　　　　　　　　　　　　　　　青木栄一

　　第10章　総合的視点の確立と政策提言への模索　　　青木栄一

　第 4 部　交通史学の展開とその系譜

　　はじめに　　　　　　　　　　　　　　　　　　　　青木栄一

　　第 1 章　鉄道交通史　　　　　　　　　　　　　　　青木栄一

　　第 2 章　道路交通史　　　　　　　　　　　　　　　鈴木文彦

　　第 3 章　海運史　　　　　　　　　　　　　　　　　小風秀雅

　　第 4 章　内陸水路交通史　　　　　　　　　　　　　増田廣寛

　　第 5 章　航空交通史　　　　　　　　　　　　　　　藤田俊夫

　第 5 部　交通社会学の展開とその系譜　　　　　　　　角本良平

　あとがき―解説にかえて　　　　　　　　　　　　　　角本良平

　一連の学説史研究の冒頭となる「そのⅠ」の序説は角本の記述であり、実態の変化と交通研究、同書（そのⅠ）の構成、5 大学における経過、現代の特色が整理されている。角本による現代の特色とは、マクロ分析、計量手法、「市場の領域」に対する「公共の領域」である。交通経済専攻者による執筆では最後となる「そのⅢ」の「序」で増井委員長は同書（そのⅢ）の全体のいわば基幹的部分となるのは第 2 部第 1 章

257

「わが国における交通学の展開」であると綴っている。

　扱われている分野の性格上、重要ではあるが交通経済専攻者にはなじみが深いとはいえない、したがって理解が及びにくい「そのⅣ」では、執筆にこの分野での専門家である（旧）建設省土木研究所、鉄道総合研究所の行政担当者にも協力を求めている。同書（そのⅣ）の最後に角本による「まとめ―解説にかえて」として、全4巻の編集に参加して気が付いた点が綴られているので、それを記しておきたい。

① 1980年代において各部門（この場合、工学、法学、地理学、史学、社会学）の交通研究はさらに一段と進歩し、また成熟した。同時に学際協力が叫ばれるようになった。本書（そのⅣ）はまさにこの時代の要求にこたえるための展開を取り上げた。各部門の多彩な内容を1冊に盛り込むのは恐らく世界でも先例のない試みであろう。

② 学際の研究においては対象の同一性の確認が前提とされる。

③ およそ研究については各部門の発展が一様とは期待できない。研究のある部門は実態の進歩に内在して進み、他の部門は実態を客観視する性格なので遅れて登場する。…各部門の進み方は不ぞろいである。また実態との結び付きの程度も異なる。工学、法学では施設制度を辿ること自体が学説史なのに対し、他の部門では研究成果の流れを見ることが学説史となる。これらの違いにもかかわらず、本書（そのⅣ）のようにその展開の系譜を並べてみると、すでに各部門相互に他部門の進歩に関心を払っていることがわかる。

④ 各部門の研究は以上のとおり始まりもその後の系譜も異なるけれども、時代の大きな流れの中で共通の動きのあることも指摘できる。

⑤　本書（そのⅣ）の記述は１冊の本として従来通りの様式に統一するように心がけた。しかし工学から社会学まで多岐にわたっており、各部門ごとに表記方法に慣行の違いがあるので、今回はそれにしたがった部分がある。

⑥　本書（そのⅣ）は交通工学から始まる。読者はまず第１部第１～４章の各第１節に目を通していただきたい。各監修者の苦心が、一般にわかりやすいようにそれぞれの大筋が描かれている。それだけ読めば工学が払ってきた多大な努力並びにその後の方向を理解できる。

⑦　歴史を辿る作業に参加するたびに感ずるのは、将来のために過去を繋ぎ留めておくことがいかに難しいかである。…現在の時点で明治以後を整理し正確に記録しておかないと先人の業績は忘却の中に埋もれてしまう。さらにそれだけではなく、われわれがどのようにして今日の位置にいるのかもわからなくなる。将来対策を論ずることに劣らず過去の記録整理が大切である。今後ともこの面への読者のご協力をお願いしたい。

　以上の７点は運輸経済研究センター理事としての角本[2]の記述である。そのⅣの末尾に収められたものではあるが、そのⅠ～Ⅲを踏まえてのものである。特に⑦が重要で、学説史研究会設置の意図がそこに示されていると解釈されるものである。残念ながら、1991年度３月の時点での成果に続くものは確認されていないが、このこと自体、いかに角本[3]の存在が大きかったのかを物語ることでもある。

（２）　角本は、そのⅠ～そのⅢまでは早稲田大学商学部客員教授の肩書で委員として参加している。

（３）　そのⅣの「序」で増井健一委員長が、角本を学説史刊行のプロモーターと位置付けている。

なお、そのⅣの完成後、運輸経済研究センターは執筆者一覧表（当時の所属先も付して）を作成しているので、参考までに付しておく。（表-8参照）

表－8　交通学説史執筆者等一覧表

○執筆者　★委員長　☆委員　◇主査　※顧問

氏　　名 (あいうえお順、＊印：日本交通学会会員)		所　　属 (1990年4月現在)	そのⅠ	そのⅡ	そのⅢ	そのⅣ	記　事
＊青木栄一	あおきえいいち	東京学芸大学教育学部				○☆	
＊秋山一郎	あきやまかずお	流通科学大学		○☆			
＊芦田誠	あしだまこと	拓殖大学商学部			○		
＊雨宮義直	あまみやよしなお	国学院大学経済学部			○☆		
＊池田博行	いけだひろゆき	(前)専修大学商学部			○☆		
＊石井常雄	いしいつねお	明治大学商学部		○☆			
＊伊勢田穆	いせたあつし	大阪市立大学経済学部	○	○☆	○☆		
稲村肇	いなむらはじめ	東北大学工学部				○	
猪熊明	いのくまあきら	建設省土木研究所				○	
内田雅夫	うちだまさお	(財)鉄道総合技術研究所				○	
＊岡野行秀	おかのゆきひで	創価大学経済学部			○☆		
小野田滋	おのだしげる	(財)鉄道総合技術研究所				○	
＊角本良平	かくもとりょうへい	(財)運輸経済研究センター	○☆	☆	○☆	○☆	
＊片山邦雄	かたやまくにお	大阪学院大学国際学部、	○				
小風秀雅	こかぜひでまさ	お茶の水女子大学文教育学部				○☆	
古賀泰之	こがやすゆき	建設省土木研究所				○	
＊近藤勝直	こんどうかつなお	流通科学大学商学部	○				
＊今野源八郎	こんのげんぱちろう	東京大学			※		
合田良実	ごうだよしみ	横浜国立大学工学部				○	
＊斉藤峻彦	さいとうたかひこ	近畿大学商経学部	○☆	○☆			
阪本謙二	さかもとけんじ	(財)鉄道総合技術研究所				○	
＊榊原晔夫	さきばらやすお	同志社大学経済学部			○☆		
佐竹義昌	さたけよしまさ	学習院大学		○☆			
佐藤勝久	さとうかっひさ	運輸省港湾技術研究所				○	
椎名公一	しいなこういち	(財)鉄道総合技術研究所				○☆	
＊塩見英治	しおみえいじ	中央大学経済学部			○		
＊柴田悦子	しばたえつこ	大阪市立大学経済学部			○☆		
柴田正雄	しばたまさお	建設省土木研究所				○☆	
島田孝一	しまだこういち	早稲田大学	★				
＊杉山武彦	すぎやまたけひこ	一橋大学商学部	○☆	○☆			

氏　　名 (あいうえお順、＊印：日本交通学会会員)		所　　属 (1990年4月現在)	そのI	そのII	そのIII	そのIV	記事
＊杉山雅洋	すぎやままさひろ	早稲田大学商学部		○☆	○☆		
鈴木文彦	すずきふみひこ	交通ジャーナリスト				○☆	
須田熙	すだひろし	東北大学工学部				○☆	
谷口栄一	たにぐちえいいち	建設省土木研究所				○	
＊地田知平	ちだともへい	青山学院大学国際政経学部		☆			
＊中条潮	ちゅうじょううしお	慶應義塾大学商学部	○☆				
＊中西健一	なかにしけんいち	大阪市立大学経済学部		☆			
中西睦	なかにしちかし	早稲田大学	◇				
＊中村清	なかむらきよし	早稲田大学商学部	○☆				
平井磨礎夫	ひらいまさお	新東京国際空港公団				○	
＊廣岡治哉	ひろおかはるや	法政大学経営学部			○☆		
＊藤井彌太郎	ふじいやたろう	慶應義塾大学商学部			○☆		
藤田俊夫	ふじたとしお	航空史研究家				○☆	
藤原稔	ふじわらみのる	建設省土木研究所				○	
＊細田繁雄	ほそだしげお	愛知大学法経学部		○☆			
＊前田義信	まえだよしのぶ	松坂大学政治経済学部	○	○☆			
＊増井健一	ますいけんいち	松坂大学政治経済学部、慶應義塾大学		○★	○★	○★	
増田廣賞	ますだひろみ	文教大学女子短期大学部				○☆	
松本嘉司	まつもとよしじ	東京理科大学工学部				○☆	
＊丸茂新	まるもあらた	関西学院大学商学部			○☆		
三浦重	みうらしげる	(財)鉄道総合技術研究所				○	
＊三上宏美	みかみひろみ	関西大学商学部			☆		
＊宮下國生	みやしたくにお	神戸大学経営学部			○☆		
宮本征夫	みやもとまさお	(財)鉄道総合技術研究所				○	
＊村山祐司	むらやまゆうじ	筑波大学地球科学系				○☆	
安崎裕	やすざきひろし	建設省土木研究所				○	
＊山上徹	やまじょうとおる	日本大学商学部			○		
山口真弘	やまぐちまさひろ	成田空港高速鉄道(株)				○☆	
＊山岸寛	やまぎしひろし	東京商船大学商船学部			○☆		
山田晴利	やまだはるとし	建設省土木研究所				○	
＊山田浩之	やまだひろゆき	京都大学経済学部	○		☆		
＊山本泰督	やまもとひろまさ	神戸大学経済経営研究所			○☆		
吉川恵也	よしかわけいや	鉄建建設(株)、(前)(財)鉄道総合技術研究所				○	
＊和平好弘	わひらよしひろ	(財)運輸経済研究センター			○	○	

出典：運輸経済研究センター作成

運輸経済研究センターでの活躍の成果はこれに限らず数多いが、ハードカバーの本にまとめられ、市販されたものとして以下代表的な書名だけを記しておきたい。いずれも角本が主体的にかかわったものである。

- 鉄道政策研究の変遷に関する調査ワーキング委員会（青木栄一委員長）『鉄道政策論の展開―鉄道政策の変遷に関する調査―』（1988.3 運輸経済研究センター）
- 戦後における我が国の交通政策に関する調査研究委員会（山口真弘委員長）『戦後日本の交通政策』（同書は「戦後における我が国の交通政策に関する調査研究」のサブタイトルで1990.3に運輸経済研究センターから、「経済成長の歩みと共に」のサブタイトルで1990.5に白桃書房から刊行されている）
- 運輸政策研究機構編（執筆者代表角本良平）『日本国有鉄道民営化に至る15年』（2000.7 成山堂）

10-2　経済学との対話と交通学への提言

⑴　角本・稲田対談

日本経済新聞社はかつて近代経済学がベースである「現代経済研究会」編集の『季刊 現代経済』を発行していた。その1980年春号で「連載・現代を対話する⑷交通問題プラス経済学」が企画され、角本と稲田献一の対談が行われた（対談の時点は1980年1月23日）。演繹体系批判から実学を主張する角本と、純経済理論の分野で国際的に活躍していた稲田との間で方法論をめぐる激しい議論が交わされるのではと筆者（杉山）は予想（期待？）していた。連載の意図自体が経済学者の側からの問題提起ないしは論点の提示という形をとったためであろうことから、対談

は具体的な交通問題についての議論となり、本質的な方法論に関しては扱われなかったのが意外でもあった。筆者（杉山）自身、1960年代の半ば頃、先輩教授である岡田清から経済学の基礎理論を示した稲田の『新しい経済学―ビジョンと実証―』（1965.11 日本経済新聞社、増補改訂版は1970.6）を勉強しておくようにとの助言をいただき、同書でK.J.アロウの「不可能性定理」の明快な解説に接し、難解とされる同定理への理解が思いのほか進み、これを通じて理論経済学の世界の一端を垣間見た思いがした。医学でいう臨床医ではなく基礎医学に相当する純経済理論を専門とする稲田が現実の交通問題、それも具体的論点を絞っての諸問題に関心があろうとは想像もしていなかった。交通問題はそれだけに抽象の世界にとどまりうるものではないとの思いを新たにした次第である。

　「日本の交通問題を考える」とのタイトルで行われた対談は、「交通体系を律する単一のプリンシパルはあるのか」、「費用負担の公平、不公平」、「交通とエネルギー問題」、「新しい技術の実用化は可能か」、「大都市の交通―新幹線か飛行機か」、「貨物輸送の将来」について論じられた。

　冒頭、いろいろなタイプの交通があることから、総合的な交通体系をどうすべきかといった問題に関して、角本の交通への捉え方を問う稲田の切り出しに、角本は交通はヒトとモノを移動させる方法であり、その特色として施設、通路の共通使用、4要素（通路、輸送具、動力、運行管理）が必要、供給が単純ではなく時間的要素が重要との持論で応じた。

　「交通体系を律する単一のプリンシパルはあるか」に関しては、角本は都市内、都市間に分けた場合でも「ない」としている。交通にナショナル・ミニマムとしての合意は成り立ちうるのかでは、両者に幾分の認識の差がみられた。ナショナル・ミニマムとしての運賃無料論が例に出され、角本がローマとボローニャの無料化実験でその無効性が立証されたと説明したのに対し、稲田は必ずしも1つの実験をもってそれがすべ

てに通用することにはならない―この指摘を角本は否定せず―、バスだけでなく鉄道までを対象にして初めて判断しうるのではないのかとしたが、角本は鉄道運賃無料化が議論された都市の例はないとした。鉄道まで含めた実験そのものが現実的ではないとの判断もあったのではなかろうか。次に受益者負担が取り上げられ、稲田のナショナル・ミニマム、シビル・ミニマムには料金ではなく税金で支払う形はどうかとの問題提起に、角本はその主張は補助金を出す時の論拠のものだが、大都市の鉄道は原則自立採算で運営されており、負担の限界という意味でのナショナル・ミニマム論はすでに部分的に織り込まれているという中間的な現状には妥協が行われている、すなわち現在の姿を著しく変える条件は起こっていないとしている。一種のナショナル・ミニマムから運賃を抑えて税負担を高めるという分配の平等化という形が伴うという稲田の主張への議論が深められてもよかったのではとの期待も膨らむのである。

　この点で「費用負担の公平、不公平」では、大都市交通の2/3は通勤・通学で、通勤定期の割引率の高さは負担の平等からおかしいのではとの議論もありうるとする角本の問い掛けに、稲田は企業の都心立地税に相当する分を通学についても各家庭が同じような形で税金負担すれば格差の問題は解決するという。それでも普通旅客との関係で不公平は残るとの角本見解に、稲田も負担の仕方が乗客別の格差になっているという意味で不公平は残るということになるとして、乗客の格差を埋める話とナショナル・ミニマムの方向にもっていくのは別の話としている点では、基本的には両者に差はないと受け止められる。ナショナル・ミニマム論の基本として、なぜ受益者負担ではなく納税者負担でなければならないのかとの角本の問い掛けに、稲田は国民の間に合意が成り立ちうるものを言うとしている。合意、社会の判断で通勤をナショナル・ミニマムに含めるのは大変おかしいとする角本に対し、稲田は企業負担の観点からはその通りだが、国民は働く権利があるとの立場からは通勤もナ

ショナル・ミニマムの一環との考え方もあるとする。その際、両者が問題とする撤収コストの点に関しては、対談当時と現在では状況が異なっていることを指摘しておきたい。大都市での交通手段選択の問題と関連して過疎地についてはどうかとの話題では、両者とも鉄道よりもバスに切り替えるという点で一致している。

　「交通とエネルギー」では、ガソリン価格、石油価格を現世代の人間だけが参加の市場メカニズムで決めるのは将来世代に非常に不都合であるという点では、両者の意見は一致している。エネルギー課税を全分野、全世界で考えていくべきだという点でも両者に差はなく、どこまで税負担を増やすのかの難しさへの認識も変わりはない。この問題に関連する代替エネルギーの開発は技術革新を前提にせねばならないが、角本は鉄道はエネルギー節約型だから自動車をやめて鉄道にという議論は短絡的だと付言している。

　「新しい技術革新の実用化は可能か」に関して、角本は無人軌道タクシー、リニアモーターカー、SSTなどの新しい交通システムの開発は自分の世代での実現にはすべて「ノー」と断言する。人々の夢をつぶしてはいけないが、交通計画立案者や一般国民が過大な期待を抱いてはいけないとしている。技術開発は可能でも経済的普及が問われなければならないからである。稲田のシンガポールのALSの工夫はどうかとの問いに、角本はシンガポールのような独裁政権に近い国での採用だけで他での可能性はないとしているが、2003年のロンドンでの導入以前の判断であった。従来からの持論である厳しい空間制約を考慮せずに交通問題を論ずる意味はないとする角本へ、稲田の都市問題から考え直すべきかという問いに、東京分散論ではないものの、もう少し鉄道を追加した方が良いのでは、具体的には50km圏からほとんどノンストップで都心に直通するような鉄道、現在の私鉄の特急電車の直行版の新線（空間制約から複々線の形で）と回答している。かつての通勤新幹線構想のイメー

ジに近いものからであろう。

　最後の「貨物輸送の将来像」への稲田の問いに、角本は将来像は極めて明確、すなわち今後は産業構造が次第に物量を運ばないものになっていく等のことから、国内貨物輸送は伸びず、分担率も現在の内航海運：トラック：鉄道＝5：4：1が続くと回答している。さらにエネルギー問題との絡みでは、東日本、西日本独立論者であるとしている。（このことはすでに1975年の『高速化時代の終わり』で貨物輸送力不足対策として表明している。）

　角本・稲田対談は、『季刊　現代経済』誌での連載の主旨から、いわば角本の土俵でのものであったとの印象が強いが、理論経済学者の論理的指摘にも注目すべき点は決して少なくなかった。この対談以前に、山田浩之が「戦後のわが国における交通経済理論の歩み―故佐波宣平教授著『交通概論』を中心として―」（『交通学研究／1968年研究年報』）で、J.A.シュンペーターの交通論批判と佐波の対応を論じた末尾で、「シュンペーターが期待、要求しているのは理論経済学と交通経済学及び交通工学との相互交流であり、対話なである」と綴っているが、筆者（杉山）は「臨床の知」の立場の角本と、そうではない稲田との間にも対話は十分可能であったと判断するものである。もっとも角本に言わせれば、自分の立場は交通経済学ではなく、より広い交通学であると反論されるかもしれない。

⑵　**交通学徒への呼びかけ**

　角本自身が『交通研究の知識学』（1984）、『新・交通論』（1985）、『交通の歴史性と風土性』（1988）等の著書を経て結論に到達したとしている論文が「交通学への提言」（『交通学研究／1988年研究年報』）である。同論文の趣旨は自らの他の著作においても少なからず引用されているが、従来の交通研究への反省から、研究方法への提言、今後の発展のた

めに望まれる措置を論じた意義深いものであることから、ここで改めて
取り上げたい。同論文は1988年10月15日の日本交通学会報告へのコメ
ントへの回答も含めたものであり、蛇足ながら筆者（杉山）も個人的に
意見を求められた。その時の緊張感を思い出すと共に、後学の方々に
は同論文への若干の追加的情報を補足として綴っておくことにも意味が
あると考え、本書の第8〜9章との重複はあるが、ここで同論文を紐
解くこととしたい。

　同論文の執筆の契機は、交通研究の最重要課題のひとつである費用と
価格の関係が在来の研究では現実と隔たりがあるからだとする。その理
由として①費用と価格の先後関係の扱い方、②効率・公正の理念の具体
化、③費用論と価格論との結合に政策の果たす役割の3つについての
考察が不十分であるとする。このことを第1節「交通学への反省」で取
り上げ、その是正には「森」全体を見ることが必要であること、第2節
では研究方法論としての類型学の提唱、第3節で今後の研究の発展の
ために望まれる措置が同論文の内容であるとされている。

　「交通学への反省」では、（交通）企業においても生産費と価格との間
には一種の均衡関係が存在するだけで満足すべきであるというジイド、
リスト、ガルブレイスの指摘を紹介し、価格と費用は循環関係にあると
いうのが正しいという主張から始められている。社会常識を破る政策、
経済学からの主張には、

①　経済学の提唱する資源の最適配分（効率）論では費用逓減の場合
　　での欠損は公共補償ということだが、それでは企業労使が補償に
　　慣れて効率を低下させてしまう。価格＝限界費用でこの能率低下
　　をも計上すれば、社会としての最適な資源という証明は困難にな
　　る。資源の最適配分といったあいまいな理念は学界には説明力が
　　あっても、社会の多数の支持を得るのは困難である、

② 現実の政策は国土開発・地域開発、生活の最低条件の確保（ミニマム論）、エネルギー節約、災害対策（路線網を二重系にする措置⁽⁴⁾等）などの目標を掲げるが、それらにはそれなりの理由はあっても、交通企業にとっては自立採算の崩壊になりやすい。かつての国鉄がそうであった、

③ 経済政策では「効率」と共に「公正」が最高理念として扱われるが、効率は投入と産出の関係で捉えられ計量が試みられるのに対し、公正の理念は哲学を連想させる。しかし公正も抽象論ではなく、現実の場で具体化されなければならない

と反論する。効率、均等と応能説・応益説での公正の関係は、価格＝限界費用では社会全体の効率には疑問のあること、公共補償での納税者の負担から公正への反撃があること、均等、応能・応益のいずれの原則からみても公正ではないと要約されるとしている。国土開発やミニマム論は均等原則の公正論であり、かつての鉄道貨物運賃での等級制にその例がみられるという。均等、応能・応益の2つの公正原則を論ずる時に大切なのは、大衆の関心度が高くあるいは生活必需の程度が高くかつ供給が限られている経済財には均等の主張が強いとの指摘を行った上で、経済学が特に努力しなければならないのは実態の把握であるとする。効率、均等の公正、応能・応益の公正は互いに牽制し合う形であり、価格論は大衆の支持を得る範囲にとどまらざるを得ないとまとめている。政策の役割としては、費用と価格を包み込む研究の必要性を説いているのである。自立採算での「適正原価」プラス「適正利潤」の運賃を発見する手続きは極めて難しいことから、この困難を解決すべきと考える視点からのものである。

（4） 今日の用語では「リダンダンシーの確保」ということになろう。

　「方法論の提言」では、リカードの演繹法による理論研究は現実遊離であるというガルブレイスの主張を評価し、現実に結び付くという意味で演繹法より帰納法による経験法則の方が支持されるとしているが、交通では帰納法により結論を出せるほど対象が多くないことから、実例の収集は大切でも、その数は類推と類型に役立つ程度と考えればよいというのである。そのためには「臨床の知」の態度での研究を提唱し、今西錦司の「木ではなく森を見る」態度こそが重要であるとする。筆者（杉山）は、価格と費用とは循環ないしは循環関係にあるが、費用論は費用論、価格論は価格論であれば、木を見るだけで森を見ていないことになるとの論理と解釈した。1960年代後半に手にした、今西の随筆集である『私の自然観』（1966.6 筑摩書房）に共鳴していたことから、今西と併記する形で触れられていた西田哲学には理解が及ばなかったものの、角本が「交通においても先入観や前提の理論を持たずに、まず対象そのものの実態を全体として捉えることが大切」との主張には何の異論もなかった。

　角本は「臨床の知」を中村雄二郎からの借用であるとして、広義ではアート性（＝技能性）の強い知であり、特色として

①　近代科学の知が原理上客観主義の立場から物事を抽象化し冷ややかに眺めるのに対して、相互主体的かつ相互作用的に捉える、

②　近代科学の知が普遍主義の立場によって物事をもっぱら普遍性（＝抽象的普遍性）の観点から捉えるのに対して、個々の立場を重視し、したがって物事の置かれている場所を重視する、

③　近代科学の知が分析的、原子論的であり論理主義的であるのに対して、総合的、直感的＝直観的であり、共通感覚的である

と説明している。理論追究が現実遊離となりやすいことへの警告であ

り、これを受けて角本は演繹の学問は非現実の仮定から出発するので「現実へ立ち帰る」のは不可能であるとしているのである。物理学においてさえ、法則を「歴史的な所産」と扱われるようになってきたことから、学問において従来の考え方を覆すものがあるべきだ、その具体例として従来の交通研究から類型学への転換を提唱するのである。その際、類推の場合に比較される類似点は表面的ではなく本質的なものであることが必要で、差異点は非本質的なものでなければならない、との留意点をも添えている。

　「交通学の発展のために」では、過去の整理は学説史家に任せるとしても、「個々の費用を知ることができない」という指摘（伊藤重治郎、島田孝一）は現代も特に重要であること、「公共交通」、「総合交通」は用語をあまり定義しないでの机上論の繰り返しであったこと、「新交通システム」、「パラ・トランジット」といった技術論、「1日交通圏」という計画論も内容が明らかではない等のことから、取捨選択することの必要性を説く。さらに欠けているものの補足として、国鉄時代の『監査報告書』に関することを取り上げる。『監査報告書』がいかに不満足であっても、部外者にはある程度の事情が把握できたが、それがJR体制になってからはこれに相当するものが期待できなくなった。角本は増井健一の論稿（「JR初年度決算を見て、JRに望むこと」、『トランスポート』1988年8月号）を紹介し、情報公開は企業にとっても重要だと指摘する。蛇足ながら、JRのいわば長男会社ともいえるJR東日本に当時日本交通学会の増井会長がそのことを申し入れた席に筆者（杉山）も同行したが、要望の実現にはつながらなかったことを付言しておきたい。外国情報については、英語圏に偏っている現状から、昭和戦前のように独仏にも関心を寄せるべきだとしている。同論文の末尾に、学問がバベルの塔にならないために、用語集としての『体系　交通経済用語新辞典』（1971 運輸調査局）の新版と、経済学・商学・経営学系統、工学系統、

社会学系統、地理・歴史学系統の知識と今後の教育課程への採用を提案している。前者については、40年後に白桃書房から日本交通学会編『交通経済ハンドブック』(2001.10) が刊行されている。

　角本論文に意見を求められた時、私（杉山）の記憶している範囲では次のようなことを述べた。それらはおおよそ

①　今西錦司、ガルブレイスの主張は角本見解を裏付けるものとなっているが、この点では異論はない、

②　演繹体系の仮説の立て方は、類型を学ぶことにより非現実的との批判にこたえ得るのではないのか、この意味で演繹体系を一方的に―といってよいのかは別にして―批判しうるのか、

③　今西説を裏付けるものとしての「臨床の知」の説明は、解説本に求めるのではなく、オリジナルな文献を探るべきではないか、

④　角本がわれわれに問いかけていた「常識」」の根拠追及は、物理学の側からは反論の余地はないのでは

というものであった。これら意見（愚見）への回答は同論文で示されていると理解すべきものであるが、③はまさに「木を見て森を見ない」の典型例の感想であったと遅ればせながら思い直している次第である。

　角本論文への賛否は分かれようが、今後の交通研究において後学の人達にはぜひ念頭においてほしいと願うのは果たして筆者（杉山）だけなのであろうか。

10-3　角本自身による回顧

⑴　古希に至るまで

　角本の多岐にわたる業績を辿ることは浅学菲才の身にとっては極めて困難である。本書では膨大な角本文献を基にその試みを行ってきたのであるが、正直なところ内容については心許ないという感が否定できない。幸い角本自身の回顧があり、角本以外の人間ではこれ以上にはとても整理できるものではない。同回顧を本書第1章で紹介してはあるものの、最後にその大要を示しておきたい。

　角本の古希までの業績は、古希記念論文集である角本良平編『21世紀の交通』（1990.7　白桃書房）の12の寄稿論文の後に「角本良平の経歴と主張」として自ら「20世紀から21世紀へ─私と時代の流れ」の中で著作目録とともに綴っている。本書第1章でも示しておいたが、同論文の構成は

　　第1節　学校時代（～1941）
　　第2節　現実と「理論」（～1970）
　　第3節　研究調査に専念

から成り、著作目録は［A］交通一般、その他（都市交通及び鉄道以外）、［B］都市交通、［C］鉄道のジャンル別、発表年代別にまとめられており、後学の者にとっては貴重な資料ともなっている。

　第1節では、大学時代での和辻哲郎の「倫理学」の講義がその後の交通理解の根本になった、和辻は生半可の交通学者よりも交通を深く理解していた、南原繁の「政治学史」は難解であったが、哲学とはこんなことかと思わず自得した満足感を今も鮮やかに覚えているとしている。中

山伊知郎の「商工政策」には強く惹かれた、柳田国男の「日本の祭」も興味深いものであったと綴っている。交通を一生の研究対象にした角本にとって柳田の影響は強く、事実として存在する交通だけを相手にしたことにつながっているとのことである。筆者（杉山）が今でも十分理解できないのは、これだけの講義に接したにもかかわらず、第2節で「大学ではそれほど失望しても…」と記していることである。現業で働くために入った鉄道省での行動の位置付け、合理性との結び付きのことからのものであろうか。なお、角本の言う「65点主義」については本書第1章1-1で紹介したとおりである。

　第2節は鉄道省（国鉄）時代の体験談等である。交通論の書物が現実の業務にあまりにも縁遠く感じられた中で、大槻信治『交通統制論』（1943）で大きな刺激を受けたこと、富永祐治の指導もあり最初の論文「公共性と企業性」を書き上げたこと、都市交通とのかかわりの中で1956年から1970年にかけて5冊の著書を公にしたこと、東海道新幹線計画への参画から『東海道新幹線』（1964）の著書、通勤革命の論文を書き上げたこと、国鉄拡大政策の首脳陣と意見の分かれたこと等の経緯が綴られている。都市交通に関しては本書の第2章、東海道新幹線、通勤革命については同第3章、国鉄改革は同第5章、第6章で扱ってきたので、より詳しくは読者の方々にはそれらの参照をお願いしたい。続いて運輸経済研究センター時代のこと、恩師南原繁の影響等が綴られている。その中で、国鉄を1970年4月に去るまで、いくつかの点に関して完全に誤っていたとする告白は、後の角本著では示されているものの、後学の者には関心が大いにそそられるところである。最大の誤りはコストを前提に運賃を考えたことであるとしている。このことは本書第10章の10-2で紹介した論文「交通学への提言」（1989）でようやく自分なりに納得ができたとしている。国鉄運賃のあり方では、運賃を上げるよりも運賃収入の中で経営できる営業規模に縮小することをもっと強く

主張すべきであったが、この点では理解が不足していた、『鉄道と自動車』(1968) は1970年代の目から見れば楽観に過ぎたと振り返っている。また国鉄が1971年に償却前欠損に転落し、1972年にはその貨物輸送が個別費（固有経費）に対してさえ欠損となり、1960年代にそのことを予想して対策を講じておくべきであったが、その先見性が自分には欠けていたとする。なお、「外国情報」と「理論」がその後の角本の研究でこれら2つとの対決となったといってもよいことが記されている。

　第3節は運輸経済研究センターに移った以降の研究・著作活動のことを綴っている。国鉄改革への学界ないし学問への不信が生じ自分自身で考えねばならなかった中で、中山伊知郎、島田孝一との縁が再びできたことを喜びとしている。その後は自らの著書の解説である。これらについては本書第1章1-2でも触れており、本書の各章での説明と一部重複はあるが、再度①交通論一般、②鉄道・自動車、③都市交通でのジャンルでの角本の整理、著作の位置付けを振り返っておこう。なお、本書第1章1-2でも断っておいたように、著書一覧表と著作目録ではジャンルの扱いが同一ではない。

　研究が始まったのは③の都市交通からであり、1956年の『都市交通』からの3冊をまとめたとする1963年の『都市交通』、15年間の研究をまとめた中間整理としての1970年の『都市交通論』、引き続き世界の都市を実際に歩き、またわが国の自動車普及と鉄道建設の経験を眺めて到達したのが1987年の『都市交通』での整理と1988年の『交通の風土性と歴史性』であるとしている。なお、『交通の風土性と歴史性』は角本分類では①の交通一般に位置付けられている（本書第1章 注(4)）。②の鉄道・自動車では1964年の『東海道新幹線』、国鉄対策としての1977年の『この国鉄をどうするか』を経て1989年の『鉄道政策の検証』で全体の整理を終えたとしている。『鉄道政策の検証』は自分の目で過去を位置付けたものとしている。

　①の交通論一般では、交通を単に移動の手段の使用ではなく、主体としての人間が発生させる「移動」ないしそのための「移動能力（mobility）」と解し、まず1975年の『人間と移動』が書かれた。次に現実への政策の疑問から1976年に『現代の交通政策』が著わされ、その頃、デカルトが中世スコラ哲学に対決したのと同じ姿勢が必要と感じたとしている。さらに鉄道院の『本邦鉄道の社会及経済に及ぼせる影響』（1916）の自動車・航空機時代版として1979年に『交通における合理性の展開』が公刊された。その頃まで、何かといえば外国を模範例と扱うという風潮への批判が試みられた。また、1970年代前半までの国鉄運賃値上げへの行政・マスコミの頭からの反対論の動向—1975年の国鉄の欠損増大でようやくこの傾向は弱まったが—に対し、『乗物はなぜ高い』（1981）でモビリティを高めるには負担も高くすることの必要性を説いた。

　1982年の『モビリティと日本』でこれまでの知識を一般向けに整理した段階で、学問論あるいは研究方法への反省が加わり、「比較文化」、「マトリックス」、「類型」のキーワードに基づく成果として、類型の手法を薦めた『交通研究の知識学』（1984）、その続編ともいうべき『新・交通論』（1985）で、「理論」が動いている現実の実態とは無縁の状況であることを示した。さらに、「四全総」のような国土計画も規制緩和政策も各地域の風土と歴史の中で理解すべきであることを示す『交通研究の風土性と歴史性』（1988）が書かれた。これらの著書を通じて到達した結論が前掲論文「交通学への提言」（1988）であるとしているのである。

　参考までに編著『21世紀の交通』に収録された寄稿論文等のタイトルと執筆者を示すと以下のとおりである。

　まえがき

21世紀の交通

第1章　総体的展望―ハイモビリティ豊熟社会のパラドックス―

中西健一

第2章　JR旅客鉄道　　　　　　　　　　　　　　　　山田　度

第3章　JR貨物鉄道　　　　　　　　　　　　　　　　中島啓雄

第4章　私鉄　　　　　　　　　　　　　　　　　　　和久田康夫

第5章　都市交通　　　　　　　　　　　　　　　　　伊東　誠

第6章　道路と自動車　　　　　　　　　　　　　　　武田文夫

第7章　道路旅客輸送―その構造変化と道路交通政策―　斎藤峻彦

第8章　道路貨物輸送―20世紀後半からの推論―　　　杉山雅洋

第9章　航空　　　　　　　　　　　　　　　　　　　山本雄二郎

第10章　海運産業―課題と展望―　　　　　　　　　　杉山武彦

第11章　港湾　　　　　　　　　　　　　　　　　　　鈴木雄三

第12章　物流　　　　　　　　　　　　　　　　　　　谷利　亨

角本良平の経歴と主張

20世紀から21世紀へ―私と時代の流れ―　　　　　角本良平

角本良平著作目録

　同編著での執筆者は角本の研究仲間、角本シューレに連なる人たちである。いずれも角本の古希記念出版に喜んで寄稿した面々なのであり、当時の問題意識の下での執筆であった。

⑵　**古希以降**

　角本のエネルギッシュな研究活動は以降もますます盛んになっていったことから、望むらくは『21世紀の交通』で行われた研究成果（「20世紀から21世紀へ」）の整理を、古希以降版として角本自身の手によってなされていたらとも期待したくなる。そのような中で、角本自身による最

後の回顧ともいうべきものは2012年の小冊子『JR150年史を作ろう―私の見た激動と安定―』であり、これが1990年の「経歴と主張」に相当するものであろう。ただし、同小冊子執筆時での高齢ゆえのことであろうか、著作目録は添えられていない。

　本書第1章1-2、第4章の冒頭でも触れた『JR150年史を作ろう』は

まえがき
Ⅰ　国鉄「分割民営化」提言に到達
Ⅱ　政策提言までの評価

から構成されている。Ⅰ章が自らの生い立ちから軍隊時代、国鉄時代の体験、国鉄の分割民営化の提言に至った経緯が綴られており、同小冊子の核心ともいえる。角本92歳での回顧であるが、小冊子のタイトルからも類推されるように国鉄問題に焦点が当てられている。

　第1節「金沢に育つ―交通への予感」は『高速化時代の終わり』(1975)での国鉄分割民営化論の提案部分を再録し、自身が働いた国鉄の分割を提案するに至ったことを少年時代から振り返って感慨深く綴っている。第2節「軍隊の経験と国鉄」では、陸軍も国鉄も大学卒業生を数年内は教育途中と扱い、実務を教え込んだことが幸いだったとしている。陸軍での体験で、初めから鉄道をその内側から考えるのではなく、交通全体の中で位置付けることが出発点になったとしている。1948年までの体験から、「軍隊も鉄道も8割は運と私は考える」としている点は興味深い回想である。宮野武雄、木俣彰一、遠藤鉄二、磯崎叡、中島正平の名前が出てくる。第3節「幹部性候補たちの"ねずみの競争"」では、幹部候補生でありながら出世に意欲がなかったことが綴られているが、そのことは後年角本に接した者（筆者（杉山）もその一人）には嘘偽りが全くないことであったと映っている。幹部候補生が退職後の「第2の人

生」を意識していたのは驚いたとした中で、やめればあとは自由と望んでいたのは大きな誤りであったとしているのは、その後の国鉄改革論議に鋭意取り組んだ経緯での自身のことであろうか。第４節を「事業は人」としているが、大学退職後、大学以外の世界を幾分なりとも体験する機会に恵まれた筆者（杉山）もそのことを実感している。34歳で地方勤務を終え、1954年９月以降の本社審議室補佐時代に上司の関四郎、瀧山養と出会い、後の角本の国鉄分割（案）に関は賛成、瀧山は絶対反対であったと記している。第５節は角本にとって実質的に最初の論文である「公共性と企業性」が再録されており、同書での節自体のタイトルにもこの論文名が使われている。同論文は1989年の『鉄道政策の検証』でも再録されていることから、特段に思い入れの深かったものであることが覗い知れる。同論文執筆当時は「公共性と企業性」のテーマは下火になっており、分野論か自由競争が話題になっていたが、角本にとって同論文はその前の段階における一区切りのものだとしている。第６節は第４節での語順とは逆に「人は事業」とされている。東海道新幹線が十河信二総裁でなければありえなかったことからのものである。新幹線計画では、東海道新幹線に反対した磯崎叡が山陽新幹線を推進したのは奇妙であったとしている。審議室時代には貨物輸送に唯一参加した時の事情（10トン貨車を２千両新製する案の提示）、国鉄分割民営化への理解者の関四郎が国鉄OBの政治家西村英一にその主旨を説明した際に角本も同席したこと等が紹介されている。西村は分割民営論に賛意を示したことも綴られている。審議室時代は１年足らずではあったが、角本のその後の人間関係を開く上では貴重であったとのことである。第７節「一貫して見解の違い─瀧山と角本」では、瀧山が国の誘導により鉄道を主軸とする交通体系を実現すべきであるとの考えで、磯崎もそれに近かったのに対し、角本は二人の主張は理解できなかったとしている。東海道新幹線のみが国鉄の自前で作りうるので建設するとの立場か

らのものである。都市交通にかかわる経緯、運輸省都市交通課長時代の
エネルギッシュな仕事は第 8 節「新分野に全力投球―都市交通」で紹介
されている。その後の仕事は新幹線であり、第 9 節「新幹線への誤解・
正解」で論点が綴られている。十河信二の新幹線全国展開論、磯崎叡の
在来線一定区間ごとの路線増設論は間違っていたとし、わが国は関東、
東海、関西は新幹線を必要とする、それより広域では疑問との角本見
解（結論）を示している。角本論の経過は『鉄道と自動車』(1968)、『こ
の国鉄をどうするか』(1977)、『国鉄改革』(1996) で示されるとし、磯
崎・瀧山との違いは、二人は臆病な私（角本）と異なり大胆であり、自
信に満ちて大赤字の流れを渡ろうとしていたのに対し、角本の引き留め
は効果がなかったとの表現で回想している。最終第10節「「つぶれない
組織」を分割民営化」では、国鉄を世界の鉄道史、企業経営史において
これほど奇妙な組織はなかったとし、政治・国鉄の無為無策の中でよう
やく1981年 3 月の土光臨調の発足で改革の実現に至るプロセスが示さ
れている。

　I 章では、安定の期間はあったものの、まさに激動期を生きてきた姿
が克明に回顧されているのに対し、II 章は改革提言への評価として、
「斎藤峻彦教授よる評価」（第 1 節）、「JR25年の成果―数字による説明」
（第 2 節）、「JR 旅客の経営」（第 3 節）を具体的に振り返った上で、「成果
を確認できた幸運」（第 4 節）と結んでいる。最後に、鉄道機能の果たし
てきた役割を時代の流れの中で、また交通史全体の中で理解し、記述す
ることが大切であるとして、国鉄・JR150年史を作ろうと提案している
のである。その提案に後学の者は真摯に対応すべきではなかろうか。

あとがき

　学生時代にマルクス経済学の何たるものかも知らないままに、書名だけに惹かれて大内兵衛『高い山―人物アルバム』（1963.10 岩波書店）を手にした。目標とすべき偉大な先人・友人の業績等を高い山と表現していることに興味を覚えたからであった。私にはその高い山こそが角本良平先生となった。浅学な私がこの高い山、高すぎる山に登ることができるのか、挑むとしてもどこまで辿り着けるのかが大きな課題となった。記述内容はともあれ本書を書き上げて、高い山の登り方は悪戦苦闘での這いつくばっての末のものではあったものの、何とか登り着くことだけはできたのではないかとの思いに至っている。この点に限ってのささやかな達成感はあるものの、私のこの思い以上に、大変口幅ったい言い方になるが、次の交通学徒にはもっと良い、よりスマートな方法で角本峰を目指してほしいと切望したい。本書の脱稿でそのための先導役としての私なりのある種の使命感が幾分なりとも果たせたのではないのかとも思っている。若い世代の方々にも角本先生の偉大な業績をもっと早い段階でまとめるべきであったが、たとえ先生の業績が膨大過ぎることを口実にしても、もっぱら私の怠慢であったことをまずもってお詫びしたい。

　私自身、鉄道の世界についてよりも道路交通の研究に多くの時間を割いてきたことから、角本先生にとってはむしろ不肖な門下生の一員であったと自覚している。それでも先生は私の生き方にはいささかも口を挟まず、己が道を歩むのが良いとして、私の疑問には常に懇切に応じてくださった。冷静・沈着な角本先生との対話は内容的にこそ難儀では

あったが、大変懐かしく思い出される。噛んで含める先生の静かな口調が今もって脳裏に浮かんでくるのである。

　運輸経済研究センターでの角本研究会（略称、角研）のメンバーから、角本先生との議論には緊張の連続である、その対策としては何があるのかと相談されたことがあったが、角研での発表者に対して温厚な人柄の中にも極めて舌鋒鋭く論理展開を要請され、その応答に終始困惑したからとのことであった。このことは私とて全く同じであった。1970年代後半での私のドイツ留学時代に滞在地ボンを訪ねてくださり、ルール工業地帯を見たいので案内してほしいと言われた。私自身その時までルール地方に出向いたことはなく、ましてナビゲーション・システムのなかった時代のことでもあり、前の日に道路マップを可能な限り頭に入れ、決して性能が良いとはいえない私の中古車での二人旅となった。とにもかくにも先生をルール工業地帯まで安全にお連れしなければならないという緊張の中でのハンドル操作であった。道中助手席にお乗せした先生から学問論議を持ち出されたものの、私の論旨はことごとく拡散し、何とも応えようがなかったことを今でも鮮明に覚えている。車の運転であの時ほど神経を使ったことはなかった。いついかなる時でも学問論は角本先生の頭を離れることはなかったのである。

　本書の作成に当たり、角本先生の一連の書物を改めてメモを取りながら読み返した。そのメモもかなりの分量に達したが、これを1冊にまとめることはさらに大変であった。このメモを基に、角本文献をいかに整理・分類するのかも私にとっては大仕事であった。試行錯誤の連続の中に時間だけが経過してしまった。事前に覚悟していたことではあったが、凡人が超人に挑むのは並大抵ではなかったことを実感させられた。このような中ではあったが、曲がりなりにも精一杯まとめ上げたことで、角本先生から頂いた学恩の万分の一でもお返しできたのであろうか。角本先生の言われる65点主義の一歩手前の段階である60点は、大

学等での成績評価の及第点の境界であるが、本書が角本先生の目に果た
して60点に及んでいるのであろうか。私としては大変気掛かりであ
る。その一方でたとえ合格点をいただけなくても、私がこれまで綴って
きた限られた著書、論文の中でも、本書は是非とも多くに方々、特に若
い人達に読んで欲しいと位置付けたい1冊である。本書は私の著作と
いうより、角本交通論研究への導入書であると考えているからである。

　本書では角本先生の交通研究の旅路を辿ってみたが、その検証には
至っていない。角本先生の主張が現在どのように活きているのか、場合
によっては現実が角本提案とは異なっているのか、そうであればそれは
何故か等については足を踏み込めてはいない。現段階では整理・分類、
正確を期しての紹介作業が精一杯で、そこまで扱いきれなかったという
のが正直なところである。「1960年代、1970年代の交通政策の展開とそ
の帰結」、「内外都市交通の動向」、「国鉄改革・道路公団改革のその
後」、「実学の有効性」、さらには角本先生がベースとされた「65点主義
の事後考察」などといったテーマについては、現在の時点での追究なり
検証が要請されているともいえよう。このことを次世代の研究者に託し
たい。無神論者の私には叶うはずもない勝手な願い事ではあるが、困っ
た時の神頼みで、万一神がそれらの研究に取り組むだけのエネルギーを
私に残しておいてくれるものなら心掛けたいとの気持ちだけは持ち続け
たいと思っている。

　この種の書籍の常として、本書でも大恩ある角本良平先生はもとよ
り、ご指導いただいた先学の諸先生方を敬称略で扱わせていただいた。
敬称略は私にとっては筆を進める上で大変に抵抗感が強く、心重かった
のであるが、通例にしたがったということに免じてご寛容願いたい次第
である。

【著　者】
杉山　雅洋
流通経済大学理事・早稲田大学名誉教授、商学博士
主たる著書（共著含む）として
『西ドイツ交通政策研究』（1985.4 成文堂）
『明日の都市交通政策』（2003.6 成文堂）
『交通学の模索』（2011.3 成文堂）
『先端産業を創りつづける知恵と技』（2014.10 成文堂）
『日本の交通政策』（2015.6 成文堂）
『アウトバーンの歴史』（翻訳監修本）（2019.2 流通経済大学出版会）等がある。

こうつうがく　　　　そくせき
交通学の足跡
―角本良平の交通探索の旅路を辿る―

発行日　2021年 5 月19日　初版発行

著　者　杉　山　雅　洋

発行者　上　野　裕　一

発行所　流通経済大学出版会
〒301 - 8555　茨城県龍ヶ崎市120
電話　0297 - 60 - 1167　FAX　0297 - 60 - 1165

Printed in Japan/アベル社
ISBN978-4-947553-89-8 C3065 ¥3300E